KB124120

비트코인
1억 간다
2

암호화폐에서 암호자산으로

비트코인 1억 간다 2

신의두뇌 지음

솔트앤씨드

CRYPTOCURRENCY

프롤로그

출산 장려와 소비 미덕의 시대, 어떻게 투자할 것인가

나는 코인과 경제 강의를 하고 있는 사람이다. 나의 강의를 들으러 오는 분들을 살펴보면 대부분 중상위층이라 생각되거나 지식 수준이 높은 분들이다. 이미 주식 등에 투자하고 있던 사람들도 많고, 안정적인 직업군의 고학력자가 많다. 암호화폐 시장 참여자들이 주식 시장 참여자들과 비슷한 경제 수준과 지식 수준을 보인다는 대목은 주목할 만하다. 그만큼 빈곤층보다는 경제적, 시간적인 여유가 있는 사람들이 암호화폐 투자에도 관심을 갖는다는 것으로 풀이된다. 실제로도 그분들은 중위 소득 이상의 자금을 운영할 수 있는 분들이었다.

그런데 이들은 왜 코인 시장에 참여하게 되었을까? 그 점은 우리가 짚고 넘어가야 할 부분인데, 두 가지를 생각해 볼 수 있다.

한 가지는 중위권 소득자도 더 이상 지금의 소득 수준으로는 지금의 중산층 삶을 영유할 수 없는 경제 · 사회 구조로 변해가고 있다는 문제를 인식하고 있다는 것이다. 또한 그들 자녀들의 미래가 불투명하다는 것이 장년층 이상이었을 그들에게 부담으로 작용했다고 봐야 할 것이다. 지금까지의 중산층 삶을 더 이상은 자식들도 이어갈 수 없을지 모른다는 불안감을 이미 다들 품고 있는 것이다. 청년 취업환경의 악화, 4차 산업혁명이 가속화되며 일자리가 줄어들 것이라는 전망 등으로 인해 본인의 경제적 위험은 물론이고 가족과 자식들의 경제적 여유를 보장할 수 없다는 생각에 암호화폐 투자를 시작한 분들이 상당히 많다는 것을 알 수 있었다.

그만큼 앞으로의 경제는 지속적으로 안 좋아질 것이라는 판단이 지배적이다. 거의 모든 사람이 그런 판단을 하기 때문에 암호화폐 시장 참여자가 폭발적으로 늘었고, 이것은 부동산 자산 시장의 팽창과 맥을 같이한다.

또 한 가지 생각해 볼 것은 바로 '모바일 환경에서 가장 빠르고 쉽게 접근할 수 있는 투자 환경의 탄생'이라는 의미다.

모바일 환경의 투자는 물론 주식에서도 가능하지만, 코인 거래는 워낙에 접근성이 높아서 매도 후 현금화가 쉽다. 주식 투자는 매도 후 현금화가 며칠 걸리지만 코인은 매도 후 현금화가 즉시적이다. 그리고 재투자 등이 훨씬 쉬운 환경이기 때문에 변화하는 사회 환경에 가장 적절하다. 게다가 한 가지 더 중요한 의미가 있는 것은 코인 거래는 바로 24시간 투자 환경이라는 점이다. 주식 거래를 하는 직장인들은 근무 중에 차트를 보느라 일에 지장을 주곤 했지만, 코인 거래를 하는 직장인들은 퇴근 후 남는 시간에 투자를 진행할 수 있다. 24시간 시장이 열려 있기 때문이다. 따라서 투자 상황을 신경써서 체크할 수 있는 시간적 여유를 제공받는다. 코인 시장이 제도화되고 법제화된다면 주식 시장보다 빠르게 성장할 수 있는 요건이 된다고 할 수 있겠다.

사실 비트코인이나 코인 시장을 알리는 글에 들어가기 전에 우선적으로 짚고 넘어가야 할 것이 있다.

우리와 같은 서민은 더 이상 부자가 될 수 없는 것인가? 과연 우리는 코인 시장에 참여를 해야 하는가? 이 본질을 파악하지 않고 코인 시장에 무작정 돈만을 좇아 투자에 뛰어드는 행태는 아주 위험하다는 것을 알리고 싶다. 단언컨대 이에 대한 성찰 없이 코인 시장에 뛰어드는 것을 나는 적극적으로 말리고 싶다. 비트코인을 모르거나 왜 사람들이 투자하는지 모르는 분들에게는 절대 투자에 대해 권하고 싶지 않다. 왜 코인 투자를 해야 하는지 명확하게 본인이 답할 수 있다면 그때 투자를 시작해도 늦지 않다는 점을 밝히고 넘어가겠다.

2017년 말의 코인 시장 버블은 준비가 되지 않은 일반인의 참여를 이끌어냈고 그로 인해 그들의 소중한 자산이 10분의 1로 토막나 버렸다. 장기적인 시각으로 묻어두었다면 괜찮겠지만 놀라서 손절해 버렸다면 손해는 엄청날 것이다. 다시 이런 일이 없기를 바라는 간절한 마음에 이 글을 쓴다. 나 역시 그 버블에 코인 시장 참여자들의 피해를 최소화하지 못한 장본인으로서 죄송한 마음 다시 한 번

전달한다.

그렇다면 우리는 코인 투자를 왜 해야 할까? 이것은 다른 자산의 투자일 경우도 마찬가지다. 앞으로의 산업 발전 속도를 감안하면 신용화폐 제도의 유지는 이미 시작된 중산층의 몰락과 빈부 격차를 더욱 가속화시킬 것이고, 결국 그로 인해 금융지식이나 투자 없이 중산층 이상의 삶을 영유하는 것은 단연코 불가능하다고 이야기할 수 있다. 그러나 이 구조는 반드시 무너져야 하는 것은 맞다. 노동의 대가만큼 돈의 유통량이 늘어나는 것이 가장 이상적인 경제 구조이며, 그럴 때 경제 체력도 탄탄해진다는 것은 잊어서는 안 될 부분이다.

이러한 부분 때문에 여러분은 금, 은, 주식, 채권, 부동산, 예·적금, 암호화폐 등 어떻게 하면 투자를 통해 수익을 얻을 수 있는지, 어떤 순서로 자산이동이 이루어지며 수익이 옮겨지는지에 대해 생각해 봐야 하는 것이다.

우리는 1971년 미국 닉슨 대통령이 금본위제를 폐지시킨 이후 돈을 발권할 수 있는 권력기관이 노동 없이도 큰돈을 차용하거나 유용할 수 있는 시대에, 서서히 중산층은 몰락할 수밖에 없는 구조 속에서 살고 있다. 제조업보다 금융업이 더 많은 돈을 버는 경제 환경으로 넘어가는 사건이 바로 금본위제 폐지다. 이후 신용화폐 제도는 너무나 많은 돈을 만들어냄으로써 그 신용을 잃어가고 있다. 우리는 과연 외제차가 넘쳐나고 고층빌딩이 넘쳐나는 지금, 삶의 질을 보장받고 있다고 말할 수 있을 것인가? 아니면 그 이전의 생활이 훨씬 삶의 질이 높았던 것은 아닌가? 그 점을 잘 생각해 봐야 한다.

드라마 '응답하라' 시리즈를 보면 1988년, 1994년, 1997년을 다룬다. 이것들은 모두 우리가 가장 행복했던 때를 추억한다. 왜 그때의 시절을 추억하고 이 드라마들이 대박을 쳤을까? 그 시절은 외제차에 고층빌딩들, 고가의 명품들이 흔하던 때도 아니었는데 말이다. 그 시절에는 나이에 비례해 소득이 올라가고 삶의 질이 함께 높아질 수 있는 환경이었다. 지금처럼 양적완화를 하면 무작위로 시장에 돈의 공급량이 늘어나는 시대가 아니었기 때문에 우리는 그 숫자가 보여주는 시절을 잊지 못하고 추억하는 것이다. 그때 그 시절이 그리운 것은 나의 월급으로도 충분히 집을 사고 차도 사고 가족을 위해 삶의 질을 유지할 수 있었던 시대였기 때문이다.

그러나 지금은 시장에 무제한 통화를 공급할 수 있는 신용화폐 제도가 있기 때문에 부동산, 주식, 그리고 온갖 자산의 가치를 끌어올린다. 금융자산이 미약한 월급쟁이 계층의 수익으로는 자산의 버블을 따라갈 수 없는 구조적 시대를 어쩔 수 없이 우리는 살고 있다. 우리는 이런 시대를 살아가야 하기 때문에 금융지식, 돈의 흐름을 파악하지 못하면 결국 환경 변화를 따라가지 못해 도태되거나 삶의 질은 포기하고 살면서 생존의 문제만을 생각하며 살아야 한다. 대부분의 사람들이 그래도 꿈을 꾸며 살 수 있었던 1988년, 1994년, 1997년 그때 그 시절에 대한 그리움에서 벗어날 수 없을지 모른다.

코인 투자를 해야만 투자 트렌드와 시대의 흐름을 따라갈 수 있다고 강조하는 것은 절대 아니다. 암호화폐 시장도 제도화되고 있는 모습을 보이며, 자산의 가치로 인정받을 시기가 얼마 안 남았다는 것을 투자자들은 느끼고 있을 것이다. 일본은 코인을 자산으로 인정해서 세금을 부과하고, 미국의 최대 투자은행 JP모건도 코인을 발행하며, 전 세계에서 16개의 증권거래소와 6개의 청산소를 운영하는 대형 금융회사인 ICE가 '백트'라는 비트코인 거래소를 출범시켰다.

이러한 일들은 곧 코인 시장도 주류 경제로의 편입이 예정돼 있고 실제로 진행되고 있다는 뜻이다. 독자분들이 40대 이후라면 경제 시장의 변화를 경험했고 금본위제와 신용화폐 제도 두 경제 체체를 모두 살아본 세대일 것이다. 그렇기 때문에 여러 가지 혼란한 측면이 존재한다. 금본위제와 신용화폐 제도의 각기 다른 측면을 짚어보고 넘어가야 한다.

우리가 경제 개발을 시도하던 때에는 거의 모든 국가가 산아제한과 절약을 국가적인 목표로 삼고 있었다. 그런데 지금의 프레임은 어떻게 바뀌었을까? 각국은 출산장려 정책과 소비가 미덕이라는 프레임으로 갈아타고 바꿔갔다. 그 이유가 무엇일까? 바로 경제 제도의 변화 때문이다. 금본위제란 한정된 돈, 한정된 자원을 인구당 나누어 갖는 구조이기 때문에 인구가 적을수록 나에게 오는 부가 많아지는 시스템이다. 따라서 산아제한과 절약이라는 프레임이 적용됐다. 그로 인해 6·25 이후 정부적인 차원에서 산아제한 정책을 강력하게 시행한다. 한국, 중국 등 모두 마찬가지다.

그런데 신용화폐 제도가 본격적으로 도입되는 경제 팽창 시대에는 찍어낸 돈을 써줄 더 많은 인구가 필요하다. 그리고 소비를 통해 돈의 유통을 늘리고 팽창을 해야 하는 시스템으로 변환되었기 때문에 이제는 출산장려와 소비가 미덕이라는 프레임으로 바뀐 것이다. 그로 인해 현재는 부의 이전을 도와줄 더 많은 인구, 더 많은 소비가 필요한 시장으로 변화했다. 우리는 이에 맞춰 경제 패턴을 맞추고 경제 활동을 해야 한다. 그리고 결국은 가장 많은 소비 시장을 가진 나라, 즉 가장 많은 인구를 가진 나라가 패권국에 다가갈 수 있다는 것을 깨달아야 한다. 그래서 중국과 인도의 이야기가 최근 부쩍 많이 나오는 것이다. 신용화폐 제도에서 가장 적합한 성장 모델을 제시할 수 있는 나라들이기 때문에 우리는 이들 나라와 비슷한 환경을 가진 나라들을 주목해야 한다.

9년에 가까운 암호화폐의 역사를 정리하며 『비트코인 1억 간다』를 출간한 뒤에, 책을 읽고 나서 암호화폐와 블록체인에 대한 막연함이 없어졌다는 의견을 많이 들었다. 특히 투자에 입문하는 사람에게 도움이 되었다는 피드백이 많았다.

2018년 암호화폐 시장은 주류 시장으로 들어가기 위한 골목에서 많은 이슈들을 뿌렸다. 여러모로 진화해 가는 암호화폐 시장의 변화에 대해 투자자들이 알아야 할 정보들이 업데이트돼야 한다는 판단하에 다시 『비트코인 1억 간다 2』를 쓰게 되었다. 부디 좀 더 심화된 공부를 하고 싶다는 자극이 되면 좋겠다. 전작이 '가상화폐에서 암호화폐로'라는 컨셉이었다면 이번에는 '암호화폐에서 암호자산으로' 넘어가는 단계에 관한 이야기가 될 것이다.

암호화폐 투자자가 2018년을 정리하고 미래를 대비하며 생각해 봐야 할 이슈는 뚜렷하다. 디지털 세상에서 미국이 강달러를 위해서 어떤 행보를 보일 것인지, 스테이블코인의 등장으로 판도는 어떻게 바뀔 것인지, 백트 거래소의 오픈이 과연 암호화폐 시장을 차원이 다른 변화로 이끌지, 비트코인이 화폐가 아니라 자산화될 것인지, 유럽의 정치 상황은 어떻게 흘러갈 것인지, 각국 정부는 암호화폐 시장에 대한 규제를 어떻게 마련해 갈 것인지, 그리고 5G 시대의 개막이 결제 환경을 어떻게 바꿀 것인지 등이다.

이상의 이슈들을 둘러싸고 어떤 이해관계들이 얽혀 있는지, 밀려드는 뉴스 정보들을 어떻게 해석하면 좋을지 이제 함께 살펴보도록 하겠다.

목차

프롤로그 출산 장려와 소비 미덕의 시대, 어떻게 투자할 것인가 • 4

1장 글로벌 경제를 보면 암호화폐가 보인다

달러가 힘을 잃어간다, 미국의 경제위기 • 17
미국의 금리 인상과 신흥국의 경제위기 • 33
미국과 중국의 무역전쟁 • 51
중동은 왜 암호화폐에 우호적일까 • 69
역사는 반복된다, 브렉시트와 노란조끼운동 • 79
일본은 암호화폐 촉매 국가가 된다 • 95

2장 거래소를 보면 시장 흐름이 보인다

백트의 선물 출시를 기다리는 이유 • 107
토큰의 증권화는 금융의 미래 • 118
그들은 왜 인덱스를 만들까 • 130
잡거래소와 잡코인이 사라진다 • 139
합법도 아니고 불법도 아니다? • 147

3장 코인을 바라보는 다양한 시선들

비트코인은 화폐인가, 자산인가 • 159
스테이블코인, 암호화폐와 실물경제를 잇다 • 171
스테이블코인이 기축이 된다 • 181
주류 시장에서도 살아남을 코인은? • 189
상용화되면 날아오를 코인을 찾아라 • 207
테마별 코인을 보면 미래 세상이 보인다 • 220

4장 대기업 뉴스를 보면 미래가 보인다

페이스북이 스테이블코인을 발행하면 • 233
스타벅스는 금융회사다? • 246
지갑 탑재 삼성 스마트폰과 5G 화웨이 • 252
넥슨은 게임을 버리고 무엇을 선택할 것인가 • 259
우지한의 사임과 리 샤오라이의 투자 중단 • 266
RE100, 재생 에너지로만 100% 사용하겠다 • 272

5장 심리전에서 지지 않는 나만의 투자법

비트코인 10년, 차트로 보는 전망 • 283
화폐의 교환가치를 알면 타이밍이 보인다 • 296
비트코인 인덱스 매매법 완전정복 • 303
매수보다 매도가 중요하다 • 309
비트코인 큰손들의 미래 전망 • 315

에필로그 시대 공감, 시대 유감 • 329

1장

글로벌 경제를 보면 암호화폐가 보인다

CRYPTOCURRENCY

달러가 힘을 잃어간다, 미국의 경제위기

"미국, 유럽, 일본의 양적완화로 만들어진 인류 역사상 최대의 금융 거품에 조만간 붕괴가 일어날 것이다."

2018년은 피터 쉬프 유로퍼시픽캐피털 CEO를 비롯해 상당수 경제 전문가들이 현재 글로벌 경제 상황에 경고의 목소리를 높이는 한 해였다. 2008년 서브프라임 모기지로 시작된 미국발 금융위기 이후 붕괴된 채권, 주식 시장에 자금을 주입하기 위해 미국 연방준비제도이사회FRB, 유럽중앙은행ECB, 일본은행이 국채, 회사채 등 각종 채권을 담보로 돈을 대량으로 찍어내 공급해 온 정책이 양적완화Quantity Easing, QE다. 미국은 당시 투자은행 순위 4위였던 리먼브라더스 붕괴 이후 5년간 양적완화로 4조 5천억 달러(약 5천조 원)를 찍어냈고, 제로금리로 대규모 자금을 주입했다.

문제는 달러를 마구 찍어내면 신용화폐의 가치가 떨어진다는 것이다. 연방은행의 재정 건전성이 악화되자 2014년 미국은 양적완화를 중단하고 유럽과 일본의 중앙은행에 양적완화를 위임했다. 지금까지 유럽과 일본에서 찍어낸 통화량은 8조 5천억 달러(약 9천조 원)에 이른다고 한다. 미국식 자본주의는 마지막 구간에서 거친 숨을 몰아쉬고 있다며 많은 전문가들은 달러가 기축통화의 자리를 잃어버릴 것이라는 전망을 쏟아내고 있다. 그러나 미국의 양적완화가 왜 문제가 되는지, 돈을 찍어내는 것이 왜 문제가 되는지 구체적으로 설명해 주는 사람은 보기 힘들다.

/

달러가 위험하면 금 보유가 늘어난다

2008년 전 세계에 불어닥친 경제위기로 인해 미국이 달러를 많이 찍어낸 것보다 더 문제가 되는 것은 기축국 전부가 양적완화를 했던 것이다. 이것이 미국 달러에 더 큰 문제가 되는 점이다. 전 세계 기축통화로 분류되는 통화는 달러, 엔화, 파운드화, 유로화 정도인데, 이들이 달러와 함께 양적완화를 단행하는 것이 왜 달러에 부담을 줄까? 그것은 바로 무제한 통화 스와프 때문이다. 유로화, 엔화 등이 양적완화로 시장에 뿌려지면 그 돈을 달러로 교환해 줄 의무가 있는 미국에는 결과적으로 상당한 부담이 되어버린다. 양적완화로 인한 이들의 빚까지 미국 달러가 책임을 져야 하기 때문에 미국 달러의 양적완화만을 문제로 지적하는 것은 축소된 정보다. 미국 외 기축국의 양적완화는 미국의 부담으로 작용한다는 점을 간과해서는 안 된다.

중국, 러시아 등 신흥국들이 달러 국채를 매각하고 금의 보유를 확대하며, 원유 거래에서 달러 결제가 아닌 자국 통화 결제를 시도하려는 것은 바로 이러한 배경에서 벌어지고 있다.

다만 여기서 확실히 짚고 넘어가야 할 점은 있다. 뉴스는 각국 정부가 달러자산을 금으로 대체하고 이로 인해 달러가 더욱 약해지는 현상을 이야기하면서 달러 약세를 설명한다. 그러나 이 부분을 잘못 이해하면 안 된다. 금이라는 것은 국제결제나 송금으로는 이용하지 못한다. 그래도 금의 보유를 늘리는 것은 기축인 달러, 엔화, 유로화, 파운드화 등 교환가치가 높은 자산으로 교환할 때 더 많은 양을 얻어내는 수단이 되기 때문이다.

예를 들어 현재 금을 매입한 후 나중에 그 금을 달러로 바꾸었을 때 더 많은 달러를 확보할 수 있다면 지금은 금을 보유하는 것이 유리한 상황이라고 판단하는 것이다. 어차피 돈이란 교환가치를 저장하는 수단일 뿐이기 때문이다. 금에서 엔화 그리고 다시 달러로 바꿨을 때 더 많은 달러를 확보할 수 있다고 판단될 때, 금을 가지고 있는 국가는 원하는 화폐를 더 많은 양으로 교환할 수 있다고 판단하기 때문에 금을 매입하는 것이다. 각국 정부의 금 매입이 반드시 탈달러화를 이야기하는 것처럼 언론이 보도하는 것은 잘못 이해할 소지가 있다.

세계가 하나로 묶여 있는 시대에 여전히 취업은 어렵고 소비력은 살아나지 않고 있다면 달러의 통화량 증가는 그대로 부채 쓰나미가 될 것이다. 개인에 따라 차이는 있겠지만, 우리나라도 다를 것 없으니까 잘 생각해 보면 알 것이다. 지난 10년간 나의 소비력은 늘었는가? 경기는 얼마나 살아났을까? 우리나라는 물론이거니와 세계의 주류 언론들은 마치 양적완화로 인해 금융위기를 이겨낸 것처럼 보도할 수도 있지만, 경제 사정이 좋지 않은 개인투자자들이라면 팩트 체크도 없이 언론 보도를 그대로 믿어서는 안 된다. 영국은 왜 유럽연합EU 탈퇴로 방향을 틀었고, 이탈리아, 오스트리아, 헝가리, 폴란드 등에서 왜 반EU 정권이 등장했는가. 독일, 프랑스, 스페인 등에서 반EU 정치세력이 점점 힘이 커지는 이유는 무엇인가. 정신 똑바로 차리고 그 이면을 볼 수 있으면 좋겠다.

트럼프를 보면 미국 상황이 보인다

45대 미국 대통령으로 당선된 도널드 트럼프는 지금까지 우리가 알던 미국 대통령과는 다른 행보를 보이고 있다. 이 책에서는 남북통일 또는 남북경협이라는 이슈만으로 트럼프를 생각할 것이 아니라, 강한 달러, 에너지 정책, 무역 전쟁 등에 대해서 살펴보려고 한다. 트럼프는 강한 달러를 유지하기 위해 금리 인상을 했으며, 자국의 제조업 육성을 위해 셰일석유shale oil를 생산하고 있다. 그리고 무역 흑자를 유지하기 위해 경제 제재의 남발도 서슴지 않는다.

이 대목에서 생각나는 것이 있다. 기업가 출신 대통령들은 항상 말썽이 많았다는 점이다. 우리나라는 말할 것도 없고, 미국 역시 트럼프 이전에 허버트 후버 대통령(31대, 1929~1933)이 있었다. 경제 대공황의 주범이 되었던 대통령이며 미국 역사상 가장 최악의 대통령으로 손꼽히는 인물이다. 이탈리아에서는 미디어 재벌 총수로서 총리에 당선됐던 실비오 베를루스코니가 있다. 그는 미디어법을 개정해 언론의 90%를 장악하더니 3선에 성공했으나 잇따르는 부패와 구설수로 인해 결국 2011년 총리직을 사임했다.

2018년 2월, 미국 FRB 의장이 자넷 엘런에서 제롬 파월로 바뀌었다. 40년 만에 유대인이 아니며 경제학자가 아닌 FRB 의장이 뽑힌 것이다. 항상 재임을 했던 기록도 깨졌다. 2018년 한 해 동안 미국은 3월, 6월, 9월, 12월 네 차례 기준금리 인상을 단행했다. 기준금리를 올리면 시장의 금리도 오르는데, 이자 부담이 높아지기 때문에 가계나 기업은 새롭게 대출받는 것을 꺼리며 이미 받은 대출은 상환하고 싶어한다. 따라서 시중에 풀린 자금은 자연스럽게 회수된다. 그래서 금리 인상은 원래 시중 자금이 부동산이나 주식 등에 과하게 몰렸을 경우에 과열된 분위기를 식히기 위해 내리는 결정이다. 또는 물가 인상 폭이 클 때 안정화를 위해 금리 인상을 결정한다.

그런데 다들 느끼겠지만 과열된 시장은 없다. 그보다 미국의 계속된 금리 인상은 긴축 재정의 신호로 읽는 것이 맞다. 미국이 달러를 너무 많이 찍어낸 탓에 달러의 가치는 점점 떨어지고 있는데, 금리 인상을 단행하면 미국은 너무 많이 풀려 있는 달러를 다시 회수할 수 있다. 이로써 아르헨티나, 브라질, 터키 등 신흥국발[發] 자금 유출 사태가 국제 금융 시장의 불안 요인으로 등장했다. 미국의 기준금리 인상에 따른 달러 강세가 이어지면 신흥국들에서는 통화와 금융자산의 가치 급락이 이어진다. 한국에서도 미국의 금리 인상은 좋은 조짐이 아니다. 미국 금리가 오르면 투자자들은 더 높은 이자를 주는 미국으로 발걸음을 돌리게 되고 한국에 있던 투자금은 빠져나가게 된다.

금리 인상이 지속적으로 이뤄진다면 강한 달러는 계속될 것이다. 신흥국은 주가가 떨어지고 화폐가치가 떨어지면서 달러가 미국으로 흘러들어가 외환보유고가 줄어드는 현상으로 이어진다. 2018년 한국 암호화폐 시장은 가상계좌를 열어주지 않아 시장 침체의 원인으로 작용했는데, 여기에도 외환보유고 문제가 영향을 준 것으로 해석된다. 전 세계 암호화폐 거래소는 비트코인[BTC]을 기축으로 하는 'BTC 마켓'이 형성돼 있지만, 빗썸, 코인원, 코빗 등 한국의 거래소에는 원화를 기축으로 하는 '원화 마켓'이 있다. 2017년 말부터 2018년 초까지 한국만 비트코인 가격이 높게 형성되는 일명 '김치프리미엄'이라는 거품 현상이 있었던 것은 바로 이 원화 마켓 때문이다. 원화 거래가 가능한 점은 빗썸이 전 세계 암호화폐 거래소 중 거래량 1위였던 이유 중 하나이기도 하다. 전 세계 어디서든 빗썸으로 코인을 보내 원화로 바꾼 다음에 다시 달러로 바꿔버리면 외환보유고에도 영향을 줄 터였다.

기축통화의 역사, 강대국의 몰락

제1차 세계대전이 일어나기 전까지 세계의 금융 체제는 금본위제였다. 영국 등의 서구 열강은 식민지에서 원료를 얻어서 제조한 상품으로 수출을 해서 부를 축적했다. 이때의 무역 거래는 금이 기준이었는데, 각국의 화폐단위가 달라서 보편적 기준이 없으면 누가 손해이고 누가 이익인지 가늠할 수 없었기 때문이다. 금이 그 기준 역할을 해준 것이다.

지금 전 세계의 기축통화는 미국 달러다. 세계 무역 거래에서 결제 수단으로 쓰이고 있는 것도 미국 달러다. 제1차 세계대전에서 미국은 전쟁에는 개입하지 않고 오로지 전쟁 물자만 보급하는 것으로 돈을 벌었다. 그때까지 세계 패권국이었던 영국으로부터 미국이 결제 수단으로 선택한 것은 파운드화가 아니라 금이었다. 이후 세계에서 가장 많은 금을 갖게 된 미국은 제2차 세계대전에서는 승전국이 되었고, 새로운 세계 질서를 세우기로 했다.

1944년 브레턴우즈 협정에 따라 미국 달러는 세계 기축통화가 되었다. 금 1온스당 35달러의 가치를 지니는 것으로 고정하고 그 외 각국의 통화는 달러에 고정했다. 언제든지 달러를 가져오면 1온스당 35달러의 비율로 금을 바꿔주기로 했다. 이때 국제기구 두 개가 설립되는데, 국제통화기금IMF과 훗날 세계은행IBRD이 되는 국제부흥개발은행이 그것이다. 이때 새로 창설한 국제기구의 분담액을 정하는 것은 아주 중요한 일이었는데, 미국은 29억 달러를, 영국은 그 절반을 분담함으로써 미국이 가장 큰 비중을 차지하는 것으로 결론이 났다. 분담액은 곧 지배력을 말하는 것이었다. 영국과 다른 나라들은 자국의 비중을 늘리고 싶어 했지만 전후 막대한 복구자금이 필요했기 때문에 미국이 원하는 대로 따를 수밖에 없었다.

그런데 2018년 미국 경기가 하향곡선을 그리는데도 미국은 왜 계속해서 금리 인상을 단행했던 것일까. 시중에 풀렸던 달러들을 금리 인상으로 다시 거둬들이면, 달러가 더 필요해진 나라들은 더 많은 달러를 빌릴 수밖에 없다. 미국은 세계가 더 많은 달러를 쓰도록 조율하는 모양새인 것이다. 그러고 나서 때를 보아 미국은 달러를 더 찍어내기만 하면 된다. 인플레이션을 이전하는 효과다. 돈을 찍어내 다른 나라로 이전하면 그만인 미국과 달리, 원화는 기축통화가 아니기 때문에 우리나라는 돈을 찍어내면 인플레이션을 방지하기 위해 부동산 가격을 상승시키는 방법을 쓸 수밖에 없다. 부동산에 돈을 묶어놓는 것이다. 주택자금 대출을 받는다는 것은 시중에 돈이 나오지 않는다는 뜻이다. 최근에 가장 많은 대출로 보면 30, 40대는 주택 대출, 20대는 학자금 대출에 돈이 묶여 있다. 대출은 점점 더 취약계층으로 침투해 내려가는데, 이제는 더 이상 침투할 데도 없어 보인다.

고전 경제학자들은 실물을 모든 가치의 원천이라고 여겼는데, 글로벌 금융 시장은 10분의 1도 안 되는 가치의 원천을 딛고 서 있다고 이야기된다. 엄청난 금융 팽창이다. 〈블룸버그〉 자료에 따르면

2017년 각국 GDP 합계(글로벌 총생산)가 77조 9,900억 달러인 반면, 국가와 민간 부문의 모든 빚을 합한 글로벌 채권은 215조 달러, 선물과 옵션 등 파생상품은 544조 달러 규모라고 한다. 한편 세계 양적완화의 규모는 12조 3천억 달러였으며, 신흥 자산 시장으로 꼽히는 암호화폐(추적 가능한 1,300여 종 기준)는 6,284억 달러로 되어 있다.

'미국 달러의 기축통화 지위가 위험하다', '세계 소비국이며 달러를 수출하는 미국은 망할 것이다' 등의 이야기가 끊임없이 들려오는 가운데, 역사상 세계 패권국가들은 어떠한 흥망성쇠의 과정을 거쳐 왔는지 여러 자료를 찾아보았다. 그중 EBS 다큐프라임의 '강대국의 비밀'은 투자자들 강의를 하면서 얘기해 주고 싶어서 4, 5번 반복해서 본 적도 있다.

세계 패권국이란 모두 기축화폐를 갖게 되는 나라일 것이다. 미국, 영국, 네덜란드, 스페인, 몽골 등은 어찌 보면 모두 동일한 패턴을 거쳤던 것으로 보인다. 17세기 패권국가 네덜란드는 인구가 200만 명에 불과했다. 칭기즈칸 휘하에서 몽골 순수혈통은 10만 명도 되지 않았다. 이렇게 미약한 숫자로 어떻게 세계를 손에 넣었을까. 강대국이란 하나의 민족으로 이루어진 국가가 아니기 때문에 가능한 일이었다. 다양한 사회집단을 다스리는 방법을 찾는 것이 주요 과제인 것이다. 패권국가를 쇠락으로 이끈 요인은 크게 두 가지로 압축해 볼 수 있다. 첫째는 이민자 정책의 방향을 '배척'으로 돌리는 것이고, 둘째는 버는 돈보다 더 쓰려고 하는 것이다.

1600년 무렵 패권국이었던 스페인의 펠리페 2세는 모든 사람들에게 가톨릭을 믿게 하는 것이 하느님이 준 자신의 사명이라고 믿었다. 그는 오스만투르크, 프랑스, 영국과 동시에 전쟁을 벌였고, 전쟁을 목적으로 갚을 능력 없이 너무 많은 돈을 빌렸다. 아메리카 대륙에서 많은 양의 은을 가져오지만 전쟁을 위한 낭비로 탕진하고 만다. 기술 개발에도 신경 쓰지 않았던 아르마다(무적함대)는 결국 더 빠른 배를 만들었던 영국 해군에 밀리고 스페인은 파산에 이른다. 아무도 신경쓸 필요가 없는 강대국이 되는 순간, 통제 불능의 상태에 빠지는 것이 문제다.

모든 강대국은 방대한 영토를 어떻게 통치할 것인가 하는 비슷한 어려움에 처한다. 다양한 계층의 사람들을 이끌어갈 수 있는 방법을 고안해야 하는데, 하나의 민족으로 이뤄진 패권국은 없었다. 사람들은 칭기즈 칸과 몽골이 정복 활동으로 전쟁만 했다고 생각하는데, 실제로는 그렇지 않았다. 몽골군은 10만 명 정도로 아주 적었지만, 몽골제국 전체 인구는 100만 명 정도였다. 수백만 인구를 가진 국가들을 정복해 냈지만, 정복은 힘만으로는 이룰 수 없고 사람의 마음을 얻어야 한다. 몽골에서는 몽골의 법을 따르기만 한다면 이슬람교도이든 유교도이든 그리스도교이든 상관없이 받아들여졌다. 도교도이든, 불교도이든 자신의 종교를 지키며 살 수 있었다. 이슬람교를 따르는 어느 지역은 다른 종교를 강요하는 이웃 나라를 칭기즈 칸이 공격하고 자신들을 통치해 줄 것을 원하기도 했다.

로마 제국에서는 정복자와 정복당한 사람의 개념은 없어지고 모두 로마인이 되었다. 시민권이라는 정책 덕분에 자발적으로 모두 로마인이 되고 싶어했다. 정복사업으로 노예로 끌려왔어도 그들의 자식은 시민권을 얻었다. 노예 신분은 세습되는 것이 아니었고, 노예 생활 10년이 지나면 노예에서 해방되어 자유민이 되었다. 로마에는 승리를 통해 얻은 것을 동맹국과 나눈다는 신념이 있었다. 정복당한 국가의 사람들에게도 기득권을 부여했다. 20세기 일본은 그들이 점령한 국가들에 매우 잔혹하게 대했고 정복당한 사람들과의 관계를 변화시킬 생각이 전혀 없었던 것과 대조된다. 일본은 항상 높은 곳에서 모든 부와 권력을 독차지하려고 했다. 독일, 일본처럼 하나의 민족으로 세우려는 강대국은 성공한 적이 없다.

트럼프가 달러 위기를 헤징하는 법

미국은 흡사 로마의 마지막 끝자락과 거의 비슷한 듯하다. 로마에서는 조공이 오거나 많은 물자들이 들어오면 국민들이 일을 하지 않았다. 농사를 지을 필요가 없었고 소비만 할 뿐이었다. 미국이 '달러'를 수출하다 보니까 제조업 기반이 약한 것과 같다. 미국이 달러를 더 찍어내려는 모습은 네로 황제 이후의 로마와 겹친다. 사치를 더 하고 싶었던 네로 황제는 순도 99.9%이던 금화의 순도 비율을 낮춘다. 처음에는 금화의 금을 90%로 만들었다가 다음 황제, 그 다음 황제를 거치면서 금화의 순도는 50%가 된다.

1971년 미국의 닉슨 대통령은 금 1온스당 35달러로 고정해 놓고 있던 금태환제를 폐지해 버린다. 앞으로는 달러를 가져와도 금을 내주지 않겠다는 것이다. 구글에서 검색하면 전 세계 금 보유량 1위는 미국인 것으로 나오지만, 지금 그걸 믿는 국가는 없는 듯하다. 비공식적으로 전 세계에서 금을 가장 많이 가진 나라는 중국이다. 금태환을 보장하는 것과 금화의 순도를 99.9%로 유지하는 것이 같은 의미라면, 금본위제가 공식적으로 폐지되고 달러의 통화량이 늘어나는 것은 금화의 금 비율이 70%, 60%로 점점 떨어지고 있는 것과 같다.

트럼프 대통령은 달러를 계속 찍어내자니 달러가 위험해질 것을 우려해 일단 달러를 회수했다가, 다시 풀어내는 시점을 찾을 것으로 보인다. 다시 시장에 달러가 풀릴 때는 더 많이 찍어낼 수 있는 명분을 찾아낼 것이다. 로마처럼 되지 않으려는 트럼프의 노력으로 봐도 될 것 같다.

그렇지만 미국에 위기가 올 수 있다는 말을 간과할 수만은 없다. 주식 투자를 할 때 어떤 기업이 잘 되는지 안 되는지를 알아보려면 딱 한 사람에게 물어보면 된다. 그 회사 제일 말단직원에게 물어보면 가장 정확하다. "우리 회사는 복지도 잘 돼 있고 너무 좋아요"라는 식으로 자부심이 있다면 안심이다. 그러나 "우리 회사 아무래도 망할 것 같아요"라고 한다면 아무리 호재가 있어도 그 회사 주식을 사면 안 된다. 미국의 경우에도 하위층 사람들이 보호받고 있는지 아닌지를 보면 될 것이다. 제일 못 사는 사람들이 죽어나가고 있다면, 달러로 먹고살던 미국의 신용화폐 제도에도 적신호가 켜졌다고 봐야 하지 않을까. 다음 사건을 보면 미국의 자본주의 사회는 무너지고 있는 듯하다.

마이클 무어 감독의 '화씨 11/9'에서는 미국 미시건주 플린트Flint 시에서 일어났던 일을 조명한다. 흑인 인구가 60%이고 극빈층 주민이 절반에 가까운 플린트시에서 비상사태가 선포된다. 《타임》지는 납 수돗물로 인해 납 중독이 된 어린이가 무기력하게 누워 있는 사진을 싣기도 했다. 원래 이곳의 상수원은 휴런 호수였는데, 공공 파이프라인을 통해 만년설 빙하가 녹은 깨끗한 물을 받아 먹고 있었다. 그런데 새로운 파이프라인을 건설하는 동안에 상수원이 휴런 호수에서 플린트강으로 바뀐 것이다. 문제는 플린트강이 산업하수처리장이 된 곳이라는 점이었다. 일반인들에게 아무 이상이 없다고 했지만, 아이들이 납중독으로 고통받기 시작했다. 주민들은 물맛이 이상하다며 불만을 터뜨렸고 어린이 혈중 납 수치는 1년여 만에 2배 가까이 증가했다. 스나이더 주지사는 조사 결과가 나온 뒤에도 두 달 가까이 수돗물 사용을 중단시키지 않았다.

주정부도 상황을 잘 알지 못하고 벌어진 일이라면 모르지만, 같은 지역에 있는 GM에 공급되는 물은 달랐다. 자동차 생산에 납중독 물을 쓴다면 차가 녹슬어버릴 위험이 있었을 것이다. 당시 오바마 대통령은 문제를 해결하겠다고 방문했지만 그곳 물을 마시며 아무 이상 없다는 것을 보여준다. 약자가 보호받지 못한 대표적인 사례로 꼽히는 이 일은 아직도 완전히 밝혀지지 않았고, 공무원들은 지금도 법정에 서 있다고 한다.

2019년 미국의 경제 리스크 중 하나는 트럼프 대통령의 지지율 하락이다. 미국 연방정부의 최장기 셧다운(일시적 업무정지) 사태로 국정운영 지지율은 39%까지 떨어졌다(여론조사기관 모닝컨설트 조사). 로드리고 두테르테 필리핀 대통령, 레제프 타이이프 에르도안 터키 대통령 등 전 세계적으로 보수 정당으로 당선된 대통령들이 모두 지지율이 떨어지고 있는 것도 눈에 띈다. 지금까지는 미국 경제가 성장했기 때문에 러시아 스캔들, 섹스 스캔들에도 불구하고 버텼을지 모르지만, 경기가 하락하면 탄핵운동이라든지 미국 정치에 혼란 국면을 가져올 사태는 언제든 터질 수 있다.

트럼프의 정치적 문제가 터지면 암호화폐에는 호재로 발휘할까? 전 세계에서 그동안 비트코인은 경제가 위험한 상황일 때마다 상승의 모습을 보였다는 점을 기억하고 뉴스를 잘 살펴볼 필요가 있다.

북미 협상 그리고 베트남

2019년 현재 북한과 미국의 협상이 진행되고 있다. 2월 27~28일에는 제2차 북미 정상회담이 진행되었다. 그런데 미국은 북한 문제에 왜 갑자기 우호적으로 바뀐 것일까?

이는 지정학적인 문제와 트럼프의 정책이 맞물린 것이다. 미국은 지금 중국의 대외 확장을 막아야 하는 입장이다. 우리나라 1960년대 상황을 보면 쉽게 설명이 가능하다. 우리나라는 1960년대 이후 미국에서 가장 원조를 많이 받는 국가였다. 미국은 우리나라를 가여워해서 인도적 차원에서 원조를 했을 것인가 생각해 보면 당연히 아니다. 냉전 시대에 한국이 만약 경제 약화로 인해 공산국에 편입된다면 미국으로서는 태평양 지역으로의 공산당 확대가 상당히 부담스러울 수밖에 없었던 상황이다. 그러한 이유로 원조를 통해 한국이 경제 자립을 이루게 한 것이다. 이는 한국을 통해 공산국의 대외진출을 막고 견제하려는 목적이었다. 우리나라 경제성장 배경 중 하나가 바로 미국의 원조다.

그러면 지금의 북한은 어떨까? 미국은 지금 중국의 팽창을 막아야 하는 시기에 와 있으며, 대한민국이 원조를 받던 때와 같은 위기에 처해 있음을 우리는 알아야 한다. 결국 미국은 북한의 경제 자립을 도울 수 있는 명분과 실리가 필요하다. 북한을 핵협상 테이블로 끌어내 경제지원을 할 수 있는 명분을 만들고 북한을 키우는 전략으로 중국을 견제할 수 있는 조건을 갖추려 할 것이다.

그러나 북한은 당연히 공산국인 중국과 가깝기 때문에 위험한 카드가 될 수도 있다. 반면 북한은 미국이 중국 때리기를 하고 있는 상황에서 생존을 위해 어떤 선택을 해야 할지, 중국을 계속 따라야 할지 깊이 생각해 봐야 할 시기에 놓여 있다. 이로 인해 미국 역시 북한과 관계 개선의 최적기가 지금이라고 판단하고 있다.

트럼프는 사실 중국 제재 이외에도 또 다른 복안으로 북한과 협상을 진행 중이다. 지금 트럼프는 여러 가지 스캔들로 인해 지지율이 급락해 입지가 좁은 상황이다. 그렇기 때문에 분위기 반전의 카드로 북한을 선택한 것이다. 지구상 마지막 분단국가의 비핵화라는 확실한 정치적 카드를 만지고 있는 것이다.

그러면 영변 핵시설 폐기, 종전선언 등 빅딜이 나올까? 내가 볼 때는 당분간 빅딜까지는 힘들 것으로 보인다. 경제전쟁에서 중국이 크게 피해를 보지 않은 상황에서 북한은 미국과 급진적인 딜은 하지 못할 것이다. 또 트럼프는 대선을 위해 북한 카드를 급격하게 소진하지 않을 것이다. 아마 미국 대선 때까지 북한 문제를 지속적으로 이끌어가면서 대선에 쓸 카드로 사용할 확률이 높다.

이런 상황으로 볼 때 두 가지를 경제적으로 유추할 수 있다.

우선 베트남을 생각해 보면 우리나라의 성장 배경과 비슷하다. 베트남 역시 중국의 팽창을 막기 위한 지정학적 선택이었다. 경제 활성화, 높은 영어 사용률 등을 볼 때 베트남의 경제는 지금의 시대 흐름을 비추어본다면 지속적인 성장 가능성이 있다. 이는 여러분이 베트남에 투자하는 것이 합당한 일이라는 결론도 된다.

또 하나, 북한의 경제봉쇄 철회는 우리나라에 기회로 작용할 확률이 높다. 지속적으로 북한에 투자한 현대 쪽에서 수혜를 받을 확률도 높다. 북미회담이 어느 정도 성사될지는 모르나 만약 스몰딜 정도의 선이라도 협상이 진행된다면, 2019년 생각보다 우리나라 경제가 위험하지 않을 수 있고 글로벌 경제위기가 온다 해도 우리나라에는 기회가 올 수 있다.

미국의 금리 인상과 신흥국의 경제위기

우리나라는 IMF 구제금융 시절, 달러가 없어서 경제가 초토화되는 아픔을 겪었다. 그후로 외환보유고를 늘리는 데 힘을 쓰고 있으며, 2018년 8월 4,011억 달러로 외환보유액 세계 9위 수준이다. 2018년 5월 기준으로 하면 3조 1,106억 달러를 보유한 중국이 외환보유액 1위 국가다. 뒤를 이어 일본, 스위스, 사우디아라비아, 대만, 러시아, 홍콩, 인도의 순이다.

신흥국뿐 아니라 선진국들도 외환보유고를 쌓느라 신경쓰지만, 미국은 외환보유고 걱정이 없다. 금융 전문가들은 미국이 갖고 있는 최대 무기가 바로 미국 달러USD라고 말한다. 최고의 빅히트 상품인 기축통화 '달러'를 수출하는 탓에 미국은 '세계 소비국'으로 자리잡은 것이다. 미국 달러가 기축통화로서 가치저장 수단의 역할을 해내는 동안 세계 각국은 미래를 대비하는 자산으로서 달러를 보유하고 있어야 한다. 미국이 발행하는 채권이 세계 시장에서 수요 창출을 할 수 있는 것도 미국 달러가 기축이기 때문이다. 금리를 조금만 올리면 채권 금리도 오르기 때문에 수요가 몰릴 수 있다.

2018년은 미국의 금리 인상과 트럼프 대통령의 경제 제재로 신흥국들이 몸살을 앓는 한 해였다. FRB는 미국 교역에서 중요한 이머징 마켓Emerging Market(떠오르는 신흥시장) 19개국 통화를 가지고 OITP 지수라는 것을 만든다. 여기서 19개 신흥국은 중국, 한국, 인도, 인도네시아, 멕시코, 아르헨티나 등을 포함한다. OITP지수는 6개 선진국 대비 통화가치를 나타내는 달러 인덱스와 대비된다. 유로, 엔, 파운드, 캐나다 달러, 스웨덴 크로네, 스위스 프랑 등 경제 규모가 크거나 통화가치가 안정적인 6개국 통화를 기준으로 산정하는 것이 달러 인덱스다. 달러 인덱스가 상승하면 미국 달러 가치가 오른다는 뜻이다.

미국이 금리 인상을 단행하면 신흥국들은 자국 통화의 가치 하락을 막기 위해 함께 금리 인상을 따라갈지 결정해야 한다. 만약 통화가치가 하락하면 인플레이션을 걱정할 수밖에 없다.

한두 번이 아니다, 아르헨티나의 구제금융

2018년 아르헨티나는 IMF에 500억 달러(약 55조 원) 규모의 구제금융 조기 지원을 요청했다. 아르헨티나는 과도한 정부 차관을 상환하지 못해 국가 부도 상황인 디폴트가 올 수 있다며 우려를 낳기도 했다. 아르헨티나 페소는 2018년 미국 달러 대비 자산가치가 40% 넘게 떨어졌으며 인플레이션 역시 계속되고 있다. 아르헨티나의 재화나 용역 가격이 미국 달러와 관계가 밀접하기 때문에 생활물가가 계속 오르는 것이다. 공적 지출과 대출도 줄이겠다고 약속했지만 노동자 임금은 물가 상승을 따라가지 못하고 국민들은 더욱 빈곤해졌다.

2001년 12월 아르헨티나 정부는 1,320억 달러의 외채에 대해 디폴트(채무 불이행) 선언을 했던 전적이 있다. 이때도 페소화 가치가 폭락하고 외환보유액이 급감한 아르헨티나는 금융위기에 직면했다. 당시 경제 상황을 보면 주력 수출품목인 농산물 가격이 폭락하고 실업률은 20%를 웃돌았다. 방만한 재정 운영에 따른 국가부채 증가가 그 원인으로 지적되었다. 이때 무디스, 피치 등 신용평가회사들은 아르헨티나의 국가 신용등급을 하향조정했다. IMF는 채무상환을 유예해 주는 대신 아르헨티나 정부에 기업 구조조정, 공공부문 개혁 등 혹독한 구조조정 프로그램을 요구했다. 페소화 평가절하를 거부하고 달러와 1대 1로 묶어놓은 이중환율 제도 역시 폐지시켰다.

20세기 초 세계 10대 강국이었던 아르헨티나의 경제 악화는 1946년으로 거슬러 올라간다. 이때 선출된 군인 출신 후안 페론 대통령은 부에노스 아이레스 중앙은행을 방문해 넘쳐나는 금을 보면서 "은행 전체가 금으로 가득해 걷기조차 힘들다니 믿을 수가 없다"고 말했다고 한다. 한때는 미국과의 1인당 국민소득이 18%밖에 차이가 나지 않던 시절도 있었다. 미국인이 연봉 1억 원을 받았다면 아르헨티나인은 연봉 8,200만 원을 받았던 것이다. 자원이 풍부한 나라도 금융위기가 반복되면 망할 수 있다는 사실을 여실히 보여주는 나라가 바로 아르헨티나다.

징수한 세금에 비해 정부 지출이 과할 때 위기는 찾아온다. 아르헨티나는 내전을 겪었고, 영국과 포클랜드 전쟁을 겪느라 정부 지출이 많았다. 1989년 결정적인 위기가 찾아오는데, 2월 한 달 사이에 물가가 10% 상승했다. 정부는 은행을 폐쇄하고 이자율을 낮추는 등 환율 폭락을 막기 위해 노력했지만 효과가 없었다. 공공 부문 적자 해소에 실패했다며 세계은행은 대출을 동결했고, 아르헨티나 정부는 돈을 빌릴 수 없게 되자 공채를 발행해서 적자를 메우려 했다. 그러나 투자자들은 인플레이션으로 인한 가격 폭락을 우려해 공채를 살 생각이 없었다. 같은 물건인데도 아침과 저녁이 가격이 달랐다. 중앙은행의 외환보유액이 바닥을 드러내자 외채를 빌릴 수도 채권을 팔 수도 없었던 아르헨티나 정부는 중앙은행을 통해 화폐를 더 많이 발행했다. 그러나 화폐를 찍어낼수록 돈의 가치는 더욱 하락할 뿐이었다. 스테이크와 와인을 곁들여 먹던 시민들은 스프로 끼니를 때우게 되자 이틀에 걸쳐 폭동을 일으켰고 굶주리다 못해 약탈을 자행하기도 했다.

미국의 철저한 국익 우선주의

2017년 트럼프 행정부가 출범한 뒤 '미국 우선주의America First'를 표방한 미국은 국익 챙기기에 적극적으로 나섰다. 트럼프는 "유럽연합은 적"이라며 분란외교를 펼치더니 사실상 브렉시트(영국의 EU 탈퇴)를 찬성하는 발언을 공공연히 해왔다.

유럽연합의 출범 배경을 보면 트럼프로서는 당연한 발언이라고 볼 수 있다. 유럽연합은 2차 대전이 끝나고 냉전의 시대에 미국과 러시아의 틈바구니에서 살아남기 위해 유럽연합을 결성했다. 결국엔 소련의 붕괴로 유럽연합과 미국의 양대 경제체제가 구축되는데, 유럽은 유로화라는 단일통화로 통합하면서 탈달러화 무역을 시도한다. 달러를 쓰지 않음으로써 미국의 달러 지배력에서 벗어나려고 한 것이다. 그러나 미국의 달러 패권이 기울고 있는 이 시점에서 유럽연합의 붕괴 조짐이 있다면 결국 유로화의 붕괴로도 이어질 수 있다. 이것은 다시 달러의 저변을 넓히는 계기가 되어 미국 달러에 다시 힘을 실어줄 수 있는 사건이 된다.

미국은 IT 분야 경쟁국으로 부상하고 있는 중국과도 무역 마찰을 빚고 있다. 〈블룸버그〉가 최근 미중 무역전쟁의 가장 큰 피해 국가나 단체를 조사한 것을 보면, 유럽연합이 500억 달러 규모의 손실을 볼 것이라는 전망치가 나왔다. 결국 미중 무역전쟁은 중국에 대한 견제이기도 하지만, 유럽의 경제위기 촉발로 유럽의 정세불안을 이끌어내면서 유로화 붕괴를 야기할 수 있다는 미국의 전략적 포지션으로 생각할 수 있다. 브렉시트 이야기가 가속화되고 유럽의 경제성장률이 마이너스(-)를 기록할 때는 두어달 동안 달러의 강세가 지속되는 것을 확인할 수 있었다. 유럽의 위기는 미국의 기회로 작용할 수 있다는 모습을 간접적으로 우리에게 보여주고 있는 것이다.

미국이 조장하는 신흥국의 환란

미국의 무역 마찰은 그 범위가 경쟁국에 한하지 않고 개발도상국으로 확대되고 있다. 미국은 터키산 철강과 알루미늄 제품에 대한 관세를 각각 50%, 20% 올려버렸다. 터키 정부가 미국인 목사 앤드루 브런슨을 석방하지 않는다는 것이 이유였다.

〈월스트리트 저널〉은 터키발 외환위기의 특징을 '미국의 외면'이라고 표현하기도 했다. 1990년대 중반 멕시코 통화위기나 1997년 아시아 외환위기 때에는 미국이 해결을 위한 선의의 노력을 했던 것과 비교된다. 미국은 1976년 일반특혜관세제도GSP를 도입해 그동안 121개 개발도상국 특정 상품에 대해 특혜관세를 부여해 왔다. 패권국이자 기축통화를 가진 국가로서 개발도상국에 특혜를 부여함으로써 미국의 세력권 안에 묶어두려고 했던 것이다. 2018년 미국은 일반특혜관세제도를 유지할지 국가별 검토를 진행 중이라고 전했는데, 미국이 터키를 본보기로 삼았다는 평이다.

[그림 1-1] 신흥국 통화가치 추이

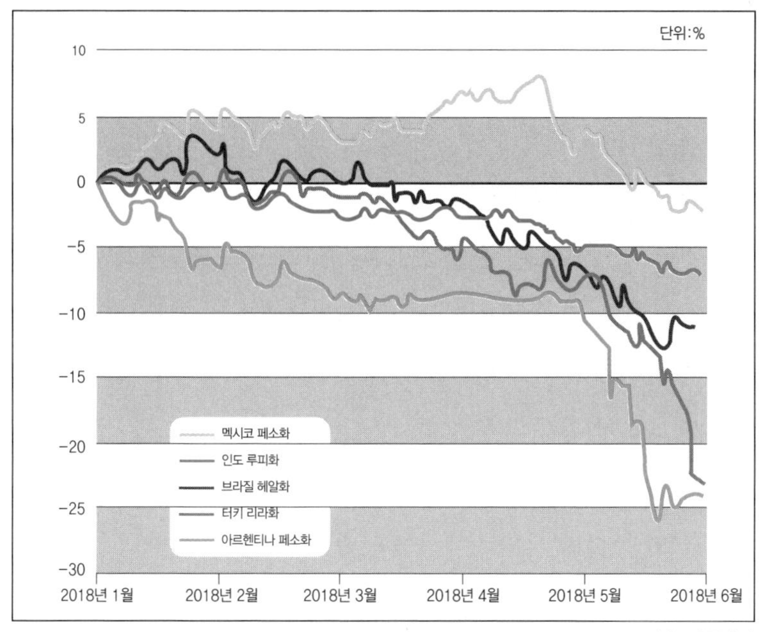

〈자료: 블룸버그〉

터키는 2차 세계대전 이후 중동에서 미국의 국익을 떠받치는 '최후의 보루' 같은 동맹국으로 평가받고 있었는데, 중동의 유일한 북대서양조약기구NATO 회원국이었다. 레제프 타이이프 에르도안 터키 대통령은 통화위기에 대해 "정치적인 음모에 굴복하지 않을 것"이라며 대결 자세를 보이고 있다. 70여 년간 유지해 온 동맹은 환율 사태로 새로운 국면을 맞고 있는 것이다.

2018년 6~8월 아시아 외환 시장에서 수치를 보면 달러당 리라화 가치는 13~16% 떨어졌고, 남아프리카공화국 랜드화도 10% 이상 떨어졌다. 약세를 보이던 인도 루피화도 사상 최저로 떨어졌으며, 러시아 루블화는 2년 6개월 만에, 인도네시아 루피아화는 3년여 만에 최저치를 기록했다.

경제학자들이나 경제 채널들은 트럼프가 금본위제를 원한다는 이야기를 하기도 한다. 꼭 그게 아니더라도 금은 아직까지 안전자산으로서 가치가 있기 때문에 달러가 위기일 때 금을 필요로 할 수는 있다. 중국, 인도, 터키 등 신흥국들을 위기로 몰아넣으면서 미국이 금을 회수하려고 한다고 볼 수도 있을 것이다. 우리나라도 IMF 구제금융을 탈출하기 위해 금을 모아서 달러를 산 다음 위기를 극복한 사례가 있다. 그만큼 금이 상위 개념인 것이다. 재테크 투자자들은 금, 은에 대한 투자도 게을리 해서는 안 된다. 달걀을 한 바구니에 담지 말라고 했더니 "비트코인, 이더리움, 메이저 코인, 알트코인, 잡코인 골고루 샀는데 망했어요"라고 하는 분도 있다. 그게 아니라 위험 분산을 위해서는 금, 달러, 엔화, 주식, 부동산 등에 골고루 시선을 두라는 말이다. 금을 흡수하기 좋은 저점이라고 판단된다면 골드바 투자가 헤지(위험관리) 면에서 괜찮을 것이다. 주식, 부동산, 금, 채권, 암호화폐 등을 골고루 투자하라는 이야기다. 암호화폐만 정답이라고 하는 것은 위험하다. 다른 자산에 투자할 여력이 없어도 공부는 해두어야 한다.

미국은 최후의 환율 방어로 금을 쓰게 만드려는 것일까. 외환위기를 일으켜놓고 적극적으로 도와주던 예전의 미국 모습과는 다르다. 그 와중에 터키는 외환위기가 왔는데 금을 풀지 않는다. 외환을 사와서 외환보유고를 늘려야 하는 상황에 터키는 자국 통화를 찍어내버린다. '배째라' 하고 있는 것 같기도 하다. 터키는 금 보유가 많다고 알려져 있는데, 금을 못 내놓겠다고 버티고 있는 것으로 보이기도 한다. 버티다 급박해지면 중국 등 반미 국가들을 모아 어쩌면 금본위제 시장을 열 수도 있을 것이다. 여러 가지 복안들이 있는 것으로 해석된다.

러시아는 금을 사기 위해 미국 채권까지 팔아버렸다는 이야기가 있다. 외환 보유가 아니라 반출이다. 러시아와 터키는 미국에 반기를 들었고 중국과의 연대 가능성도 있다. 미국 입장에서는 암호화폐 시장이 빨리 필요해질 수 있다는 해석이 가능하다.

미국의 금리 인상은 비트코인에 악재인가

그동안 미국의 금리 인상은 비트코인 시장에 악재로 작용할 것이라는 의견이 많았다. 그런데 나는 미국의 금리 인상이 비트코인 시장에 어떤 식으로 연결될 것인지 조사하기 위해 대외 경제뉴스와 금리에 대해서 지속적으로 모니터링을 한 결과, 약간은 다른 시각에서 생각하게 되었다.

금리 인상으로 인해 일단 달러가 미국으로 흘러들어가는 현상이 발생한다. 강한 달러 현상인데, 여기서 문제가 발생한다. 투자자는 안전자산을 선호하는 방향으로 흘러가기 때문에 가격변동이 큰 비트코인보다 안전자산인 미국채 매입 또는 미국 은행으로 흘러들어가게 된다. 그래서 달러로 거래되는 비트코인의 거래량은 줄어들 수 있다.

반면 이자율이 낮고 유동성이 풍부했던 2017년 말까지 비트코인에 유입된 달러나 엔화의 양은 상당히 많았고, 비트코인의 가격이 비이상적인 상승을 보였다. 넘쳐나던 자본이 양적완화의 중단과 금리 인상 직전의 상황에서 최대한의 수익 실현을 할 수 있는 비트코인 시장에 유입된 것으로 보인다. 그러나 2018년에는 미국의 금리 인상이 달러 선호 현상을 부추기며 투자금이 리스크가 큰 신흥국 시장에서 미국으로 귀환하는 현상이 나왔다. 비트코인은 새로운 자본시장이고 불안전자산이다 보니 비트코인의 거래량 감소가 일시적이라도 나올 수 있어 비트코인 하락 요인 중 큰 부분을 차지하는 것으로 보인다. 그렇지만 시선을 좀 더 확장해서 비트코인의 역사를 살펴보면 유럽이 금융위기일 때 비트코인의 가격이 폭등했던 것을 상기해 봐야 한다. 미국이 금리 인상을 하면 불안전자산이 위험해지는 것은 맞지만, 비트코인 시장의 악재라고 보기에는 석연찮은 부분이 있다.

또 2017년의 베네수엘라 상황을 기억한다면 암호화폐 시장의 팽창을 가져올 수 있는 도화선이 미국의 금리 인상이 될 수 있다. 미국이 금리 인상을 단행하면서 벌써 신흥국의 자산은 화폐가치가 떨어지고 있고 신흥국 위기설이 대두되고 있다. 신흥국은 통상적으로 수익률이 큰 불안전시장에 속하는데, 신흥국에 투자되었던 자금들이 회수되면서 자국 통화의 가치가 하락하는 현상으로 인해 물가상승 압력도 커지게 된다. 수입국에게는 이것이 더욱더 큰 문제가 된다. 그러면 결국은 자국 통화가 불안정하다고 생각한 사람들이 최악의 상황을 대비하기 위해 비트코인 시장으로 흘러들어와 비트코인 매수에 참여하는 현상이 나올 수 있다.

2017년 말의 비트코인 상승 요인이 달러와 엔화라면, 2019년은 유로화와 신흥국 화폐가 비트코인의 가격상승 요인에 직접적인 영향을 줄 수 있다(또는 새로운 대체 암호화폐 발행에 촉매제가 될 수 있다). 현재 전 세계는 미국의 금리 인상으로 인해 시장에 풀려 있는 통화가 줄어들면서 자본 시장이 냉각 상황을 맞을 가능성을 품고 있다.

보복관세를 미국이 더욱 밀어붙이게 될 경우 우리나라에도 악영향을 크게 미칠 수가 있다. 한국도 역시 자국 통화 불안에 직면할 수 있으며, 이것은 결국 비트코인 시장으로의 자금 유입을 불러올 확률이 상당히 높다. 그러나 이때 비트코인 시장이 큰 성장을 이루려면 최소한 비트코인 시장에 대한 정확한 규제 라인과 세금 문제를 확고히 하는 정부의 방향성이 나와 가이드라인이 제시돼야 한다. 비트코인 시장에 자금이 폭발적으로 들어올 수 있는 상황이 되려면 2019년 이 부분은 굉장히 민감하게 체크해야 할 부분이다.

비트코인과 관련한 통계를 제공하는 코인댄스[CoinDance]는 아르헨티나, 스위스, 미국 등 총 46개국의 비트코인 거래량을 국가별로 공시한다. 그런데 〈매일경제〉는 이곳에 나온 자료를 이용해 금융위기설이 불거진 2018년 5월의 비트코인 거래량 변화율을 측정해서 분석한 결과 필리핀, 인도네시아, 터키, 인도 등 신흥국에서 비트코인 거래가 급증한 것으로 분석했다. 신흥국의 통화위기는 결국은 대체 통화로 눈길을 돌릴 수밖에 없는 환경으로 나타날 수 있다는 뜻이 된다.

2018년 암호화폐에 대한 호재 없이 미국, 한국, 일본 등에서 자국의 암호화폐 거래소를 상대로 수사를 펼치는 등 악재만 이어지면서 시장은 하락과 횡보를 거듭했다. 그러나 금융위기에 몰린 신흥국들에서는 비트코인이 인기를 끌었다고 말할 수 있다. 필리핀(23.68%), 인도네시아(21.16%), 터키(12.16%), 인도(7.03%) 등의 국가는 비트코인 거래량 변화율이 글로벌 평균을 대폭 상회했다. 베네수엘라와 아르헨티나의 거래량 변화율은 각각 0.55%, 1.58%에 불과했는데, 이 두 곳은 오래 전부터 이미 금융위기 상태였기 때문에 추가 거래량 유입이 적었기 때문이다(2018년 투자 전망 『비트코인 1억 간다』 참조).

G20 금융안정 컨퍼런스, 세계가 바라보는 시선

2018년 6월 14일 G20 해당국들은 대한민국 서울에서 컨퍼런스를 열었다. '2018 G20 글로벌 금융안정 컨퍼런스'라는 타이틀이었다. 2008년 글로벌 금융위기가 10년 지난 시점에서 '디지털 경제 시대의 자본 흐름 변화'라는 주제로 발표가 이뤄졌는데, 여기에는 암호화폐에 대한 논의도 포함되었다. 참여국들이 비트코인 시장을 어떻게 바라볼 것인가 당연히 관심을 가지고 볼 수밖에 없었다. 비트코인 시장이 금융안정에 기여한다고 생각한다면 반대할 이유가 없을 것이고, 오히려 지금의 금융 시스템을 불안정하게 한다고 본다면 암호화폐 시장을 반대하는 입장이 될 것이었다. 마크 카니 영국 중앙은행 총재 겸 G20 정상회의 금융안정위원회 의장이 "세계 경제에 암호자산(암호화폐)은 위험 요소가 아니다"는 입장을 밝힌 적이 있지만, 그때는 전체 금융 시스템에서 차지하는 비중이 상대적으로 적기 때문이라는 설명이 붙어 있었다.

컨퍼런스에서 대부분의 참여국이 긍정적인 평가를 보였다고 쓰인 평을 봤는데, 암호화폐를 떠나서 참여국들은 결국 동일하게 현금 없는 사회로 가는 디지털 화폐의 도입은 당연하다고 보고 있는 상황인 것으로 보인다. G20 참가국 중 G7과 유럽연합EU 의장국을 제외하면 신흥국은 한국, 중국, 호주, 인도, 아르헨티나, 브라질, 멕시코, 인도네시아, 러시아, 터키, 사우디아라비아, 남아프리카공화국 등 신흥국은 12곳이었다.

신흥국들이 암호화폐를 어떻게 대하는지에 대해서는 뉴스로 접한 것이 많기 때문에, 간단히 정리해 보려고 한다. 한국은 물론이고 중국, 인도네시아, 러시아, 터키, 사우디아라비아는 규제이든 지원이든 각각 한 번 정도 비트코인에 대한 이슈를 만들어낸 국가들이다.

아르헨티나, 필리핀, 인도네시아, 터키의 국민들은 자국 공식화폐를 버리고 암호화폐를 사들이고 있는 쪽이다. 한편 단위면적당 석유 매장량 세계 1위의 베네수엘라는 100만%에 이르는 하이퍼플레이션으로 자국 통화가 기능을 상실하자, 세계 최초 국가 암호화폐 '페트로'를 발행해서 자국 통화의 불안 요소에 대한 해결책으로 활용하고 있다. 암호화폐가 금처럼 화폐를 대신하는 새로운 자산 성격을 띤다고 인정했기 때문이다. 미국 세인트루이스 연방준비은행은 비트코인과 같은 암호화폐는 자산으로서 잠재력이 있다며 "시간이 흐르면 비트코인 자체가 금과 유사한 성격을 띨 수 있다"고 전망하는 보고서를 발표하기도 했다.

러시아에서는 재선에 성공한 푸틴 대통령이 직접 암호화폐 '크립토루블CryptoRuble'의 발행을 지시했다. 당초 러시아는 돈세탁의 온상이 될 수 있다며, 암호화폐 시장에 대해 경계감을 표출하고 있었던 나라 중 하나였지만, 정부에 의해 관리되고 통제되는 암호화폐는 각종 세금 징수에 이점이 충분하다고 생각해 적극적으로 발행을 결심한 것으로 보인다. 달러에 약세를 면치 못하는 루블화에 대한 대안으로 금을 다량 매입해서 보유 중인 것으로 확인되는 러시아는 언제든 중국과 긴밀한 관계를 유지하며 달러에 역공을 가하려는 움직임이 국가 코인으로 나타날 수 있는 나라다.

캄보디아 정부는 독자적 암호화폐 '엔타페이Entapay'의 발행을 검토하고 있다고 한다. 지금까지 캄보디아에서는 달러가 유통되어 왔기 때문에, 독자적 암호화폐로 향후 달러에 대해 어떻게 대응하고 활용할지 그 행방이나 방법이 주목받고 있다. '국경을 초월한 국가 만들기'를 목표로 삼은 에스토니아도 정부 지원을 받는 암호화폐 '에스트코인Estcoin'을 조만간 공개할 것으로 보인다. 다만 유로에 연결된다는 점에서 유럽중앙은행이 난색을 표하고 있다는 점이 문제다. 이외에도 국가 코인으로 두바이의 첫 공식 암호화폐인 '엠캐시emCash'가 있으며, 영국의 중앙은행인 잉글랜드은행은 'RS코인'의 발행을 제안하는 논문을 제출한 상태다. 이들 외에도 발행 예정이거나 이미 발행 계획을 실행하고 있는 국가는 상당히 많으며, 그 수는 갈수록 증가할 것으로 예상된다.

경제 상황이라든가 각국의 필요성과 속셈은 다양하겠지만, 이러한 현상을 통해 암호화폐가 금융 시장에서 결코 무시할 수 없는 '미래'로 자리잡았다는 것은 알 수 있다. 다만 우리가 조심할 것은 이런 일들은 단시간 안에 이뤄지지 않는다는 것과 모든 국가가 암호화폐 발행에 긍정적인 것은 아니라는 사실이다. 그러나 이러한 흐름과 과정을 거치며 비트코인 시장은 더 커져나갈 것만은 분명해 보인다.

멕시코, 브라질에 암호화폐가 필요한 이유

2019년 1월 전후로 미국 연방정부가 셧다운(일시 업무정지)을 계속하면서 연방정부 직원들 상당수는 재정적 압박에 시달리고 있다. 트럼프 대통령은 멕시코 국경 장벽 건설 예산을 통과시켜 주지 않는다며 무급휴가인 셧다운을 지속하고 있고, 민주당은 국경 장벽이 비도덕적이고 쓸모없다며 예산을 거부하고 있기 때문이다.

그동안 멕시코와 브라질은 값싼 노동력을 미국에 제공하는 주요 국가였고, 이는 미국의 최저시급을 낮추는 효과를 가져왔다. 미국은 현재까지 추세로 본다면 노동임금이 높아진다는 이유로 해외로 공장 이전을 하지 않아도 되는 거의 유일한 선진국이다.

OECD가 주요국의 최저임금 수준을 비교해 놓은 도표가 있다. 비트코인과 이런 도표가 무슨 연관이 있을까 싶겠지만, 어쨌든 미국은 지금까지 브라질과 멕시코에서 값싼 노동력을 언제든 들여올 수 있었다. 외화벌이를 위해 미국에 들어온 멕시코와 브라질의 노동인구는 자국에 있는 가족에게 해외송금을 해야 하는 상황에 놓여 있곤 했다. 그런데 문제는 수수료가 너무 높고 송금시간도 오래 걸린다는 것이다. 최근 그것을 해결해 주는 것이 암호화폐다.

이전의 송금 방법을 보면 1991년 미국에서 멕시코로 100달러를 송금할 때마다 수수료로 12달러를 내야 했다고 한다. 기술 발전과 업체들간 경쟁으로 1999년 이후로는 수수료가 80% 이상 감소했다고는 한다. 기존의 해외 송금은 스위프트[SWIFT]라는 국제 금융통신망을 이용하기 때문에 수수료 말고도 전신료, 중개수수료, 수취수수료를 추가로 받았다. 우리나라의 경우 시중은행이 5천 달러를 영업점에서 송금할 경우 총비용이 5만~6만 원이 든다. 2017년 카카오뱅크의 해외송금 서비스가 등장하면서 수수료가 5천 원으로 줄어들긴 했다.

멕시코와 브라질은 미국으로의 노동인구 수출로 결국은 암호화폐 사용이 강하게 예상되는 국가 중 하나다. 금융 차원이라기보다 오히려 생존에 가깝다. 칠레 농민들이 시장에서 야채를 사는 데 비트코

[그림 1-2] 나라별 최저 임금 수준

국가	적용 연도	시간당 최저임금 (원화 환산)	산입 범위
한국	2018.1.1~12.31	7,530원	상여금, 숙식비 제외
미국	2009.7.24~	8,145원	상여금 제외, 숙식비와 팁 포함
일본	2016.10~2017.9	8,200원	상여금 제외, 숙식비 포함
캐나다	2016.10~	9,606원	숙식비(제한) 포함
영국	2017.4~	9,904원	상여금, 숙박비(상한 규정) 포함
아일랜드	2017.1~	11,132원	상여금, 숙식비 포함
뉴질랜드	2017.4~	12,473원	휴가비, 현물급여(식사, 숙소) 제외
프랑스	2017.1~	11,746원	상여금, 숙식비 포함

〈출처: 「최저임금 심의를 위한 주요 노동 · 경제지표 분석」, OECD최저임금위원회, 2017〉

인을 사용하는 다큐를 본 적이 있다. 은행 시스템이 보편화되어 있지 않기 때문이다. 남미 소국의 한 농민이 소액을 수출하고 대금 입금을 받는데 수수료가 부담이 커서 수출을 할 수 없었다면, 수수료가 거의 없는 암호화폐를 이용하면 수출을 시도할 수 있을 것이다. 더 빠르게 돈을 이동시키면 경제는 그만큼 더 빠르게 발전한다. 돈을 쉬지 않고 빠르게 회전시키면 경제는 성장한다. 자원이 없는 우리나라는 밤에도 경제가 돌아가기 때문에 성장했다. 세계적으로 맛있다고 소문난 치킨도 24시간 배달시켜 먹을 수 있다. 마치 2모작이나 3모작을 하는 부농 국가와도 같다.

한편 멕시코가 제조업으로 경기를 일으키면 미국 경기에도 도움이 된다는 의견이 있다. 중국에 비해 10배에 달하는 미국산 원자재를 제품 생산에 사용하고 있기 때문이라고 한다. 그리고 미국은 4차 산업혁명을 준비하며 IT산업을 기반으로 제조업 붐을 일으키려고 하는데, 이 부분도 멕시코와 브라질이 상관관계가 있다. 미국의 이민 정책 변화로 IT기업이 전문인력 채용에 어려움을 겪으면 멕시코로 눈을 돌린다고 한다.

미국과 중국의 무역전쟁

전 세계 200여 국가들 중에 굉장한 힘을 가진 몇몇 국가를 우리는 강대국이라 부른다. 강대국이라면 많은 인구, 넓은 영토, 고도의 기술력, 경제적 부, 강력한 군사력을 모두 갖춘 국가라고 떠올릴 것이다. 냉전 시대에는 미국과 소련만 강대국이라 칭했다. 1991년 소련의 붕괴와 냉전 구조의 해체가 미국을 세계 패권국의 지위에 올렸다면, 2008년 세계 금융위기는 미국을 패권국에서 끌어내리기 시작한 계기가 된다.

미국의 힘이 서서히 하강 곡선에 들어선 것 아닌가 다들 의심하고 있는 와중에, 우리는 2018년 미국의 화려한 부활쇼를 구경했다. 2분기 경제성장률은 4.2%를 기록했으며, 3분기에도 3.5%였다. 주가지수는 4분기에 다우존스 19.4%, 나스닥 26.5%, S&P 500 16.8%

를 기록했다. 실업률도 6월 기준 4%에 머물고 있다.

과연 미국의 현재 모습을 유지 또는 상승시키는 무기는 무엇인가 하면, 바로 '달러'다. 물론 이전에도 달러였다. 달러의 기축 지위를 통한 경제패권 유지가 미국의 가장 기본적인 정책이다. 2018년 미국의 패권 유지를 위한 행동은 바로 '중국 때리기'였다. 여기에는 두 가지 이유가 있는데, 하나는 정치적 이유(11월 중간선거)였을 것이고 하나는 경제적 이유다. 중국의 IT기업에 직격탄을 날려 지금의 미국 호황을 이끄는 IT 산업에 힘을 실어주려는 것이다.

/

미국의 보복관세와 중국의 국채 매각

미국 트럼프 행정부는 출범 직후부터 중국에 대해 막대한 무역흑자를 줄이고 불공정 무역 관행을 시정하라며 압박했지만, 타협에 이르지 못했다. 2018년 7월 미국은 중국산 수입품 818종 340억 달러(약 38조 원)어치에 대해 25%의 고율 관세를 부과했다. 관세 품목을 살펴보면 비행기 엔진과 타이어, 원자로, 선박 모터, 냉장고 용도 등의 공기 가스 컴프레서, 산업용 난방 설비, 불도저 등 건설 장비, 석유 가스 채굴 설비, 식품 제조 기계, 기차 선로 부품 등이다. 중국도 같은 규모의 미국 제품에 보복관세를 부과했는데, 품목을 살펴보면 대두, 옥수수, 밀, 면, 쌀, 수수, 쇠고기, 돼지고기, 가금류, 생선, 유제품, 땅콩, 채소, 일부 담배 품목들, 석탄, 원유, 석유 제품 등이었다.

이후 미국은 다시 4배 규모의 보복 대응에 나섰고, 중국은 24시간 만에 똑같이 맞받아치는 식의 보복 조처를 반복했다. 〈파이낸셜 타임스〉는 트럼프 행정부가 요구하는 것은 중국에 진출하는 미국 기업들이 오랫동안 불만을 터뜨려왔던 강제적인 기술이전 정책의 포기라고 지적했다. 미국과 중국이 벌이는 무역전쟁은 미래 첨단산업의 주도권을 놓고 벌이는 사실상의 패권 경쟁이라는 시선이다.

미중 무역전쟁에서 미국의 보복관세는 중국 수입품의 가격을 높여서 중국 외 다른 곳의 상품을 쓰도록 함으로써 중국 제조업에 타격을 주고 중국을 어렵게 만드는 정책이다. 그런데 미국의 금리 인상은 미국의 달러 가치를 높이기 때문에 중국이 위안화를 평가절하시켜 버린다면 관세를 부과하더라도 가격을 높이지 못하는 이상한 정책이 되고 만다. 실제로 위안화는 2018년 7월까지 5% 떨어졌고, 중국 중앙은행인 인민은행이 위안화를 큰 폭으로 평가절하하는 모습은 미중 무역전쟁이 환율전쟁과 같은 양상임을 보여주었다. 미국 재무부는 중국을 환율조작국으로 지정할 것이라는 엄포를 놓기도 했는데, 서로에게 좋을 것 없는 이런 일들은 왜 벌어지는 걸까. 과연 보복관세의 이면에는 무엇이 있는지 볼 수 있어야 할 것이다.

중국의 IT산업은 미국을 잡기 위한 제1 경제 노선이다. 시진핑이 이번 집권에서 가장 힘을 실어준 산업이 모두 IT 관련, 4차 산업혁명 관련 기업이다. 이런 기업들이 정확하게 이번 보복관세에 직격탄을 맞았던 것으로 보인다.

바이두 주가 올해 20% 떨어져, 알리바바 24% 곤두박질

텐센트 7개월 만에 30% 하락… 소매판매 등 경제지표도 우울

중국 기술주의 부진은 미중 무역 분쟁, 위안화 절하 등의 영향을 받고 있다. 반면 2018년 8월 애플 시가총액은 미국 상장회사 사상 첫 1조 달러를 기록했다(약 1,129조 원). 주가 상승은 최근 한 해 동안 30%가 넘는 폭이었다. 9월에는 아마존이 두 번째로 시가총액 1조 달러를 돌파했다(약 1,117조 5천억 원). 매출은 지난해보다 40% 늘어난 34억 달러를 기록할 것으로 예상됐다.

이렇듯 미중 무역전쟁과 금리 인상의 본질은 중국 IT기업의 힘 빼기에 있다. 미국의 IT기업은 현재 미국의 성장세에 가장 큰 공헌을 하는 기업임에는 틀림이 없다. 그렇다면 이 기업들이 더욱 성장하기 위해서 필요한 것은 무엇일까. 미국의 대표적인 기술 기업을 뜻하는 FAANG(페이스북, 아마존, 애플, 넷플릭스, 구글)이 최근 주가가 부진했던 것은 사용자 수 증가가 둔화하면서 투자 심리가 위축되었기 때문이라는 분석이 있다.

중국의 금 보유, 미국 국채는 안전한가

사실 중국의 강경한 입장은 어찌 보면 새로운 것은 아니다. 이미 중국 내에는 여러 가지 일들이 있었다. 한 가지 예를 들면 2009년 미

국 재무장관 가이트너Geithner가 북경대 연설을 할 때 "미국 국채가 안전하다고 보느냐"는 질문이 나왔다. 가이트너 장관은 단호한 표정으로 "매우 안전하다"고 답했다. 하지만 그 순간 강연장은 웃음바다로 변했다. 그의 표정도 머쓱해졌다.

이 일은 미국 달러가 이미 2009년부터 신뢰를 잃어가고 있었다는 것을 말해주는 것이다. 중국이 달러의 보유고를 늘린 이유는 당연히 달러가 기축이었기 때문이지만, 2008년 서브프라임 모기지 사태 이후 세계 경제는 침체기에 빠져들어 당시 중국의 성장을 받쳐줄 수 있는 나라는 미국밖에 없었다. 중국이 저임금 노동 중심의 제조업을 기반으로 성장하던 시기에 그들이 생산하는 물품을 소비해 줄 나라는 결국 최고 소비국인 미국밖에 없었다.

중국은 물론 대부분의 나라가 후진국을 벗어나는 방법은 값싼 노동력을 이용하는 노동집약적 산업으로 고용 창출을 일으키고 기간산업을 발전시키면서 그 원동력으로 성장하는 것이다. 거의 모든 국가들이 이 같은 성장을 한다. 영국도 미국도 그랬고, 일본도 한국도 그랬다. 그리고 중국에 이어 이제는 동남아가 이런 모습을 보이고 있다. 그러나 이 시기부터 중국은 미국 달러가 급격하게 힘을 잃어갈 것을 알고 있었던 것 같다. 이때부터 중국이 진행한 일이 바로 금을 모으기 시작하는 것이었다. 금 국제조사기관인 세계금협회WGC 자료에서는 중국이 세계 금 보유국 6위이지만, 그간 중국은 금 보유를 계속 늘리면서도 증가 사실을 한참 지나서야 발표해 오곤 했다. 히든시크릿오브머니닷컴HiddenSecretOfMoney.com에 의하면 지금 중국은 이미 미국의 금 보유량을 추월한 지 오래다.

중국은 이미 달러의 기축 자리를 넘어설 것을 노리고 있었다고 봐야 한다. 결국은 달러가 힘을 잃어갈 것을 예상하고, 금을 통한 위안화 보증을 함으로써 달러의 지위를 언제든 넘어서려고 준비를 하고 있었을 것이다. 미국 달러가 힘을 잃는다면 차선책은 금이다. 무역전쟁이 불씨가 되어 정말 중국과 크게 마찰을 빚는다면 미국도 대안 카드가 필요할 것이고, 중국 또한 여러 변수에 대비해 언제든 금을 준비하고 있어야 한다.

여기서 암호화폐가 등장한다. 미국과 중국 간의 경제전쟁이 가속된다면 결국은 그 해법을 신경제 시장인 코인 시장에서 풀어내야 할 수도 있다. 중국은 100만% 초인플레이션으로 폭망하고 있는 베네수엘라에 돈을 빌려주었다. 베네수엘라가 또 다른 채권국인 러시아와 '석유 개발과 금 채굴권'을 보장하는 60억 달러 계약을 체결한 바 있는데도 말이다. 또한 반미국가인 이란산 원유의 수입 중단을 미국이 요구하자 거부 의사를 밝히기도 했다. 중국은 이란에서 원유 수입을 계속하며 달러가 아니라 위안화 결제를 하고 있다.

중국은 미국의 무역 보복에서 무릎을 꿇더라도 달러의 기축 지위 때문에 경제적 제재를 받고 있는 베네수엘라, 이란, 러시아 등을 에너지 고리로 연결하고, 여기에 국가 발행 코인을 유통시켜 에너지 결제에 사용할 수 있다. 이로써 경제 제재에서 자유로워질 수 있는 환경을 만들어낼 가능성도 있다. 중국 정부가 공식적으로는 암호화폐 시장을 단속하고 있는 모양새이지만, 효율성 검토에 들어간 것일

뿐이라는 해석이 나오는 것은 그런 이유 때문일 것이다. 중국 최초로 하이난이 공식적인 블록체인 시험지역으로 선정되었다는 뉴스(〈코인텔레그래프〉 보도) 등이 나오는 것을 보면 중국의 규제 완화 소식도 기다려지는 것이 당연하다.

한편 암호화폐 관점에서 보면, 미국의 경제 제재국인 이란, 베네수엘라 등에서는 2018년 비트코인이 그 나라 통화 대비 달러환산치 2만 달러를 넘어서 거래가 진행되었다. 같은 시기에 비트코인 글로벌 시세는 5천 달러였던 것에 비하면 엄청난 수치다. 그런데 글로벌 시세는 왜 이란이나 베네수엘라의 비트코인 가격을 따라가지 못했을까? 2017년 우리나라의 김치 프리미엄(한국 시세가 외국보다 높은 현상)이 50%에 육박했을 때 글로벌 시세가 한국을 따라왔던 상황과 비교하면 이상하지 않은가? 왜 이란이나 베네수엘라의 가격을 이번에는 시장이 따라가지 못했을까? 그것은 바로 달러 패권의 비밀에 있다.

우리가 뉴스에서 보는 경제 제재국이란 자국 화폐의 달러 교환이 막혀 있는 국가를 말한다. 우리나라 은행만 가봐도 이란 화폐나 베네수엘라, 북한 같은 경제 제재국의 화폐는 교환가치가 없다. 화폐는 교환가치가 없다면 무용지물이기 때문에 경제 제재국의 비트코인 상승은 국제 시세에 반영되지 못할 수밖에 없다. 달러로의 교환이 불가능하기 때문이다.

기축통화를 노리는 중국

중국 위안화는 2016년에 IMF의 특별인출권SDR에 정식 편입되었다. 국제준비통화로서 금과 달러를 보완하기 위해 IMF가 보완책으로 마련한 것이 SDR이다. 국제 유동성(자산을 현금으로 전환할 수 있는 정도)의 필요는 급증하는 데 반해 금은 생산에 한계가 있고, 달러의 공급은 미국의 국제수지 적자에 의해 가능한 것이므로 달러의 신뢰도를 떨어뜨린다는 문제가 있기 때문에 그에 대한 보완으로 보조적인 준비자산이 필요했던 것이다. SDR 통화 바스켓은 현재 달러(41.73%), 유로화(30.93%), 위안화(10.92%), 엔화(8.33%), 파운드화(8.09%) 등 5개 통화로 구성되어 있다. IMF 회원국은 출자 비율에 따라 SDR을 배분받고 보유한 SDR 규모 내에서 준비통화 중 하나로 교환할 수 있다. 우리나라의 출자비율은 1.41%로 19위 수준이다.

SDR은 간단히 말하면 IMF가 발행하는 가상의 돈이라고 할 수 있다. 위안화가 SDR에 편입되었다는 것은 금융 분야에서 중국이 주요 국가로 인정받을 수 있다는 이야기가 된다. 그동안 미국이 위안화의 SDR 편입을 싫어했다고 이야기되는데, 기축통화 지위를 공인받는다는 의미가 되기 때문이다. SDR에 편입되려면 두 가지 기준을 충족해야 하는데, 우선 위안화가 수출 결제에서 사용되는 비중이 커야 한다. 전 세계 수출 결제에서 위안화가 사용되는 비율은 11%로 달러, 유로화 다음이었기 때문에 별 문제는 없었다. 그런데 위안화가

[그림 1-3] 전 세계 외환보유고의 각국 통화 비중

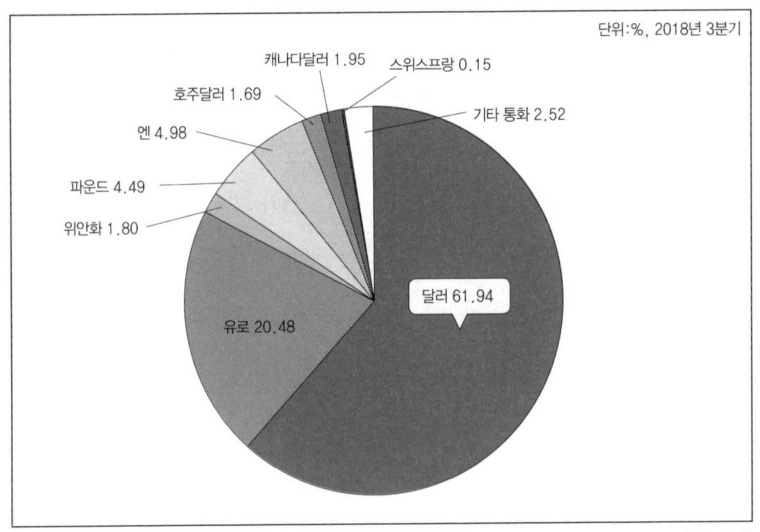

〈자료: IMF〉

'국제 금융 시장에서 자유롭게 사용하는 화폐인가'라는 조건에서는 미미했기 때문에 그간 위안화의 SDR 편입이 어려웠던 점이 있었다. 글로벌 외환보유액 중 위안화가 차지하는 비중이 낮고, 위안화 표시 채권 발행액도 미미했기 때문이다. 얼마나 그 돈을 쓰느냐의 문제로 보면 사실 GDP는 상관없어진다. 그보다는 인구가 얼마나 많은가의 문제다. 우리나라 원화[KRW]보다는 인도 루피[INR]가 더 많은 사람이 쓰는 화폐다.

SDR과 상관없이 세계 3대 기축통화는 달러[USD], 유로화[EUR], 엔화[JPY]다. 전 세계 각국의 외환보유고를 보면(2018년 3분기 기준) 달러는 61.94%, 유로화는 20.48%, 엔화 4.98%다. 유로화는 세계 경제대국이 몇 개가 붙어 있고, 유로존이 19개국이나 되는데도 20%대인 것을 보면 지배력이 세다고 해야 할지 잘 모르겠다. 이 3대 통화가 전 세계 무역량의 95% 정도를 차지한다고 하는데, 중국의 SDR 편입은 인구에 따른 경제 규모를 감안했을 뿐 실제 국제 시장에서 쓰이는 비율은 미미하다고 할 수 있을 것 같다. 통화 비중을 보면 파운드가 엔화와 비슷해 보인다. 파운드는 금융계에 한정되지만 아직은 국제적으로 신뢰성이 높은 화폐다. 다만 영국이 제조업을 안 하기 때문에 국제 무역시장에서는 퇴출되어 1% 지배력도 안 된다는 점을 상기해야 한다.

2019년 3월 유럽에서는 영국이 브렉시트 실효일을 앞두고 있기 때문에 파운드의 평가절하를 예상해 볼 수 있다. 이미 1992년 조지 소로스가 파운드화의 평가절하에 배팅해 영국에 큰 충격을 안겨줬던 전적이 있다. 재테크 투자자 입장에서는 2019년에 엔화의 상승에 관심을 갖고 지켜보기를 권해 본다.

2019년 달러 전망에 원유가 미치는 영향

2018년 10월 말부터 엔화와 금의 강세에 대해, 강의에서 유튜브에서 거듭 이야기를 반복했다. 다행히 두 가지 모두 실제로 맞아떨어졌다.

2018년 3분기, 4분기 미국이 금리 인상을 한 번 정도는 멈출 것으로 이야기했으나 두 번 다 금리 인상이 되어 이 부분은 나의 예측이 틀렸다. 모든 경제학자들이 금리 인상을 이야기할 때 왜 나만 한 번 정도는 하지 않을 것이라고 이야기했는지 궁금할 것이다.

2018년 말로 가고 있는 동안 모든 미국의 경제 지표는 상당히 호조세를 보여서 금리 인상이 미국 경기에 문제를 일으키지 않는다고 판단하는 사람이 많았다. 그러나 내가 몇 가지 지표를 살펴보고 판단했을 때는 미국은 금리 인상을 두 번씩이나 단행할 정도로 경기가 좋은 것은 결코 아니었다.

우선 완전고용을 보면, 미국의 완전고용률은 트럼프의 공약 중 하나인데 멕시코 장벽 설치, 난민수용 금지정책 때문에 극단적으로 호조를 보였다. 노동자가 필요한 미국 시장에서 값싼 이민자 노동력을 받지 않는다면 단기적으로는 미국인들의 취업이 좋아져 고용지표는 올라간다. 그래서 미국 경기가 좋아진 것 같은 현상을 가져오지만, 미국인이 값싼 일자리에 취업하면 완전고용인데도 인플레이션이 오지 않는다. 우리가 그동안 경제학에서 배운, 완전고용이란 소비를 늘려 인플레이션을 가져온다는 내용과 불일치한다. 역시 내가 예상한 대로 미국은 완전고용이고 경기가 좋다는 전망임에도 불구하고 인플레이션이 크게 오지 않았다. 그것은 값싼 일자리가 결국엔 소비를 늘리지 못했다는 것을 방증한다.

또 한 가지 내가 주목한 부분은 미국 기업들의 부실채권이 증가하는 추세였다는 것이다. 최근의 GE 사태를 보면 알 것이다. 부채 증가로 인해 미국 경기에 다시 한 번 위기설이 나올 수 있다는 점을 주목해야 한다. 그러나 미국은 금리 인상을 두 차례 단행했다. 나는 분명 2018년 말부터 미국이 금리 인상을 두 번 모두 단행한 뒤에는 2019년 금리 인상 기조가 꺾일 수 있다는 이야기를 전달했다. 그로 인해 산타랠리가 없었다(매년 말 항상 있었던 주가 상승이 이번에는 없었다). 하지만 2019년 미국 역시 경제 위험성을 타진하고 금리 인상을 철회할 것으로 보이는 발언들이 나오자 연초랠리가 크게 작용하고, 한국, 미국, 글로벌 증시가 반등하는 현상이 있었다.

금리 인상이 철회될 수 있다는 시장 상황이 오히려 미국의 경기 상승으로 이어질 수 있다는 기대로 이어지고 달러가 오르는 기현상이 나타남으로써, 이번에도 기존의 경제 상식은 파괴되었다. 금리 인상으로 인해 미국으로 달러가 빨려들어가고 나서, 달러를 미국으로 빼앗기면 미국 달러가 강해진다는 기존의 경제 상식도 파괴되었다.

금리 인상을 중단하는데 달러가 오르는 기현상을 분석해 보자. 금리 인상으로 미국으로 빨려들어가는 자본의 양보다는 미국이 투자 환경을 개선한 것이 오히려, 미국으로의 달러 유입이 늘어나고 그로 인한 미국 달러의 강세가 보인 이유였다고 풀이할 수 있다. 금리인상이 멈추면 달러는 다시 유동성을 갖는다. 빚을 갚지 않아도 되므로 유동성이 생기는 것이다. 이자가 높아지면 돈을 갚는 것이 유리한데 그게 아니라고 예상되니 이자율보다 수익이 좋은 곳으로 투자하자고 노선이 변경된다. 그런데 현재 전 세계 경기는 미중 무역전쟁, 그리고 유럽의 위기 등으로 투자처가 많지 않다. 이머징 마켓과 미국 정도밖에 없다. 선택지가 많지 않은 상황에서 그나마 경기 지표가 좋아 보이는 미국의 자산 시장으로 유동성 자본이 투자된 것이다. 그래서 여태까지의 경제 상식과는 반대되는 현상이 나타나기 시작한 것으로 보인다.

그 결과로 엔화는 미국이 금리 인상을 중단하면 다시 보합세로 돌아가고, 글로벌 경기가 큰 위기가 없다면 눈에 띄는 성장세가 나타나지 않을 수 있다.

2018년 이후의 상황을 보면 오히려 미국 달러의 강세가 나올 수 있는 시장 상황도 고려를 해야 한다. 미국은 현재 원유 증산으로 인해 중동에서 미군 철수가 가능해졌고 이로 인해 중동을 정세 불안으로 몰고 갈 수도 있다. 만약 중동이 다시 전쟁으로 분쟁지역이 된다면 서로의 자금줄인 원유 생산기지를 공격함으로써 원유 생산이 감소하고 그로 인한 원유가격 상승으로 이어지면, 지금 최대의 원유 생산국이 되어가는 미국은 이전까지 수출이 없던 나라에서 수출이 가능한 나라가 된다. 그리고 원유가 상승으로 인해 더 많은 경상수지 흑자로 돌아설 수 있는 발판을 마련하는 것이 된다.

또한 석유는 달러로 결제해야 한다. 일명 '페트로 달러'다. 원유가격 폭등을 몰고 올 때 원유 소비국 1위인 중국은 이로 인해 외환보유고를 급격하게 하락시킬 요인을 품게 된다. 이는 미국이 원유가격으로 달러도 회수하고 IT 경쟁국인 중국을 위기 상황으로 몰고 갈 수도 있는 상황을 연출할 수 있다.

이전까지 원유가격이 올라가면 달러가 약세를 보이던 이전의 경제 상식도 이제는 반대로 돌아설 수 있다. 그동안은 원유가격이 올라가면 원유 제1 소비국인 미국은 달러의 반출이 심해지기 때문에 달러 약세를 보였다. 달러가 해외로 나가면 나갈수록 달러는 약세를 보였던 것이다(금리 인상일 때 미국으로 달러가 유입되면서 강달러가 나오는 것과 반대 현상). 그러나 이제는 제1 산유국 위치에 올라서려고 하는 미국은 원유가가 높아지면 달러 강세를 촉발할 수 있다.

이제 미국은 글로벌 측면에서 달러 약세를 단번에 뒤집을 수 있는 카드를 쥐게 되었다. 미중 무역전쟁은 소강 상태로 진입했는데, 이는 중국과의 관세전쟁이 미국 쪽 기업에도 상당한 타격을 준다는 것을 느낀 트럼프 행정부의 부담으로 작용했을 가능성이 있다. 그렇다면 잠시 경제전쟁을 멈추고 미국이 최대한 피해를 안 보는 방향성을 가지고 원유 쪽으로 방향을 돌릴 가능성이 있다. 원유 가격이 오른다면 외환보유고가 급격히 줄면서 중국의 자산 매각(주식, 채권, 부동산)이 이뤄지면서 중국 경기가 둔화세를 보일 수 있다.

외환 반출은 위안화 약세를 가져오면서 중국의 위기를 가져올 수 있다. 이 때문에 중국은 산유국인 이란, 베네수엘라 등에 경제지원을 아끼지 않는 것이다. 일명 '페트로 위안'의 등장이다. 미국의 제재를 받고 있는 이란, 베네수엘라에서 원유를 달러가 아닌 위안화를 통해 수입하고 싶다는 것이다.

중국의 우방 만들기

중국이라는 나라는 우리가 한마디로 정의할 수 없는 나라다. 중국은 현재 무엇을 가장 두려워할까? 또는 그 두려움을 이기기 위해 무엇을 하려고 할까? 중국 역시 경제적 측면에서는 4차 산업혁명 군에 속하는 산업들의 발전을 지키고 싶어 할 것이고, 미국의 4차 산업혁명 사업군의 전방위적인 공격이 걱정될 것이다. 앞서도 말했지만 결국 미국은 중국 IT기업의 발목을 잡고 싶은 것이고, 그리고 나서 미국의 IT기업이 멀리 달아날 시간을 벌려는 속셈이 깔려 있는 것이다. 미국 금리 인상의 최대 타깃은 당연히 중국의 성장엔진 IT기업이다.

중국이 택할 수 있는 방법으로는 우선 내수를 바탕으로 한 경제정책으로 경제 쇄국정책이 가능하다. 13억 인구 덕분인데 이 점 때문에 중국은 무시할 수 없는 국가이면서, 이 점 때문에 세계 제1 기업이 중국에서 나오지 못하는 이유가 된다. 내수를 기반으로 성장하다 보니 쉽게 초대형 기업이 탄생하기는 하지만, 글로벌 시장으로 나왔을 때 여타 기업과의 경쟁에서 성과를 거두기가 쉽지 않다. BAT(바이두, 알리바바, 텐센트)와 FAANG(페이스북, 애플, 아마존, 넷플릭스, 구글)만 비교하더라도 알리바바는 로컬 기업에 가깝지만 페이스북은 글로벌 기업이다. 페이스북 가입자가 20억 명을 돌파했다고 하는데, 미국 인구가 3억이니까 17억은 글로벌 시장이라는 이야기가 된다.

대신에 중국은 내수를 바탕으로 한 기업 성장과 함께 국가 성장을 위해 그동안에 축적된 자본을 우방국 만들기에 사용하고 있다. 이란, 베네수엘라, 캄보디아, 투르크메니스탄, 짐바브웨 등에 대형 자금을 투입하고 있다. 미국과 미국의 동맹국 시장에서 중국 기업이 성장 둔화를 보인다면 그 외 시장에 집중적으로 투자하겠다는 계획이다. 미국 기업과의 본격적인 경쟁 구도로 간다면, 미국 중심의 시장에서는 머니 파워, 교육 수준, 경제 수준에서 미국을 넘기 힘들다는 계산이 깔려 있는 것으로 보인다.

중국이 선택한 시장은 머니 파워와 경제 수준이 낮은 나라일지 몰라도 앞으로의 성장성이 큰 곳이기 때문에 투자의 이유가 된다. 미국 역시 지금의 마켓 유지에만 힘쓰다가는 결국 시장의 정체로 인해 미국 기업의 위치가 상당히 위협받을 수 있다. 그런 이유에서 미국은 새로운 중국의 마켓이 될 수 있는 지역들을 철저히 봉쇄하려 노력하고 있는 것으로 보인다. 미국 역시 새로운 시장의 개척만이 중국 기업의 시장 확대와 위협적인 요소에 대비하는 유일한 방법이 될 수 있다.

중국은 특히 아프리카에서 '부채 외교'라 부를 정도로 엄청난 돈을 빌려주고 있는데, 2000~2014년만 해도 중국이 아프리카에 건넨 대출금은 860억 달러(약 96조 원)에 이른다. 아프리카 나라들은 석유, 광물, 토지 권리 같은 자산을 담보로 대출을 확보했기 때문에 해당 국가가 차입금을 상환하지 못하는 경우 중국은 이들 자산의 소유권을 주장할 수 있다. 금융을 무기로 한 새로운 식민지 건설이라고 할 만하다.

중국에는 세계 최대 드론 제조업체로 알려진 DJI(다장창신)가 있다. 공원에서 날리는 장난감 드론을 생각하면 안 된다. 실제 국방용으로 쓰이는 드론은 100kg짜리 물건도 들어서 배달할 수 있다. 아프리카 시장은 인프라 시설이 없다. 예전에 이 시장을 개척하려면 철도부터 깔아야 하고, 매장을 내줘야 했다. 해야 할 건 많은 반면 거둬들이는 수입이 적다 보니까 그동안 서방국가들이 투자를 못했던 면이 있다. 그러나 고층건물이 걸릴 게 없는 아프리카에서는 드론이 날기 좋은 조건이 된다. 강풍이나 폭우 같은 기후가 문제될 수 있지만 아프리카 지역은 건조하니까 별 걱정 없다. 빈민촌에서 사용될 테니까 테러 면에서도 자유로울 수 있다. 지역마다 물류 거점만 만들면 드론으로 아프리카 전체에 배송을 할 수 있는 시스템을 중국은 갖추고 있다.

그리고 5G가 실용화되면 저가 스마트폰(샤오미)을 생산할 수 있는 중국은 아프리카에 들어가 오프라인 상점들이나 기반시설이 없어도 상거래를 할 수 있게 된다. 스마트폰 안에는 이미 우리가 원하는 거의 모든 상품들을 구매할 수 있는 인프라가 구축돼 있다. 거기다가 은행 시스템에 투자하지 않아도 된다. 아프리카인들이 얼마나 은행 계좌를 가지고 있을지 걱정하지 않아도 된다. 알리바바가 구축한 알리페이나 텐센트의 위챗페이는 결제 시스템 면에서 이미 미국이나 영국보다 선진화되어 있다. 그러니까 시진핑은 친미 시장에서 위축되면 새로운 소비 시장을 열면 되는 것이다.

다만, 국제 무역에서 소비자가 아프리카 돈을 내면 그걸 쓸 데가 없다는 것이 문제다. 아프리카인이 위안화를 쓰는 것도 어려울 것이다. 아프리카에 경제차관을 빌려주고 경제협력을 하고 아프리카 경제를 끌어올리면서 암호화폐와 같이 단일화될 수 있는 화폐로 지불결제를 받을 수만 있다면, 아프리카 시장이 열릴 것이다. 알리바바의 결제 시스템을 너무나 많은 사람들이 사용하고 있는데, 이것을 중국 정부가 중앙에서 컨트롤할 수 있다면 그들이 원하는 화폐를 자유롭게 좌지우지할 수 있는 상황이 되는 것이다. 중국이 암호화폐를 외면할 수 없을 것이라는 예측을 하는 이유는 여기에 있다.

중동은 왜 암호화폐에 우호적일까

기축통화가 되기 위해서는 그 나라 금 보유량이 전 세계 1등이어야 한다. 금 보유량이 압도적이어야 통화 신뢰도를 담보할 수 있기 때문이다. 또 금융업이 엄청나게 발달해 첨단 금융 시장이 존재해야 한다. 국가 신용도가 높고 물가도 안정돼 있어야 한다. 기축통화는 단순히 무역 거래에 쓰이는 것만을 말하는 게 아니다. 세계적으로 통화 신뢰성이 높으면서 충분한 유통량을 지녀야 기축통화다. 그런데 기축통화가 되면 어마어마한 무역 적자를 봐야 한다. 전 세계가 기축통화를 사용하므로 국내로 들어오는 돈보다 해외로 나가는 돈이 더 많다.

미국 달러가 기축통화가 되기 위해 어마어마한 무역 적자를 보지 않으면 안 된다는 것이 지금 미국에 거대한 딜레마로 작용하고 있다. 국제 무역에 있어 자국이 무역 적자를 보는 것을 더 이상 간과할 수 없다는 것이 미국 트럼프 행정부가 '미국 우선주의'를 내세운 이유일 것이다.

미국은 일절 무역 적자를 보지 않고 무조건 흑자만 보도록 하는 것이 트럼프의 목표인데, 경제적 관점에서 이것이 치명적인 모순이 된다는 것이 문제다. 신용화폐 제도에서 달러가 기축통화인 이상 무역 적자를 감수하지 않으면 안 된다는 모순 때문이다. 무역 흑자를 보기 위해 달러의 기축통화 가치를 포기하자니 그것도 미국에겐 손해일 것이다. 트럼프의 미국 우선주의를 미치광이 전략으로 보는 시선은 그래서 존재하는 것이다.

트럼프는 이 난관을 어떻게 극복해 가려고 하는 것일까.

미국이 시도하는 경제 체질의 변화

세계 최초로 시가총액 1조 달러를 달성했던 애플은 2018년 말 4위까지 그 기세가 꺾였다. 경제 전문 채널인 CNBC는 3개월 만에 페이스북과 맞먹는 시가총액이 사라졌다고도 분석했다. 팀 쿡 애플 CEO는 중국 판매 부진, 미중 무역전쟁의 악영향 등을 매출 부진의 이유로 꼽았다.

한국, 일본은 물론이고 전 세계 공통적인 현안으로 신용화폐 제도가 지속될수록 중산층이 무너지고 있다. 그런데 애플은 고가정책을 유지하는 회사다. 그러니 더 이상의 수요를 늘리지 못하고 있는 것이다. 대신 저가 제품은 중국의 샤오미 같은 곳이 장악하고 있는데, 우리에게 더 큰 문제는 중간 가격의 삼성이 타격을 받을 가능성이 높다는 것이다. 전 세계적으로 빈부 격차가 심화될수록 중간 구간인 한국 브랜드 삼성, LG, 현대차 등이 위험해질 수 있다. 중국 지리자동차, 루이상 커피(고가의 스타벅스를 대신) 등이 저가 시장을 먼저 잡고 중간 수요를 늘려가는 정책을 써버리면 더욱 수세에 몰릴 수 있다. 아직 도시화가 많이 진행되지 않은 중국이 본격적인 도시화를 시작하면 중산층을 급격하게 늘릴 수 있는 것과 대비된다. 그렇게 되면 중국은 내수 시장만으로도 미국과의 마찰을 버텨낼 힘을 얻을 것이다.

미국이 10억 인구를 커버할 수 있는 곳은 지금으로서는 인도밖에 없다. 그러나 중국은 몇십 년 동안 성장을 하면서 신산업 시설을 쓸 수 있는 기반을 갖춰온 반면, 인도는 인프라가 없는 것이 문제다. 미국이 인도 시장을 잡는다 해도 2~3년 동안은 힘든 기간을 거칠 것이다. 이때 중국은 오히려 시장을 닫아버리고 내수 시장을 기반으로 점진적으로 발전할 수 있는 여지를 가질 수 있다.

역사적으로 보면 패권국이었던 스페인도 돈(금화)만 찍어내다가 망가진 전적이 있다. 국가가 기축통화를 가지고 있으니 국민들은 일을 할 필요가 없었고, 전쟁 비용으로 돈을 쓰기만 하다가 스페인은 결국 패권국 지위를 잃었다. 실제로 스페인을 보면 제조업이 없다. 그래서인지 최근 미국이 경제 기조에서 몇 가지 변화를 시도하고 있는 것이 보인다. 제조업 기반이 약한 미국이 달러만 찍어내다가 망하지 않기 위해 실물 경제에서 내다팔 수 있는 것이 무엇일까? 미국의 움직임을 봤을 때 그들이 원하는 것은 무기 수출을 강화하고 원유 생산에 박차를 가하는 것이다. 그것으로 너무 많이 풀려 있는 달러를 회수하려는 것으로 보인다. 더 많은 달러를 찍어내기 위해 한 템포 쉬어가는 것이다. 그리고 그 이후에 예상되는 것은 디지털 세상에서 달러와 연동되어 더 많은 달러가 쓰이도록 만들어줄 스테이블코인Stablecoin의 활약이다(3장에서 설명).

미국이 세계 최대 산유국이라고?

트럼프는 SNS를 참 많이 활용하는 대통령이다. 2018년 12월 21일 그는 트위터를 통해 매티스 국방장관의 은퇴 소식을 알렸다. 말이 은퇴이지 사실상 사임 또는 해임이다. 그는 트럼프 대통령의 시리아 철군 결정 등에 반발했고, 미국이 가지고 있는 힘은 동맹과 협력이 가지는 강점에 있다고 말했다. 동맹국을 향한 존중 없이 자신들의 이익을 보호하는 것은 효과적으로 수행될 수 없다는 주장이다. 그렇다면 트럼프의 속셈은 무엇일까.

미국 텍사스 주에는 석유회사 아파치의 셰일석유shale oil 추출 시설이 있다. 텍사스 주 서부와 뉴멕시코 주 접경에는 퍼미언 분지Permian Basin라는 곳이 있는데, 이곳이 미국에서 셰일석유가 가장 많이 생산되는 곳이다. 이곳에 매장된 셰일석유는 600억~700억 배럴로 추정되는데, 세계 최대 매장량을 자랑하는 사우디아라비아 가와르 유전(750억 배럴)에 버금가는 규모다. 시장 가치로는 3조 3천억 달러(약 3,674조 원)에 달한다. 국제에너지기구IEA는 셰일석유 덕분에 미국이 2020년에는 사우디아라비아를 제치고 세계 최대 원유 생산국이 될 수 있을 것으로 예상했다.

이런 상황이 가능하게 된 배경에는 기술 혁신이 있다. 미국이 보유한 셰일석유는 주로 퇴적암에서 추출된다. 셰일석유는 셰일층에서 뽑아낸 원유로, 전통적으로 오일을 시추하던 사암층 아래에 위치하는 것이 셰일층이다. 원유 채굴량에 한계가 있다는 기존 기술이 뒤집힌 덕분에(수압파쇄와 수평시추) 원유 파이프라인이 잘 구비된 미국이 비용 감소와 상업성을 이점으로 최대 원유 공급자가 되었다.

석유 최대 소비국인 미국은 그동안 중동 지역에서 석유를 수입해서 썼다. 중동 지역은 대체로 왕정국가를 유지하고 있는데, 이들은 석유 덕분에 국민들의 생활 수준을 유지시켜 줄 수 있었다. OPEC(석유수출국기구)을 통해 중동 국가들은 석유 수요를 예측하고 유가를 정하기도 하면서 국제 사회에 영향력을 행사해 왔다. 그중 사우디아라비아는 석유 결제를 달러로 할 수 있도록 협조함으로써 정권을 유지해 오는 전략을 써왔던 국가다. 석유 결제를 달러로 받지 않겠다는 이란은 미국과 대치하는 상황이 될 수밖에 없었다.

그런데 이제 미국이 러시아와 함께 최대 산유국으로 부상한 것이다. 식량 수출국인 미국은 원유까지 자국 내에서 해결함으로써 이제

자급자족이 가능한 전 세계 유일한 나라가 되었다(중국이 미국에서 가장 많이 수입하는 것도 농수산물이다). 중동은 이제 더 이상 원유 가격을 마음대로 조정할 수 없는 상태가 되었다. 미국이 중동에 군대를 주둔시킨다는 것은 석유가 안전하게 운반되는지 보호한다는 의미다. 석유의 원활한 공급을 위해 중동의 내란도 막아주고 해적의 출몰도 막아야 했던 것이다. 미국이 산유국이 됐다는 의미는 더 이상 중동에 자국 군대를 배치할 필요가 없어졌다는 이야기로 해석할 수 있다.

한편 시리아에서 미군이 철수하면 친미 국가인 사우디아라비아가 곤란해지는 상황이 되었다. 시리아 내전 참전국인 이란과 러시아는 최근 테헤란에서 긴급 회동을 했다. 이란과 러시아는 이제 정치·군사적 이득을 가져갈 수 있는 상황이다. 국경 지역인 터키에서의 영향력도 살펴봐야 할 전망이다.

"세계 경찰국 그만하겠다"

'모든 길은 로마로 통한다'는 말이 있다. 로마 제국이 전성기를 구가할 때는 전 세계 모든 물자가 로마로 흘러들어 갔다. 무역이 활발했고 상인들은 여러 지역을 돌아다녔지만, 로마 군대가 있었기 때문에 안심하고 상업 활동을 할 수 있었다. 로마는 식민지가 얼마나 더 잘 살 수 있는가를 생각했다.

미국도 시리아, 한국 등 세계 여러 곳에 군대를 주둔시키고 있다.

그런데 트럼프 대통령은 대선 때부터 "우리는 세계의 경찰이 될 수 없고 전 세계 나라를 보호할 수 없다"며 의문을 제기했다. 경제 분야의 보호무역주의와 마찬가지로 국방 분야에서도 미국 우선주의를 앞세워 손익을 따지겠다는 의도다. 방위비 분담금 요구로도 이어질 가능성이 있다. "앞으로도 우리는 세계의 경찰이 될 수 있지만 다른 나라들도 이제 우리를 도와야 한다"는 것이다. 자기만 살겠다고 모색하는 미국을 둘러싸고 관련 국가들이 어떻게 움직일지는 반드시 확인해야 할 뉴스들이다. 그 옛날 로마가 세계 경찰국을 포기한 뒤에 유럽은 십자군 전쟁 등 혼란으로 이어졌다. 포용 정책이 없어지고 제국이 분쟁 지역에서 발을 떼면 패권 지위가 무너지면서 춘추전국시대가 도래한다.

그 와중에 중국은 7년 가까이 내전을 치르고 있는 시리아에 대한 원조를 강화했다. 지금까지 직접적인 군사 개입은 한 적이 없지만, 바샤르 알 아사드 시리아 대통령 정부를 제재하기 위해 서방권이 주도해 온 유엔 결의안들에 대해 러시아와 힘을 합해 거부권을 행사했다.

중동에서 미군이 철수하면 이스라엘과의 전운이 감돌 가능성도 있다. 이를 둘러싸고 당연히 무기거래도 활발해질 가능성이 크다. 이 대목에서 주목할 것은 무기를 가장 많이 팔 수 있는 나라는 미국이라는 점이다. 미국으로서는 중동에서 철수하면서 무기산업에서 수익을 올릴 수 있는 이득까지 가져가는 것이다.

암호화폐 산업 유망 지역, 중동

2017년에는 사우디아라비아 왕자가 "비트코인을 믿지 않는다"며 "언젠가는 가격이 붕괴할 것으로 보고 있다"더니, 2019년 1월에는 사우디아라비아와 아랍에미리트UAE가 손잡고 국경간 송금을 위한 암호화폐를 발행하겠다고 발표했다. 공동 프로젝트로 암호화폐 연구는 실험 단계를 거쳐 은행에 사용될 거란다. 기술 표준을 수립하고 사이버 보안 리스크를 검토하면서 동시에 암호화폐가 통화정책에 미치는 영향도 확인할 계획이라는 뉴스가 있었다. 중앙은행의 통화정책에 암호화폐를 법정화폐로서 도입하겠다는 의미로 해석할 수 있다. 두 나라는 원유 매장량이나 재화 서비스 수출을 감안하면 세계 8위 수준이라고 한다. 이런 계획들이 실현된다면 전 세계가 연동되는 암호화폐 특성상 중동이 이 시장에 상당한 영향력을 줄 수 있을 것이다.

미국의 제재 때문에 배럴당 유가를 제대로 인정받지도 못하는 이란산 원유는 중국, 유럽연합, 인도가 수입 의지를 밝히면서 복잡한 양상을 띠고 있다. 그렇지만 중동은 이제 원유가격을 쥐락펴락할 수 있는 지위를 잃게 되면 부富의 유지가 안 될 수도 있을 것이라는 염려를 해야 할 시기다. 중동이 암호화폐나 금융에 관심을 갖기 시작한 이유가 바로 그것이다.

2018년 10월에는 중동 최초로 중앙은행이 인가한 암호화폐 거래소가 등장한다는 뉴스가 나왔다. 레인 파이낸셜Rain Financial은 바레인 중앙은행의 허가를 받고 출범을 준비하고 있는 거래소다. 사우디아라비아 블록체인 컨설턴트 압둘라 알모아이켈, 이집트 출신의 투자자 예하이 바다위, 암호화폐 지갑 스타트업 아브라Abra 출신의 조셉 달라고 등이 공동으로 설립한 암호화폐 플랫폼으로, 개인과 기관투자자 모두에게 필요한 거래소를 목표로 하고 있다고 한다.

중동은 지금까지 외환위기라는 게 없었다. 기축통화가 아닌데도 원유만 갖다 팔면 달러를 벌 수 있었기 때문에 경제위기가 없었다. 반미 진영에서는 좀 다를 수 있지만, 친미 진영인 사우디아라비아, 아랍에미리트, 바레인, 요르단, 쿠웨이트 등 중동 국가는 외환보유고가 부족하다는 얘기를 못 들어봤을 것이다. 지금까지는 원유만 갖고 있으면 외환을 보유하는 것과 같았다. 그랬던 중동이 왜 급격하게 움직일까. 갑자기 미국이 최대 산유국이 되면서 원유의 판로는 힘들어졌다. 세계의 기준이 두바이유에서 텍사스유로 바뀌면 원유 수출로 받아올 수 있는 외화량은 줄어들게 될 것이다. 자급자족이 가능한 미국이 갑자기 어떤 이권 때문에 쇄국정책이라도 한다면, 중동에서는 람보르기니를 타던 사람들이 낙타를 타게 될 수도 있는 상황이 오는 것이다.

세계는 제조업, 금융업, 원자재로 먹고 산다. 중동은 제조업 기반을 다질 수 없기 때문에 원자재 시장이 막힌다면 금융업 쪽으로 갈 수밖에 없다. 러시아가 너무 추워서 제조업 기반을 쌓을 수 없는 것처럼 중동 국가들도 모래 사막에서 제조업을 육성할 수는 없다. 원유로 자국의 이익을 대변할 수 없게 된 중동 국가들이 다른 살길을 찾지 못한다면 정권도 위험해질 수 있다.

역사는 반복된다, 브렉시트와 노란조끼운동

지난 2015년 6월 30일 그리스는 IMF의 부채 15억 유로를 갚지 못했고 채권단과의 구제금융 협상도 결렬되면서 채무 상환일을 넘겨 사실상 디폴트(채무 불이행) 국가가 되었다. 그리스는 2010년부터 '유럽 채권단' 또는 '트로이카'라고 부르는 유럽연합EU, 유럽중앙은행ECB, 국제통화기금IMF으로부터 2,400억 유로의 구제금융 지원을 받아왔다. 알렉시스 치프라스 그리스 총리는 유럽연합 협상안을 국민투표에 부치겠다고 선언하기도 했는데, 이때 그리스인들이 가장 먼저 한 일은 은행으로 몰려가 현금인출에 나선 것이다. 당시 그리스의 모든 은행은 영업정지 상태가 되었다.

이후 그렉시트Grexit(그리스의 유로존 탈퇴) 우려가 커지면서 유럽 증권 시장이 급락했으며, 그리스 사태는 한국 코스피KOSPI, 일본 니케이

NIKKEI지수까지 하락시키는 여파를 가져왔다. 당시 그리스 재정위기에 대해 유로화의 문제를 지적하는 전문가들이 많았다. 경제적 격차가 있는 유럽연합 회원국을 묶어 단일 통화 체제를 만들면서 구조적 결함이 드러났다는 것이다.

여기서 우리가 주목할 것은 당시 그렉시트 공포가 비트코인 상승세로 이어졌다는 것이다. 증권 시장은 하락하고 유로화는 약세를 보였지만, 투기꾼과 그리스 예금자들이 중앙은행의 통제를 받지 않는 비트코인에 몰렸고 그해 비트코인의 가장 긴 상승세를 이끌었다.

역사는 반복된다고 하는데 2019년 3월에는 브렉시트Brexit(영국의 유럽연합 탈퇴) 시행일을 앞두고 있다. 물자를 수입하는 나라인 영국은 무관세가 폐지되면서 파운드화 절하가 필수적으로 따라올 것으로 보인다. 프랑스에서 시작된 노란조끼운동도 인근 국가에 퍼지고 있다. 이로 인한 재정 확대는 유럽 사회에 어떤 영향을 주고 비트코인 가격에 어떤 영향을 미칠 것인가? 2019년 유럽 상황은 암호화폐 투자자에게는 반드시 체크해야 할 뉴스다.

노 딜 브렉시트와 비트코인

유로존Eurozone은 유럽연합 28개 회원국 중에서 유로를 국가 단일 통화로 사용 중인 국가들을 따로 지칭하는 말이며, 유럽중앙은행이 유로존의 통화정책을 맡고 있다. 유로존에 속한 나라들은 19개국으로 그리스, 네덜란드, 독일, 라트비아, 리투아니아, 룩셈부르크, 몰타, 벨기에, 스페인, 슬로바키아, 슬로베니아, 아일랜드, 에스토니아, 오스트리아, 이탈리아, 키프로스, 포르투갈, 프랑스, 핀란드다. 그리스는 2015년부터 재정위기로 인한 유로존 이탈에 관해 우려가 있었다.

유럽연합은 현재 28개국이며, 전신은 유럽경제공동체ECC이다. 2016년에는 영국이 국민투표를 거쳐 탈퇴 신청을 한 상태다. 세계 경제에서 우위에 서기 위해서는 한국, 일본처럼 제조업을 하거나 아니면 금융업을 하는 것뿐이다. 영국은 제조업 경쟁력이 하락한 후 금융업이 융성한 나라다. 지금도 세계 금융 시장의 양대 축은 뉴욕과 런던이다. 국가간 은행 대출, 외환 거래, 장외 파생상품 거래, 국제 채권 거래에서 영국은 아직까지 세계 시장 점유율 1위를 차지한다.

그런데 영국은 왜 유럽연합을 나오려는 걸까. 득보다는 실이 많다고 판단되었기 때문일 것이다. 브렉시트 여론은 2008년 미국 금융위기에서 촉발된 유럽 재정위기가 계기가 되었다는 의견이 많다. 미국이 신용등급 최하위층에게까지 주택담보대출을 해주었던 것을 증권화해서 팔았고 심지어 이것을 다른 상품과 결합해서 팔았는데, 유럽에서도 발행 규모가 상당했다. 이것이 유럽연합의 재정 악화로 이어진 것이다. 유럽연합 안에서도 영국은 경제대국이기 때문에 분담금 비중이 높았는데, 문제는 독일만큼 입지가 크지 못했다는 것이다.

제조업 기반이 강한 독일은 유럽연합으로 통합되면서 무관세 혜택으로 인해 자국의 수출품 가격이 하락하는 효과를 보았기 때문에 분담금을 내고도 훨씬 상회하는 이득을 얻었다. 대표적으로 독일의 자동차 업계 3사 BMW, 다임러(벤츠 모회사), 폭스바겐은 매출 상승을 이어갔다. 영국의 스포츠카 제조업체 로터스와 런던 택시 회사인 EV 컴퍼니가 중국의 지리자동차에 팔려나가는 동안에 말이다.

게다가 2015년 말부터 시리아 난민을 비롯해 취업을 목적으로 한 이민자들이 증가한 것도 여론 조성의 원인이 되었다. 동유럽 이주민이 늘면서 그 결과 영국인들은 자국민들의 실업률이 높아졌다고 생각한 것이다. 유럽연합 회원국은 공동정부 운영을 위해 경제 규모에 따라 분담금을 내는데, 영국이 유럽연합 분담금으로 사용해야 하는 130억 파운드(21조 원, 2015년 기준)를 자국민을 위해 써야 한다는 주장도 국민들 사이에 커져갔다.

2019년 유럽이 상당히 어려운 정치 · 경제적 상황으로 가면 비트코인의 상승을 촉발시킬 수 있다. 불안감이 자산 시장에 반영되어 투자자들은 안전자산으로 여겨지는 금을 사거나 그렉시트 때보다 훨씬 더 많이 알려져 있는 비트코인으로 몰려들 가능성이 크다. 대신 우리가 여기서 눈여겨봐야 할 것은 영국이 노 딜No Deal 브렉시트 상황으로 이어지는지 여부다. 대표적인 수입국인 영국은 관세 협상에서 불리한 입장이기 때문에 협상이 없는 노 딜 브렉시트로 갈 경우 각 나라별로 별도의 협상을 이어가야 한다.

영란은행BOE는 노 딜 브렉시트가 진행될 경우 영국 성장률이 7.75% 감소하고 실업률이 7.5% 상승할 것으로 예상한 바 있다. 물가 역시 6.5% 상승하면서 영국 경제는 급격히 어려워지는 상황으로 갈 것이다. 노 딜 브렉시트가 현실화되면 파운드화도 급격히 하락할 것으로 점쳐지고 있다. 투자자들은 파운드화가 달러 대비 떨어진다면 안전자산으로 갈아타려고 할 것이다. 중앙은행은 파운드화 절하로 인한 손해를 막기 위해 안전자산으로 바꿔갈 것이다. 달러는 신용화폐로서 한계에 이르렀고 전 세계적으로 보유량을 덜어내려고 하고 있기 때문에, 금, 엔화, 그리고 비트코인의 수요가 늘어나는 호재로 작용할 것이다.

일각에서는 영국이 유럽연합에서 탈퇴하되 단일시장 내 지위는 유지하는 소프트 브렉시트를 선택할 수도 있다고 예상했으나, 단일시장에 머무는 한 계속 유럽연합의 규제를 따를 수밖에 없다며 2017년 1월 17일 영국 테레사 메이 총리는 하드 브렉시트Hard Brexit가 될 것이라고 발언하기도 했다.

노란조끼운동과 국가 부채의 확산

2018년 프랑스에서 시작된 노란조끼운동은 처음엔 마크롱 정부의 유류세 인상으로 인해 촉발되었지만 불평등에 관한 전반적인 불만을 표출하는 시위로 확산되었다. 유류세 인상은 왜 시민들의 심기를 건드린 걸까? 사실 마크롱 프랑스 대통령이 유럽중앙은행 권고안에 맞춰 적자 폭을 줄이기 위해 긴축재정을 하겠다는 것은 잘못된 것이 없는 정책이다. 당장은 힘들더라도 빚을 줄여나가는 것이 상식적으로 맞다. 잘못하면 유럽 전체가 빚더미에 허덕이게 되는 상황이 올 수도 있기 때문이다.

그런데 그 방법이 문제였다. 경유 유류세를 23%, 휘발유 유류세를 15%나 인상하겠다고 한 것이다. 대중교통을 이용할 수 있는 파리 시민은 부담을 덜 수 있을지 몰라도 어마어마한 파리 집값을 감당하지 못해(2인 가구 월세가 1,500유로, 즉 196만 원 정도) 외곽에서 출퇴근하는 저소득층은 자가용을 쓸 수밖에 없다. 유류세를 피하기 위해 소비를 줄이는 선택 자체가 불가능한 것이다. 디젤차를 전기차로 바꾸면 보조금을 지급하겠다는 당근을 내놓았지만, 생계를 위해 차를 구입하는 저소득층은 대부분 대출이나 할부를 안고 있어 차를 바꾸고 싶어도 사실상 어려웠을 것이다. 게다가 결정적으로 마크롱은 부유세를 사실상 폐지해 버렸다. 이 대목에서 그가 '부자들의 대통령'이라고 비난받는 이유가 나온다.

유류세는 소득 수준이 낮을수록 조세 부담이 높아지는 효과가 있는 대표적인 역진세(누진세 반대)인데, 환경보호라는 명목으로 저소득층에게만 허리띠를 졸라맬 것을 요구한 셈이 되었다. 시위에 사용된 노란조끼는 프랑스에서는 차량 내 비치품으로 두는 것으로, 한국에서 쓰는 차량용 안전삼각대와 비슷한 의미라고 생각하면 된다. 바로 유류세 인상에 항의하는 운전자를 상징하는 것이다.

프랑스의 노란조끼운동도 실은 브렉시트와 같은 의미를 가지는 사건이다. 지금 마크롱 정부의 상황은 프랑스 루이 16세 때의 상황에 버금가는 심각한 상황이라고 평가하는 목소리도 있다. 시위가 본격화한 뒤 한 달 만에 백기를 든 마크롱은 최저임금 인상, 저소득 은

퇴자 증세 철회 등 부유세 환원을 제외한 대부분의 요구를 수용하는 대국민 담화를 발표했다. 이로써 프랑스가 빚을 더 늘리는 정책으로 갈 수밖에 없다면 유럽 내 다른 나라도 마찬가지로 빚을 더 내는 방향으로 갈 것이 뻔하다. 이로써 유로화의 가치는 폭락해 버릴 위험 앞에 있다. 마크롱 퇴진 요구로 번지고 있는 노란조끼운동은 프랑스에서만 끝나는 것이 아니라 벨기에, 네덜란드 등 주변국으로 번지고 있다는 것이 더 큰 문제다.

전 세계적으로 어떤 정부도 빚은 늘어날 수밖에 없다. 그런 맥락에서 신용화폐 제도가 위험하다고 말하는 것이다. 그러나 경기는 좋아지지 않으면서 더 이상 감당할 수 없는 지경까지 온다면 빚은 화살로 돌아올 것이다. 미국이 어려워진다는 얘기가 자꾸 들리는 것도 빚이 너무 빠르게 늘기 때문이다.

이탈리아 오성운동 연합, 반EU 체제

2018년 6월 이탈리아 총선에서는 반체제 정당으로 불리던 오성운동M5S이 단일 정당 득표율 32.22%를 기록하며 이탈리아 최대 정당이 되었다. 단독 정부를 꾸리는 데 필요한 득표율 40%는 획득하지 못했기 때문에 오성운동은 17% 이상 득표한 북부동맹과 연합정부를 구성했다. 이탈리아는 유로존에서 경제 규모 3위인데도 반EU 정권이 출범한 것이다. 연정에 합의한 북부동맹은 반이민정책을 주장하는 곳이며, 거시경제학적인 불균형을 해소하지 못했다며 유로존을 비판해 왔던 인물인 지오반니 트리아는 연합정부의 경제 장관을 맡게 되었다.

오성운동은 이탈리아 유명 코미디언 베페 그릴로가 2009년에 창당한 곳인데, 베페 그릴로는 방송에서 총리를 비판했다가 쫓겨난 이후로 연극, 공연, 블로그 등으로 명성을 쌓아온 인물이다. 세계에서 가장 영향력 있는 블로그 9위로 선정될 정도였다. 그때까지 이탈리아는 정치 · 경제적 상황이 좋지 못했다. 미디어 재벌 출신 베를루스코니 총리가 2선 총리에 오르고 미디어법을 개정해 언론을 장악하고 나서, 노동 시장을 활성화한다며 실시한 노동개혁 법안이 비정규직을 대거 양산하면서 청년실업률은 25%에 이르렀다. 청년들이 인턴십, 알바, 단기계약직을 전전하며 한 달에 1,000유로(약 130만 원) 이상을 못 버는 1,000유로 세대로 전락했던 것이다. 2005년 이탈리아 국가 부채는 세계 3위였다. 하지만 90% 장악된 언론이 침묵으로 일관하자 정치에 대한 국민들의 분노는 해소되지 못했고, 그때 신랄한 정치 풍자로 나타난 사람이 코미디언 베페 그릴로였다.

당시 이탈리아에서는 인터넷으로 연결된 다양한 성향의 사람들이 각종 사회문제를 주고받으며 그 아이디어를 즐기다가 '베페 그릴로의 친구들'이라는 오프라인 모임으로 확장되었다. 지역별 작은 단위로 모여 다양한 논의를 활발히 해나가다 결국 2년 만에 650개 전국 그룹으로 성장했다. 그러나 '깨끗한 정치인 만들기 운동'을 펴나가는 중에도 2008년 베를루스코니가 3선 총리로 당선되자, 그때 나타난 새로운 정치 운동이 오성운동이다.

이탈리아는 이제 친러시아, 반이민정책을 펴게 되었고, 유럽연합에는 개혁과 통합의 걸림돌이 될 가능성이 생겨났다. 유로존 탈퇴를 의논하고 유럽중앙은행에 국가 부채 약 2,500억 유로를 면제해 달라고 요구하는 방안을 논의했다는 이야기도 흘러나온 적이 있다. 많은 경제 전문가들이 2019년 세계 경제가 미국 때문에 위험해질 것이라고 하는데, 오히려 유럽 때문에 위험해질 것이라 보는 것이 더 타당할 것이다. 유럽발 경제위기가 올 가능성을 염두에 두면서 투자자들은 3월의 브렉시트를 지켜본 다음에 유럽 시장 동향을 살펴가면서 투자에 들어갈 것을 권한다.

메르켈의 퇴임과 국수주의 정당

2017년 9월 독일 총선에서 메르켈은 4선에 성공했지만 그와 동시에 국수주의자들이 약진했다. 메르켈의 보수파 기민련CDU · 기사련CSU 연합은 가장 많은 의석을 유지하긴 했다. 그러나 역사상 70여 년 만에 연합 이후 최악의 선거 결과를 기록했다. 기민련 연정 파트너인 사민당SPD은 역대 최악의 참패를 기록했다.

반면 국수주의 정당인 '독일을 위한 대안AfD'는 처음으로 연방의회에서 의석을 갖게 된 데다가 원내 제3당이 됐다. 이민 문제는 AfD가 선거에서 약진할 수 있었던 주 요인 중 하나로 꼽힌다. AfD는 이민자, 난민과 관련한 메르켈의 정책에 대한 반발을 십분 활용했다. 이민자들 대부분이 시리아처럼 전쟁을 겪고 있는 무슬림 국가 출신이다. AfD는 이민은 물론 이슬람에 대해서도 반대한다. 이슬람 사원의 첨탑을 금지할 것을 촉구했으며 이슬람이 독일 문화에 부합하지 않는다고 여긴다.

우리나라에서는 일본과 비교해서 독일을 무조건 매너 있는 국가라고 바라보는 경향이 있는데, 피같은 소중한 자산을 보호하기 위해서 투자자라면 그 이면을 볼 수 있어야 한다. 예를 들어 그리스와의 관계를 살펴보자. 2018년 10월 그리스 정부는 2차 세계대전 당시 나치 독일의 그리스 점령 책임을 물으며 독일 정부를 향해 2,880억 유로(약 375조 원)에 달하는 배상금을 요구할 계획이라고 밝히기도 했다. 나치 점령 중 벌어진 착취와 만행이 여전히 그리스 발전의 발목을 잡고 있다며 여러 차례 배상이 필요하다고 주장해 왔는데, 독일 정부는 이런 요구에 단호히 거부해 왔다. 그리스 역사학자들은 나치가 2차 세계대전 당시 아프리카를 침범하기 위해 그리스 정부에 강요했던 무이자 국채 발행이 상당수 국민들을 가난에 빠뜨렸다고 주장하기도 했다. 독일 정부는 1960년에 1억 1,500만 마르크(현 시세 약 3,000억 원)을 전쟁배상비로 지급했다며 2차 세계대전 배상과 관련해서는 어떤 계획도 없다고 밝혔다.

유럽연합이 무관세로 묶여 있는 동안 사실 독일은 최대 수혜를 누리고 있다. 만약 BMW, 벤츠 같은 고급세단이 관세 없이 우리나라에 들어와 소나타 같은 중형세단과 비슷한 가격대에 팔린다면 어떻게 될까? 당연히 소나타는 버티지 못할 것이다. 실제로 그런 일이 유럽연합에서 벌어졌다. 2014년 2월 프랑스 국민기업 PSA(푸조-시트로엥)의 지분을 중국 둥펑자동차가 사들여 대주주가 바뀌었고, 2010년 스웨덴의 국민차 볼보는 중국 최대 민간자동차 회사인 지리그룹에 인수됐다. 사브 역시 1년 후 영맨로터스와 중국은행(뱅크오브차이나)이 사브 보유지분 50%를 확보하면서 소유가 바뀌었다. 2008년 영국의 프리미엄 브랜드인 재규어 랜드로버는 인도의 타타그룹에 인수됐다.

독일은 신용등급이 높은 국가다. 그런데 신용등급이 낮았던 나라가 독일과 섞이면서 높은 등급을 받기 시작하자 대출이자가 적어졌고, 외화를 빌려서 경기부양을 하자 부동산 가격도 올랐다. 스페인, 포르투갈 등이 국가 재정에 어려움을 겪고 있고, 체코, 오스트리아, 네덜란드 등도 유럽연합 탈퇴에 관해 이야기가 나오기 시작했다. 아직까지는 독일이 제조업으로 벌어들인 흑자로 유럽 국가들의 빚을 떠안고 있지만, 더 이상 못 버티고 독일이 유럽연합에서 나간다면 유로화는 종잇조각이 되고 말 것이다. 독일에서 국수주의 정당의 약진은 그래서 위험 신호로 받아들여지고 있는 것이다.

게다가 지금까지 마지막 저항선이라 여겨지던 메르켈이 더 이상 연임을 하지 않겠다고 선언함으로써 독일 역시 향후 추이를 살펴봐야 할 나라가 되었다. 암호화폐 투자자들이 궁금해하는 것은 이후 혼돈의 상황이 예상되는 속에서 독일이 어떤 일을 벌일까 하는 점이다. 2019년부터 독일도 경제가 꺾인다는 지표들이 나오기 시작한 뒤, 독일의 최대 은행 중 두 번째 규모의 증권거래소인 뵈르제 슈투트가르트Börse Stutuugart가 암호화폐 거래소를 만들었다. 비트코인과 이더리움을 취급하며 상장 토큰이 증권 시장에서도 거래될 것이라고 보도되었다. 2015년 설립된 독일 핀테크기업 솔라리스뱅크는 암호화폐 뱅킹 스타트업 비트왈라Bitwala와 제휴해 비트코인과 유로를 동시에 관리할 수 있는 예금계좌 서비스를 시작했다.

금융 라이선스를 갖고 있는 회사가 암호화폐 거래소를 만든다는 건 여차하면 독일도 금융위기가 올지도 모른다는 전제 하에 또 다른 대안을 모색하고 있는 것이라고 볼 수 있다. 독일은 기술적인 면에서 선도하는 나라이기 때문에 처음부터 암호화폐를 부정적으로 보지는 않았지만 그동안 본격적으로 뛰어든 적은 없었다. 이제는 독일도 충분히 위험을 헤징할 수 있는 수단을 만들고 있는 것이다. '투자자는 망해도 비트코인은 안 망한다'는 말이 떠오르는 대목이다. 경제 규모로 봤을 때 베네수엘라는 비트코인 가격이 19,000달러를 넘어도 그것이 전 세계 비트코인 가격에 반영되지 않았지만, 독일이라면 다르다. 독일의 화폐는 달러로 교환이 가능하기 때문에 기관투자자들이 비트코인을 사면 화폐로 바꿀 수 있는 교환 창구가 된다. 독일이 암호화폐 거래소를 열었다면 이제는 비트코인 가격에 큰 영향을 줄 것이다.

스위스의 암호화폐 특구, 크립토밸리

인구 2만 명이 사는 스위스 소도시인 주크Zug 지방에 블록체인 전문가들이 몰려가 취업을 하고 있다. 주크는 각국의 블록체인 스타트업을 위해서 이상적인 환경을 조성했고, 성공적인 크립토밸리Crypto Valley(실리콘밸리에 비견해서 이렇게 말한다)로 자리잡을 전망이다. 암호화폐와 ICO 관련제도, 인프라를 잘 갖춰놓아 블록체인 생태계가 조성되고 있기 때문이다. 2016년 7월부터는 법적으로 암호화폐 특성화 지역으로 선포되었다.

주크는 2013년 암호화폐 특구인 크립토밸리를 만들었고 2016년 5월부터 관공서 내 비트코인 사용을 허용해 비트코인을 정식 화폐로 인정하고 결제 수단으로 사용하는 것을 인정했다. 전 세계 최초의 시도였다. 2018년까지 170여 개 블록체인 기업이 주크로 몰려들었고 한국 기업 중에서는 보스코인BOScoin, 아이콘ICON, 에이치닥Hdac이 수백억에서 수천억 원 규모의 ICO에 성공했다고 알려져 있다. 15만 이더리움ETH를 모금해 성공한 ICO로 주목받았던 아이콘은 현재 코인마켓캡 시가총액 기준 세계 100위 안에 드는 유일한 한국 코인이다(2019년 1월 24일 현재 45위).

ICO는 블록체인 기술을 가진 업체가 암호화폐 토큰을 투자자에게 나눠주고 사업자금을 모으는 것을 말한다. 스위스 금융감독기구인 금융시장감독청FINMA은 ICO 가이드라인을 만들어 투명한 암호화폐 공개 환경으로 ICO 양성화를 위한 제도적 토대를 마련했다. 스위스의 ICO는 2018년 미국에 이어 세계 2위로 자리매김했다.

2018년 모건 스탠리의 보고서를 보면 지중해 섬나라인 몰타공화국은 세계에서 암호화폐 거래량이 가장 많은 나라다. 세계 최대 암호화폐 거래소 바이낸스가 홍콩에서 몰타로 이전했기 때문인 것으로 해석되는데, 대형 암호화폐 거래소들은 규제가 관대한 국가보다 규제가 명확한 국가를 선호한다는 분석도 있었다. 암호화폐 거래량이 가장 많은 상위 5개국은 몰타, 벨리즈, 세이셸, 미국, 한국 순이었다.

/

세계의 이민자 정책

역사적으로 단일민족만 고집했던 나라는 강대국 자리에서 오래 가지 못했다. 일본도 마찬가지다. 한국과 중국을 억압해서 대제국을 건설하고 싶어 했지만 하지 못했다. 로마 시민권 안에서 식민지 국민들까지 포용했던 로마는 대제국을 건설했고, 인구 200만에 불과했던 네덜란드는 스페인에서 쫓겨난 유대인을 비롯해 모든 이민자를 포용함으로써 동인도 회사를 성공시키며 전 세계를 호령했다. 중세시대 스페인을 포함해 여러 국가에서 유대인들이 담당했던 역할 중 하나가 돈을 관리하는 것이었는데, 세금징수, 대부업, 군수품 제공 등에 특출한 능력을 보였던 유대인들이 떠나자 스페인은 돈을 모으거나 대출을 받거나 지출관리를 하는 데 어려움을 겪게 된다.

기본적으로 난민들은 목숨을 걸고 국경을 넘어온다. 그 정도라면 체력 좋고 생존력이 있다는 애기다. 새 인생을 살아보겠다는 개척정신도 있다. 다른 나라로 가면 살 수 있다는 생각을 할 수 있는 사람이라면 고학력자일 것이다. 그런 사람들을 수용할 수 없다면 경제를 확대할 수도 없지 않을까. 내 개인적인 생각이지만 말이다.

미국은 멕시코에 장벽을 세우려고 셧다운도 불사했다. 셧다운은 무급휴가이기 때문에 자국의 국민들이 월급을 받지 못해 그동안 모아놓은 예금을 헐어서 쓰고 있는데도 2019년 1월 현재 셧다운은 오히려 장기화 우려를 보이고 있다. 그런데 멕시코에도 양질의 우수 인력들이 있다. 미국과 한국의 인구 문제가 질적으로 다른 이유는, 유럽이나 미국은 출산율이 낮아도 이민자 정책을 펼치면 값싸고 질좋은 노동력을 공급할 수 있기 때문이다. 미국은 흑인 차별에 대한 민권운동을 통해 시간과 재산을 사람의 규제에 쓰지 않고 더 많은 사람들을 포용하는 데 사용함으로써 발전해 왔다. 흑인이 자유로워지면서 백인 여성, 히스패닉계, 아시아계 사람들도 점점 자유로워졌다. 유색인종들의 아이디어도 활용할 수 있게 된 것이다. 시가총액 1~3위를 달리는 구글 CEO는 인도계인 선다 피차이인 것만 봐도 알 수 있다.

나치는 서로 다름을 수용하지 않았던 탓에 유대인들의 능력을 활용할 수 없었다. 영국 내 어떤 우파 정당은 영국 땅에 인도인, 러시아인, 아프리카인, 폴란드인이 너무 많다며 이들을 나라밖으로 몰아

내려고 한다. 이민정책에 반대하는 유럽인들의 움직임으로 인해 경제가 어떤 방향으로 흘러갈지 우리는 찬찬히 지켜봐야 한다. 세계의 프레임이 변하는 시기가 올 수 있다. 경제에는 정치가 동반되기 때문이다.

일본은 암호화폐 촉매 국가가 된다

노무라종합연구소의 보고서에 따르면 2017년 비트코인 가격 상승은 일본에서 가시적인 경제 효과를 미쳤다고 한다. 비트코인 효과가 GDP 성장률로 이어졌다는 분석이다. GDP는 외국인이든 내국인이든 국적을 불문하고 그 나라 국경 내에 이루어진 생산 활동을 모두 포함하는 개념이다.

일본은 1990년대 부동산 버블 이후 급속도의 경제 침체기에 접어들고, 더불어 초고령화 사회로 진입한다. 경제적으로 힘들어지자 사람들은 결혼을 하지 않고 아기도 낳지 않는 지금의 우리나라 같은 상황이 벌어졌는데, 이것은 주택 수요가 완전히 붕괴되어 부동산이 침체의 길로 접어든 원인이 된다.

1985년 플라자합의 이후 엔화 강세로 인해 일본은 2010년대 이후까지 후유증을 겪고 있는데, 당시 미국의 제조업체들은 달러 약세로 높아진 경쟁력으로 해외 시장에서 승승장구하면서 경제 회복의 효과를 얻었다. 이때 우리나라도 엔고에 의한 반사이익을 톡톡히 얻어 삼성 같은 글로벌 기업의 출현이 가능해졌던 것이다.

2008년 이후의 미국발 경제위기를 타개하기 위한 양적완화로 제로금리까지 겹치며 투자처를 잃은 일본 국민들은 재테크 수단이 붕괴되어 경제가 활성화되지 못하고 있었다. 부동산 버블을 혹독하게 겪었던 일본에서는 제로금리 상황에도 불구하고 저축률이 오히려 오르는 기이한 모습을 보이고 있었는데, 미래가 불안한 일본인들의 심리가 반영된 것으로 보인다. 물가가 오르는 건 아니기 때문에 현금을 홀딩하고 있는 것만으로도 손해는 안 본다고 생각한 것이다. 그러한 때에 비트코인의 등장은 일본인들에게 새로운 투자처로 인식되며 우상향을 이끌었을 것이다. 암호화폐 시장에서의 투자수익은 소비를 조금씩 늘리기 시작하면서 내수경제 활성화에도 도움이 되었다고 판단한 것으로 보인다.

일본인은 국채를 국민들이 보유하고 있는 데다가 빚을 지지 않으려고 하는 문화 때문에 신용카드의 사용이 제한적이다. 식당에서도 카드를 받지 않는 곳이 많으니 국민들 입장에서도 굳이 카드를 쓰려고 하지 않는다. 일본이 그동안 내수 경제를 살리기 위해 많은 노력을 기울였지만 경기 둔화는 풀리지 않았는데, 비트코인이 그 역할을 해냈다고 분석할 수 있다.

2017년 초만 해도 중국 위안화가 암호화폐 시장을 지배했다. 하지만 중국 정부가 암호화폐 거래를 금지하자, 일본이 암호화폐 거래의 주축 시장으로 급부상했다. 일본의 비트코인 보유자는 100만 명 정도로 추산되는데, 1명당 비트코인의 보유량은 3~4개다. 일본의 비트코인 보유량 추정치는 370만 개인데(2018년 초 기준), 전 세계 비트코인 물량의 25%다. 아마도 기업이나 큰손의 보유물량은 추산하지 못한 것 같다. 매매하지 않고 가지고만 있다면 추산치를 내놓을 수가 없으니 말이다. 비트코인으로 인한 부의 효과로 최대 약 960억 엔(약 9천억 원)의 추가 소비자 지출을 끌어낼 수 있다고 한다.

전 세계의 극심한 경기 침체 속에서 일본은 탈출구를 발견한 이상 더 이상 암호화폐를 경계의 대상이 아닌 실물경제에 엄청난 영향을 미치는 자산 시장으로 대할 것이라는 생각이 든다.

선규제 후개방으로 시장을 키우다

도쿄에 있었던 마운트곡스MTGOX는 2014년 거액의 해킹 사건으로 대규모 손실을 입고 파산할 당시 세계 최대 규모의 암호화폐 거래소였다. 그러나 비트코인 85만 개가 사라지고 그 거래소에 계좌가 있었던 고객들은 거액의 자금을 잃었다. 당시 기준으로 피해액은 5,700억 원에 달했다. 암호화폐는 개인 키private key를 소유한 사람이 소유자가 되는 개념이기 때문에 이런 일을 방지하기 위해서는 자신의 컴퓨터에 옮겨놓거나 개인 지갑에 보관해야 한다.

카펠레스 CEO는 횡령 혐의로 조사를 받았는데, 마운트곡스의 파산은 내부조작이었는지 정말 해킹 때문이었는지 여전히 의혹이 풀리지 않고 있다. 당시 해킹당했다는 비트코인 중 20만 개가 최근 복구되어 마운트곡스는 이걸 다 팔고 남은 금액으로 투자자들에게 전액 보상을 해주고도 수익이 남을 거라는 이야기가 흘러나오기도 했다. 파산 당시보다 비트코인 시세가 100배 넘게 올랐기 때문이다.

일본은 하루아침에 거액을 날린 전 세계인들이 비행기를 타고 와서 시위를 벌이는 모습을 보고 세계에서 처음으로 이용자 보호를 위한 규제안을 마련했다. 2018년에도 자금결제법 개정안과 암호화폐 교환업 등록제를 도입했는데, 우리는 일본의 암호화폐 관련 정책이 어디에 핵심이 있는지 잘 살펴볼 필요가 있다. 일본 금융청FSA 관계자의 말을 인용하면 "암호화폐는 자유로운 거래이기 때문에 위험성을 알아도 투자하는 것까지 금지할 수는 없다. 정부가 할 수 있는 일은 리스크를 분명하게 이해하고 투자하도록 강조하는 것"이다. 암호화폐를 통한 자금세탁을 막고 이용자 보호에 최선을 다한다는 것이 주요 골자다.

2018년 1월 일본 2위 거래소인 코인체크가 해킹을 당해 580억 엔어치의 암호화폐를 도난당했다. 금융청은 과도기 상태였던 거래소가 조건을 갖추는 과정에서 있었던 일이라며 "암호화폐는 안정성이 높지 않은 투자자산이며, 국가가 보증해 주지도 않고 시스템적 위험이 있는 데다가, 거래소는 은행과 같은 금융회사가 아니다"는 입장을 밝혔다. 문제가 생겼다고 해서 거래소 폐쇄를 거론하지는 않는다. 다만 코인체크 해킹을 계기로 등록 거래소 16곳과 유사 거래소 16곳에 대한 현장조사를 벌였고, 유사 거래소 두 곳에 1개월 업무정지 명령을 내렸다. 고객이 맡긴 비트코인을 사적으로 유용했거나 고액 거래를 신고하지 않았기 때문이다. 일본 당국은 불법 거래를 적발하고 암호화폐 산업 진흥은 민간에 맡긴다는 원칙이다.

비트코인 ETF, 누가 먼저 승인할 것인가

한국과 일본에서 60대의 중산층이 사망했다면 무엇을 남기고 갈까? 일본의 60대 중산층은 10억 원의 예금 자산을 남기고 간다. 반면에 한국의 60대는 10억 원짜리, 대출을 끼고 있고 빚은 다 갚지 못한 집을 남길 것이다. 일본 사람들은 정말 현금을 좋아한다. 소비하라고 금리를 내려도 저축만 늘어간다. 정말 좋은 금융투자상품이 나오면 언제든지 뛰어들 여력이 있는 곳이 일본이다. 카르다노 플랫폼을 기반으로 만든 에이다ADA는 ICO 후에 전 세계 84%가 일본에서 잠겨버렸다고 이야기된다. 채굴방식POW이 아니라 이자지급방식POS인 탓에 저축을 정말 좋아하는 일본인들이 선호했기 때문이다.

2019년 암호화폐 투자자들이 기다리고 있는 관련 소식 중 하나는 암호화폐 상장지수펀드ETF가 일본 또는 미국에서 승인이 날 것인가 하는 것이다. 〈블룸버그〉가 일본이 비트코인 선물의 대안으로 비트코인 ETF 승인 가능성을 검토하고 있다고 보도한 바 있기 때문이다. 한편 제미니Gemini 거래소, 미국 자산운용사 밴에크, 금융 서비스 스타트업 솔리드X 등이 미국 증권거래위원회SEC에 비트코인 ETF 승인을 신청한 바 있다.

ETF는 특정 지수의 움직임에 연동시켜 운용되는 인덱스 펀드인데, 증권 시장에 상장되어 주식처럼 실시간 매매가 가능하다. 내가 만약 ETF에 투자한다면 코인을 갖고 있지 않더라도 암호화폐 시장에 참여하는 것이 된다. 왜냐하면 펀드가 코인을 보유하고 있기 때문이다. 비트코인 ETF는 비트코인 선물상품을 기반으로 하고 있는 것으로, 해당 지수보다 변동폭을 크게 만들거나 해당 지수와 반대로 움직이면서 수익이 발생하는 ETF도 발행이 가능하다. 즉 하락장에서도 수익을 올릴 수가 있다는 얘기다. 단순히 지수를 추종하는 상품 구조이기 때문에 수익률 등락에 크게 연연하지 않고 '비트코인이 오른다' 또는 '하락한다'에 배팅할 수 있다. 암호화폐 직접투자도 있겠지만 ETF 승인이 나면 새로운 자산 시장이 열리면서 암호화폐 시장에 누구나 쉽게 접근할 수 있게 된다. ETF 승인은 엔화의 대량 유입을 가져올 확률이 높고 전 세계 암호화폐 시장의 상승으로 이어질 것이다. 이로써 2019년 어쩌면 일본이 암호화폐 시장에서 가장 핵심국이 될 수 있다.

우리가 소액 투자금으로 투자를 한다면 리스크를 감안하더라도 변동성이 큰 시장을 선택할 수 있다. 만약 10만 원을 투자한다면 금방 또 벌면 되니까 잃어도 그만이라고 생각할 것이기 때문이다. 그런데 만약 10억 원을 운용하거나 1천억 원을 운용하는 사람이라면 당연히 안전자산을 선호할 것이다. 변동성이 커서 망할지도 모르는 암호화폐 투자를 선택하게 되는 이유는 어쩌면 가난하기 때문이다. 이 이야기는 변동성이 줄지 않으면 암호화폐 시장에 큰돈이 안 들어올 것이라는 뜻이다. 변동성이 3~5%만 되도 자금력이 있는 사람에게는 좋은 환경일 것이다.

/

현금만 쓰는 일본인, 엔화 강세를 만들다

일본은 변화가 적은 사회다. 정부 비리가 있어도 데모하는 규모가 사회가 크게 바뀔 정도로 커지지 않는다. 해봐야 깃발을 드는 것이 전부다. 게다가 일본은 양적완화로 돈을 무지하게 풀어낼 때 '잃어버린 30년'이 결과적으로 준비하는 30년이 되었다. 일본은 국채를 국민들이 가지고 있는 구조이기 때문에 정부가 부담이 없다. 위기 상황을 버텨낼 수 있는 나라가 구조상 일본밖에 없다. 우리나라는 정서적으로 일본을 싫어하니까 일본을 평가절하하고 싶은 마음이 있지만, 투자자라면 수익 앞에서 냉정하게 생각할 수 있어야 한다.

일본은 양적완화로 찍어낸 돈들을 소비로 탕진하는 게 아니라 저금을 해버렸기 때문에 양적완화로 풀린 돈으로 아무리 빚이 늘어났어도 내 주머니를 털어 그대로 갚아버리면 된다. 이것이 유럽과 다른 점이다. 우리나라도 금리를 올리지 않고 버틸 수 있는 이유는 수출로 번 돈으로 외환보유고를 유지하고 있기 때문이다. 반면에 인도 등의 신흥국들은 빌린 돈으로 맞춘 외환보유고이기 때문에 갚아야 하는 돈이 된다. 그러다 보니 최근 엔화는 신용화폐 중에서 안전자산으로 인식되며 강세를 보이고 있다.

일본은 다시 한 번 내수 시장을 끌어올리기 위한 노력으로 2020년 도쿄 올림픽을 기회로 삼을 것이다. 카드 결제 같은 현금 외의 결제 시스템이 발달하지 않은 상황에서 일본은 암호화폐 시장을 키우기 위해 여러 가지 실험적인 노력을 할 것이 예상된다. 암호화폐 시장의 볼륨을 키우는 방향으로 가면서 우호적으로 친근하게 접근할 것이다. 일본은 민간인이 비트코인을 많이 보유하고 있기 때문에 엔화가 견인차 역할을 하면서 아시아 금융의 허브로서 다시 한 번 비트코인으로 패권을 노려볼 만하다.

올림픽이 열리면 숙박비, 여행경비 등 외국인이 들어와서 쓰는 외환이 들어온다. 문제는 모바일 환경인데, 일본은 스마트폰 보급률도 높지 않다. 미국 퓨리서치센터 2018년 보고서에 따르면 일본 성인의 스마트폰 보급률은 59%로 중국(68%)보다 낮다(한국은 94%). 스마트폰만 하나 들고 와도 결제가 가능할 수 있도록 일본은 알리페이 같은 핀테크를 도입하거나 그보다 더 빨리 결제할 수 있는 암호화폐의 도입을 고려할 수 있다.

소비자는 페이 결제를 빠르다고 느낄지 모르겠지만 실제로는 그렇지 않다. 예를 들어 커피숍에서 알리페이로 결제하면 소비자는 결제해서 커피를 받고 끝나지만, 커피숍은 국제 송금결제와 별반 다르지 않은 과정을 거치기 때문에 입금받는 시점은 한참 후다. 만약 암호화폐 코인 결제로 이 시간을 단축할 수 있다면 커피숍 사장은 1만 원을 결제한다면 오늘 바로 1만 원을 현금화할 수 있다는 이점이 생기기 때문에 암호화폐가 쓰이기에 좋을 것이다.

2019년 세계 경제가 힘들다면 가장 자금력이 풍부한 일본은 국제 금융 시장에서 촉매 국가가 될 것이다. 암호화폐 시장에서도 역시 마찬가지다. 2019년 개인투자자는 엔화, 금, 비트코인에 투자해야 할 것이다.

2장

거래소를 보면 시장 흐름이 보인다

CRYPTOCURRENCY

백트의 선물 출시를 기다리는 이유

2017년 말 비트코인 가격을 상승장으로 이끌었던 소식은 미국 CME(시카고상품거래소)와 CBOE(시카고옵션거래소)의 비트코인 선물先物거래 승인이었다. 비트코인이 하락과 횡보를 거듭하던 2018년을 보내면서 이번에는 사람들이 암호화폐 거래 플랫폼 백트Bakkt의 비트코인 선물상품 런칭을 기다리고 있다. 백트가 서비스 출시를 하려면 미국 CFTC(상품선물거래위원회)의 승인을 받아야 하는데, 미국 연방정부의 셧다운으로 인한 업무 정체로 백트 거래소의 세계 최초 현물에 기반한 비트코인 선물의 승인이 미뤄지고 있다.

백트는 세계 최대 증권거래소인 뉴욕증권거래소NYSE를 포함해 전 세계 23개의 증권거래소를 보유하고 있는 ICE(인터컨티넨털 익스체인지)가 마이크로소프트MS, 보스턴컨설팅그룹BCG, 스타벅스 등 12개

기관으로부터 1억 8,200만여 달러를 투자받아 설립됐다. 전문가들은 백트의 출현을 2018년 암호화폐 시장의 가장 큰 뉴스로 꼽는다. ICE는 증권 시장에서의 금융과 기술 인프라를 비트코인 선물 시장에서도 그대로 사용하기 때문에 대형 기관투자자 입장에서는 규제 바깥에 있는 바이낸스, 비트맥스 등의 거래소보다 선물거래를 하기에 더 믿을 만하다고 여길 것이다.

백트는 몇 가지 특징 때문에 기대감을 한몸에 받고 있는데, 그중 하나는 선물거래라 할지라도 물리적으로 실제 비트코인을 보유하고 있어야 거래가 가능하다는 것이다. 이름은 선물거래이지만 현물거래와 다름없기 때문에 가격 조작 의혹에서 벗어날 수 있으며, 실수요 확대로 이어질 것이 예상된다. 비트코인 가격 상승에도 상당한 영향을 줄 것이라는 뜻이다. 이것은 미국 증권거래위원회SEC의 승인을 기다리고 있는 비트코인 ETF가 실제로는 비트코인을 거래하지 않는 것과 다르다. CME와 CBOE의 비트코인 선물거래에서는 현금청산을 하기 때문에 실제 비트코인 가격에는 영향을 주지 않는다는 것과도 비교된다.

ICE가 우리에게 주는 비전은 비트코인에 대한 올바른 투자환경만 조성된다면 신규 투자자들이 암호화폐 세계에 대규모로 유입될 것이라는 확신이다. 그동안 대형 자산운용사들이 암호화폐 시장에 적극 뛰어들지 못한 원인으로 지적된 것은 두 가지가 부족하기 때문이다. '공식 거래소에서 트레이딩하는 것'과 '기관투자자들을 위한 안전한 디지털 자산의 보관'이 그것이다.

전 세계 암호화폐 거래소를 대상으로 한 해킹 사고가 끊임없이 나오고 있는 가운데, 미국 정부의 규제에 맞춘 검증된 거래소 백트의 등장으로 신규 투자자들의 유입을 이끌어낼 가능성이 높아졌다. 암호화폐 시장은 백트의 출현으로 비트코인 ETF 승인에 가속이 붙을 가능성이 커졌을 뿐 아니라, 그와 동시에 비트코인 ETF와 관계없이도 그에 비견하는 영향력을 끼칠 것으로 기대된다. 한 전문가는 "단순히 가격 변동에만 집착하던 과거와 달리 기업들은 실제 블록체인 응용 프로그램의 잠재력을 정확히 파악하게 될 것"이라고 분석했다.

/

비트코인의 간접투자, 선물거래

암호화폐 비트코인은 2018년부터 선물 시장을 중심으로 금융상품으로 거래되고 있다. 비트코인은 가격 변동성이 크기 때문에 위험성이 높다는 인식이 있는데, 이 위험을 관리하지 못하면 불안감 때문에 거래 규모가 큰 투자자는 시장에 유입되지 못한다. 2017년 12월 1비트코인의 가격은 1,400만 원대에서 2,496만 원까지 치솟았다가 다시 1,400만 원대로 내려왔으며 9월쯤에는 800만 원대를 유지하다가 2019년 1월 400만 원대를 횡보하고 있다. 현물 비트코인이 시세 하락으로 손해가 생기더라도 그 위험을 헤징hedging할 수 있다면 거래 금액이 큰 투자자들도 유입시킬 수 있을 것이다.

위험관리를 뜻하는 헤지는 처음에 농업 분야에서 유래했다. 농부들 입장에서는 수확한 곡물이 시장에서 얼마에 팔려나갈지가 중요했지만, 가격을 정확히 예상할 수 없었다. 그래서 농부들은 파종기에 미리 판매가를 확정하고 상인들은 그 수확물을 사는 일종의 선물계약(미래 일정 시점에 일정량의 특정 상품을 미리 정한 가격에 매매하기로 하는 계약)을 맺어 위험에 대비했다. 농부는 가격이 떨어지지 않게, 상인은 가격이 오르지 않게 선을 그어놓은 것이다. 둘 다 손실을 대비할 수 있었고, 모두에게 유리했다. 위험성을 감안하느라 투자가 위축되지 않도록, 열심히 일해서 자산을 축적할 수 있도록 동기부여가 됐다. 이후 세부규칙이 정해지고 어음교환소가 설치되는 등 선물계약이 제도화되면서 본격적인 선물 시장이 등장했다.

미국 시카고에서 1874년에 설립된 선물 시장에서는 상품의 거래가 일반적이었다. 그러다가 조건에 따라 권리행사 여부를 선택할 수 있는 새로운 개념의 선물, 옵션(주식, 채권, 주가지수 등 특정 자산을 일정 시점에 미리 정한 가격에 사거나 팔 수 있는 권리를 매매하는 거래)이 등장한다. 선물계약은 기존 자산에서 나온 것으로 파생상품이라 불린다.

선물거래는 불특정 다수가 참여하기 때문에 거래 상대방의 신용을 파악하지 못한 상태에서 매매가 이뤄진다. 선물거래 참여자가 안심하고 매매하기 위해 모든 거래의 계약이행을 보증해 줄 제3자가 필요한데, 이 역할을 하는 기관이 청산소이다. 우리나라의 경우에는 현재 한국거래소가 청산소 기능을 병행하고 있다.

선물거래는 현물거래와 달리 가격 하락에도 배팅할 수 있는 양방향 투자가 가능하다. 레버리지leverage를 써서 적은 돈으로도 투자를 할 수 있다. 이 때문에 2018년 전반적인 비트코인 현물가격의 하락에도 불구하고 선물거래량은 증가 추이를 보였다. 선물거래는 현물을 보유하고 있는 자와 현물을 보유할 예정이 있는 자가 가격변동에 대한 손실을 회피하거나 줄이기 위한 것이다. 현물 보유자는 현물이 가격하락 위험에 노출돼 있을 때 선물 시장에서 반대 포지션인 매도 포지션을 취할 수 있다. 가격하락에 따른 손실을 선물거래 이익으로 상쇄시키고자 하는 것인데, 이것이 헤지hedge다.

제도권 안에서의 비트코인 거래

백트의 설립자 제프리 스프레처 ICE 회장 부부는 월가의 금융 기업들이 안심하고 비트코인을 구입하고 거래하고 보관할 수 있도록 하는 것을 1차적인 사업 모델로 잡았다. 이 부부는 2014년부터 비트코인을 연구해 비트코인과 암호화폐가 국제 거래에서 빠른 결제 수단이 될 수 있다는 점에 주목한 것으로 보인다.

비트코인은 탈중앙화 화폐이지만(2018 전망 『비트코인 1억 간다』 참조), 백트의 목표는 규제기관의 감독 안에서 비트코인이 거래되게 하는 것이다. 많은 사람들이 백트의 출범이 지리한 하락, 횡보장의 끝을 의미하는 것으로 생각하고 있다. 기관투자자들의 자금이 암호화폐로 유입되는 견인차 역할을 할 것으로 보기 때문이다. 비트코인 ETF가 증권거래위원회의 승인을 받는 난관을 거치지 않고도 기관

투자자의 참여가 가능하다고 보는 것이다.

비트코인을 '디지털 금'이라고 말하는데, 경제위기가 올 때마다 비트코인 가격은 상승을 거듭해 왔다. 암호화폐는 전 세계에서 24시간 거래되는 시장이지만, 북한이나 이란에서는 만약 비트코인 가격이 폭등했다고 해도 경제 규모가 작고 그 나라의 화폐가치가 크지 않기 때문에 전체 시장에 반영되지는 않는다. 그러나 그것이 주류 경제나 전통적인 시장에서라면 이야기는 달라진다. 현재로서는 심각한 세계 경제위기가 온다 해도 비트코인과 암호화폐의 폭등하는 거래를 무리 없이 받아낼 수 있는 대형 거래소나 대형 시장이 존재하지 않는다. 그것을 풀어줄 해법은 백트 같은 대형 증권거래 플랫폼을 가진 곳이나 나스닥 같은 증권거래소에서 비트코인이 거래되는 것이다. 그래야만 언제든 경제위기 상황에서 달러 확보가 가능한 안전자산으로 비트코인이 확고하게 자리잡을 수 있다. 암호화폐 역사가 짧긴 하지만 경제위기 때마다 실제로 비트코인은 매수세가 강하게 나타나곤 했다.

백트의 강점은 막강한 파트너십에도 있다. ICE는 백트 설립을 위해 미국 내 최고 기업들, 마이크로소프트, 보스턴컨설팅그룹, 스타벅스 등과 파트너십을 체결하고 있다. ICE가 거래소의 틀을 잡고, 보스턴컨설팅그룹은 금융 컨설팅을, 마이크로소프트는 기술과 애플리케이션 등 ICT 기술을, 스타벅스는 전 세계 1,500만 명이 넘는 스타벅스 리워드(선불식 충전카드) 고객을 바탕으로 백트 구성에 일조할 것으로 보인다(4장 참조).

백트 같은 대형 거래소는 기관 자금이 안전하게 운용될 수 있는 유일한 수단이라고 할 수 있다. 기존의 인허가가 없는 거래소 또는 자본 규모가 작은 거래소에는 기관 자금의 유입이 불가능하다고 말해도 좋다. 백트, 비트코인 ETF, 나스닥 같은 대형 거래의 탄생은 코인 시장의 확장성을 의미한다.

지금까지 비트코인 선물 시장은 비트맥스Bitmex가 강자였다. 레버리지를 100배까지 사용할 수 있어서 투기 자금이 몰렸다. 10만 원만 있어도 1천만 원이 있는 것처럼 거래할 수 있다는 의미다. 비트맥스는 개인 위주의 투자가 몰리기 때문에 거래 규모에 차이가 있고 보안이나 가격 조작 위험은 없는지, 기관투자자 입장에서는 불안할 수밖에 없을 것이다. 바이낸스 역시 규제의 틀 밖에 있다.

백트는 기관투자자의 투자금을 보호할 수 있을 만한 거래 노하우와 기반을 갖고 있다. 다른 거래소와 다른 점은 해킹 문제가 있다거나 이상한 논리로 입출금을 안 해준다든가 하는 거래소의 문제들을 보완해 준다는 것이다. 다만 미국 CFTC의 승인이 떨어져야만 투자자들이 안심하고 거래할 수 있는 플랫폼으로서 탄생한다는 것이다.

암호화폐 직접투자를 하는 개인투자자는 실제로 백트의 선물상품 출시 후에 어떤 기관투자자들이 들어오는지 확인한 뒤 투자에 나설 필요가 있다. 예를 들어 JP모건, 골드만삭스 등이 암호화폐 관련 서비스를 하는지 확인된다면 호재를 확신할 수 있을 것이다. 한편 암호화폐 시장이 팽창한다는 부인할 수 없는 상황 속에서 제도권 안으로 진입하게됐다면 퇴출되는 잡코인들이 생겨날 것이라는 점을 감안해야 한다.

매일매일 청산하는 거대 거래소

지금까지 공개된 백트의 상품 설명에 따르면 백트의 비트코인 선물 거래는 만기가 하루다. 영국에서 거래되는 금 선물은 실물 거래 없이 현금 청산이기 때문에 거래량이 금 가격에 반영되지 않는 특징이 있다. 그러나 백트는 비트코인을 확보한 거래소가 실물을 가지고 매일 청산하는 선물 시장이기 때문에 거래량 확산에 큰 역할을 할 것이다.

선물거래를 통해서 매도 또는 매수 포지션을 선택함으로써 기관 투자자들은 가격 변동 위험을 회피할 수 있다. 크레이그 피롱 휴스턴대학교 경영학과 교수는 "숏 포지션(매도)은 비트코인 가격을 더 현실에 가깝게 만들 수 있다"고 말했다. 다만 기존 선물 시장과 다른 점에서 생겨나는 몇몇 문제점들이 제도권 시장 편입과 함께 해결돼야 할 과제이지만, 이것은 실물 인수도 방식으로 해결할 수 있다. 실제 현물의 수요가 늘어나고 매일매일 거래량이 늘어날 것이다.

또 하나 주목할 만한 사실은 백트의 오픈을 준비하고 있는 ICE가 리보LIBOR금리를 운영한다는 사실이다. 리보금리는 런던 금융 시장에서 신뢰도가 높은 은행들 사이에 단기 자금 거래에 적용되는 금리를 말한다. 원래는 영국은행협회BBA에서 관리해 왔지만, 영국의 상징적인 은행으로 평가받던 바클레이즈의 리보금리 조작 사건 이후 2014년부터 ICE가 리보금리의 관리를 맡게 되었다.

뉴욕증권거래소NYSE를 운용하고 있는 ICE는 런던 금 시장, 시카고 곡물 시장, 뉴욕 증권 시장을 움직일 숫자를 보유하고 있는 것이다. ICE는 미국, 유럽, 아시아, 캐나다 등 세계 전역에 12개 교환소를 운영하고 있고, 제도적으로 연결된 모든 금융자산들 중 가장 큰 거래 매매를 맺고 있다. 리보금리는 세계 각국의 국제간 금융 거래에 기준금리로 활용되고 있다. 기본적으로 하루에도 수십조, 수백조 달러가 왔다갔다 하는 파생상품에 대한 자체 금리를 책정하는 것이다. 백트의 오픈으로 인해 암호화폐 시장에도 상상 이상의 엄청난 자금이 들어올 수 있다는 점을 예측해 볼 수 있는 대목이다.

암호화폐 개인투자자들은 백트가 오픈하고 나면 반드시 일주일 동안 거래량이 얼마나 늘어나는지를 확인하기 바란다. 현재 시장이 펀더멘털이 약한 상황이기 때문에 가격 하락을 유도하는 숏 포지션(매도)만 취하는 건 아닌지 확인하라는 것이다. 거래량만 획기적으로 늘어난다면 포지션은 상관없어질 수도 있다.

현금 청산이 아니라 실물 인수도 방식

CME, CBOE는 청산일에 계약을 현금으로 정산한다. 실물 비트코인의 수요와 상관없이 매수할 것인가(롱 포지션), 매도할 것인가(숏 포지션) 정하는 것이다. 2017년 말 비트코인 선물 출시에 대한 기대감만으로 암호화폐 시장이 과열되자, 막상 선물거래가 시작되고 기관투자자들은 가격이 너무 과열됐다는 판단하에 일제히 숏 포지션을 취했다. 선물 시장 가격이 떨어지면서 현물 시장에서도 가격 하락이 동반됐고 시장은 지금까지 침체 일로를 걷고 있다.

백트는 현금결제 방식인 CME나 CBOE와는 달리 실물 인수도 방식으로 선물을 상장할 계획이다. CME와 백트의 비트코인 선물거래가 갖는 의미는 분명 다르다. CME는 100년 이상의 역사를 가진 세계 최대 거래소 중 하나이지만, 기존에 존재하던 선물 시장에 비트코인 선물상품을 추가한 것뿐이다. 반면 백트는 암호화폐 선물거래를 위해 거래소를 새로 만드는 것이라는 점에서 시장에 던지는 기대감의 무게가 다르다.

비트코인 선물거래에서 실제 비트코인을 보유해야 한다는 것은 가격조작 의혹에서 벗어나는 가장 좋은 방법이다. 실제로 물리적으로 비트코인을 보유한다는 점은 마진거래와도 비교된다. 마진거래는 레버리지leverage를 이용하는 것인데, 한마디로 빚(부채)을 내서 투자하는 것이다. 거래소는 자체적으로 비트코인을 일정 물량 가지고 있는데, 400만 원밖에 없는 어떤 사람이 가진 돈보다 더 많이 거래하고 싶으면 마진거래를 할 수 있다. 1BTC에 400만 원인 비트코인을 4개도 살 수 있다. 2018년 비트코인 마진거래는 하락장에서도 수익을 낼 수 있다는 점에서 투자자들을 끌어당겼다(돈을 빌려 코인을 공매수할 수도 있고, 코인을 빌려 즉시 공매도를 할 수도 있다). 현물 시장에 대한 기대감이 약해지면서 투자자들이 파생상품 쪽으로 눈을 돌렸기 때문이다.

한편으로는 선물거래가 매일 청산이 이루어지면 가격 변동성에 대한 위험 회피 수단의 역할을 하기에는 다소 무리가 있다는 지적도 있다. 그러나 백트는 실물을 보유하는 것으로 의혹을 벗어나려고 하는 것 같다. 어느 업계 관계자는 "백트가 선물거래소로 출범한 이유는 현물거래소로는 규제 하에서 수탁, 결제, 실시간 출금이 이루어지는 거래소로 만드는 것이 아직 어렵기 때문"이라고 말하기도 했다. 만기가 하루짜리인 선물거래 상품을 만들어 기존의 거래소들보다 안전한 '사실상의 현물거래소'가 되도록 역할을 정한 것이라는 분석이다.

토큰의 증권화는 금융의 미래

암호화폐 투자자라면 코인을 저점에서 구매해 고점에서 파는 직접 투자도 하겠지만, ICO(코인 공개)에도 관심이 많을 것이다. 기존의 기업공개[IPO] 방식과 비교하면 비용이 저렴하고 빠른 현금화가 가능한데, 최근에는 증권형 토큰 공개[STO]가 주목받고 있다. 만약 미국에서 공개되는 토큰이 증권형이라면 미국 금융감독원[FINRA]과 증권거래위원회[SEC]에 의해 면밀히 감시되기 때문에 발행기업과 투자자가 모두 보호되어 안전하다고 할 수 있다.

2018년 10월에 발표된 「모건 스탠리 보고서」에 따르면 2017년에 진행한 약 64%의 ICO들이 잠재적으로 실패했다고 한다. 이것은 1년 이내 스타트업 기업이 실패할 확률 25%보다 훨씬 높은 확률이다. 사기나 다름없는, 엔젤투자자라고 하기에도 민망한 사람들이 벤처캐피탈VC이라는 이름으로 ICO에 뛰어들기도 했는데, 저렴한 가격에 토큰을 구입한 뒤 마케팅 회사를 이용해 대단한 코인이 등장한 것처럼 분위기를 조성하고 공동구매를 통해 마치 할인상품인 것처럼 개인에게 판매하는 경우도 있었다. 또 의도적으로 가격을 올리는 펌핑이 성행했고, 사업계획서에 해당하는 백서white paper를 보더라도 너무 추상적이거나 너무 먼 미래의 일이어서 기술적으로 훌륭한 코인인지 실제 쓰일 수 있는 것인지 알아보기가 힘들었다.

그동안 ICO 투자자들은 어떤 보호장치도 가지지 못했다. 100배, 1000배 상승을 꿈꾸며 투자에 참여한 코인이 상장을 했는데도 잡거래소에서 잡코인으로 취급받다가 언제 없어질지 모르는 운명 앞에 있는 경우도 많을 것이다. 증권형 토큰을 공개하는 STO는 금융당국의 규제, 감시 하에 들어가야 하는 일이긴 하지만, 그만큼 합법적으로 보호받을 수 있는 기준을 갖게 되는 것이라 암호화폐 시장을 키울 수 있는 또 다른 대안으로 여겨져 주목받고 있다.

STO에 해당하는지 판단하려면 해당 암호화폐가 유틸리티 토큰인지 증권형 토큰인지 구분할 수 있어야 한다. 유틸리티 토큰은 보유하거나 지불함으로써 그 회사 제품과 서비스를 이용할 수 있다. 발행 주체의 수익 보장이 없어야 하며, 오직 수요 공급의 법칙에 따라 가격이 형성돼야 한다. 반면 증권형 토큰은 블록체인 기반일 뿐 실제로는 유가증권과 같다. STO 투자자들은 회사의 지분, 부채, 배당금을 제공받을 수 있다. 여기에는 사실 해석이 애매한 부분이 있어서 모두들 금융당국의 가이드라인을 기다리고 있는 것이다. 대체로 비트코인과 이더리움은 증권이 아니라는 의견이 지배적이지만 리플은 증권이냐 아니냐를 두고 계속해서 논란이 되고 있다.

토큰이 '증권'이라면 곤란하다?

1946년 미국 연방대법원이 증권인지 투자계약인지 판결하기 위해 사용한 기준인 하위테스트Howey test에 따르면, 네 가지 요건을 동시에 만족시키면 유가증권으로 분류할 수 있다.

첫째, 돈을 투자했다. ICO를 하는 회사들은 그것이 투자로 여겨지길 바라지 않지만, 토큰 소유자들에게 배당금 같은 보상을 제공한다면 투자로 간주될 수 있다. 가스GAS를 배분해 주는 네오NEO도 증권형 토큰이 될 수 있다.

둘째, 투자수익이 기대된다. ICO에 참여하는 사람들은 수익 실현을 목표로 하는 경우가 대부분일 것이다. 투자수익을 낼 수 있다고 광고하거나 바로 사용할 수 없는 토큰을 ICO로 사전에 미리 판매한다면 STO로 분류되어 증권법 위반이 될 수 있다. 그러나 즉시 사용 가능한 토큰을 판매하는 것이라면 유틸리티 토큰이 될 것이다.

셋째, 투자한 돈이 공통의 목표를 가진 회사에 있다. ICO에 투자할 때 비트코인, 이더리움 등으로 지불한 코인은 프로젝트 연구개발, 운영, 마케팅 등에 사용된다. 그러므로 ICO 참여자들은 공동기업의 투자자가 된다.

넷째, 투자자가 아닌 발기인이나 제3자의 노력으로 수익이 발생한다. 투자자들이 네트워크에 참여함으로써 경제적 이익이 발생하는 경우도 있고, 대량 토큰을 소지한 기관투자자와 채굴자들이 발기인보다 가격에 더 큰 영향을 줄 수도 있다.

아직 ICO 가이드라인이 구체적으로 발표되지 않은 시점으로 보면, 미국은 ICO로 제공하는 모든 토큰을 증권으로 간주할 수도 있다. 재산 가치가 포함돼 회사 지분과 이익 분배 등에 사용되는 토큰은 자산형 토큰, 즉 증권형 토큰으로 분류하고 증권법에 따라야 한다. 이에 따라 ICO 전에 프리세일을 통해 배분되는 토큰은 증권에 해당된다. 또 자산형 토큰이 아니어도 프리세일 단계에서 토큰을 직접 제공하지 않고 추후 토큰을 지급받을 권리만 부여할 경우 토큰의 성격과는 무관하게 증권으로 해석될 수 있다.

토큰이 증권에 해당되는 경우, 발행업체는 증권법에 따라 발급된 무기명 증권의 발행번호와 채권자 신원 등 세부사항을 기록해야 한다. 사업설명서 제출을 요구받을 수도 있다. 또 추후 토큰 지급을 약속하는 행위는 상환 의무가 있는 부채를 가진 것과 같아 은행법에 따라 라이선스가 필요하다. 그리고 ICO에서 모금한 자금을 제3자가 관리할 때, 제3자는 집합투자로 간주돼 사전에 협의된 수수료만 받을 수 있다.

만약 코인이 증권이라 분류된다면 증권법의 범주에 들어가 기존 암호화폐 거래소에서는 상폐가 돼야 한다. 증권법 라이선스를 받은 거래소가 없다면 코인은 사라질 수밖에 없다. 미국의 암호화폐 거래소들이 증권을 거래할 수 있는 자격을 갖춘다면 증권법에 의해 관리되면서 자신들만 상장이 가능한 우량 코인도 거래할 수 있을 것이다. 그렇다면 어떤 식으로든 엄청난 영업이익으로 돌아올 것이다. 증권이라 함은 재산적 가치가 있는 문서다. 디지털 자산이 가치가 상승한다면 회사의 자산 가치도 같이 성장할 것이고 그렇다면 증권법으로 분류가 가능하다.

2017년 12월 라이트코인의 창시자 찰리 리는 라이트코인LTC을 전량 매도함으로써 증권형 토큰이 될 위험성을 배제하려고 했다. 이것은 코인을 모두 시장에 매각함으로써 시장이 코인의 가치를 매길 수 있도록 완전히 시장경제에 맡긴 시도라고 볼 수 있다. 개발자가 코인을 보유하거나 시장에 풀어내거나 하면서 수요와 공급을 인위적으로 만들지 않고 시장 논리대로 풀어보겠다는 것이 바로 찰리 리가 말한 의도다. 코인 개발자나 단체가 수익이 나지 않으면 증권법을 피해갈 수도 있다. 라이트코인이 오르더라도 코인 개발 진영에서는 수입이 없기 때문에 이윤을 추구하는 기업의 범주에 들어가기 힘들다.

같은 맥락에서 리플이 코인베이스에 상장하기 힘든 것은 바로 개발자의 물량이 많고(증권법에 저촉될 여지가 있다), 코인 가격이 오르면 기업의 가치도 올라갈 수 있기 때문이다. 그것이 바로 지불 · 송금형 코인인데도 불구하고 증권법 이야기가 자꾸 나오는 이유다. 리플이 화폐의 개념으로 쓰인다면 증권법에 적용되기는 힘들겠지만, 리플 송금 시스템이라는 시스템의 가치 상승은 결국 이윤을 추구하는 기업의 범주에 들어갈 수 있다. 그것이 바로 리플을 하드포크해서 만든 스텔라루멘을 비영리단체가 운영하는 이유이고, 코인베이스에 스텔라루멘은 상장됐어도 시가총액(총 발행량×코인 가격) 탑5 안에 드는 리플은 상장되지 못한 이유다.

/

증권형 토큰 거래가 가능한 플랫폼

만약 증권형 토큰을 거래할 수 있는 거래소가 없는 환경에서 증권형 토큰으로 판정받는다면 절대 불리한 위치에 있다고 봐야 한다. 그러나 2018년 코인베이스, 비트플라이어, 제미니, 폴로닉스 등 많은 암호화폐 거래소들이 증권형 토큰을 거래할 수 있는 라이선스를 취득하기 위해 동분서주했다. 상장시킨 토큰이 증권에 해당한다고 판정받는다 하더라도 거래를 계속할 수 있도록 미리 준비를 하는 과정이었다고 할 수 있다(증권법 라이선스가 없는 거래소라면 증권형 토큰으로 관리 대상이 된 종목은 모두 상폐시켜야 한다). 증권형 토큰을 거래할 수 있다면 금융당국의 통제 하에 증권법이 적용되고, 기관투자자들의 대형 자금이 들어와 투자를 진행할 수 있는 환경이 조성된다. 또 기존 증권거래소에서 증권형 토큰을 거래할 수 있는 환경이 만들어진다면 그것 또한 암호화폐 시장을 키울 수 있는 호재가 될 것이다.

미국 최대 암호화폐 거래소인 코인베이스는 키스톤 캐피탈 등 증권거래 업체 여러 곳에 대한 인수 승인을 받았다고 발표하기도 했다. 증권형 토큰을 제공할 수 있는 토대를 마련하기 위한 계획인 것이다. 빗섬을 운영하는 비티씨코리아는 미국에 증권형 토큰 거래소를 세우기 위해 미국 핀테크기업 시리즈원SeriesOne과 계약하기도 했다. 실물자산을 기반으로 하지 않는 유틸리티 토큰보다 유동성이 큰 증권형 토큰의 장점을 활용하겠다는 것이다. 세계 최대 거래량을 자랑하는 바이낸스Binance는 몰타증권거래소와 증권형 토큰 거래 플랫폼을 구축하기 위해 협력한다면서 본사를 홍콩에서 몰타로 이전한다고 발표했다. 전통 금융자산과 블록체인 기술의 조화를 시도할 수 있다는 설명이었다. 전자상거래 기업도 이 대열에 합류했는데, 2014년 세계 최초로 비트코인 결제를 도입한 쇼핑몰인 오버스톡이 블록체인 기반의 증권형 토큰을 거래하기 위한 플랫폼 '티제로tZERO'를 2019년 1월 공식 오픈했다. 암호화폐 시장의 월가를 지향하는 티제로의 주요 주주는 조지 소로스다.

그동안 리플XRP과 스텔라루멘XLM이 여러 가지 루머에 휩싸여 왔지만, 2019년부터 많은 제도화가 이뤄진다면 결국은 상장 폐지되거나 성장성에 큰 문제가 생길 가능성은 아주 낮아질 것이다. 찰리 리가 라이트코인을 전량 매도한 것처럼 만약 리플 역시 개발자들이 물량을 털어낼 생각을 한다면, 당연히 고점에서 매도하기를 원할 것이다. 그럴 경우 리플은 큰 상승이 올 가능성이 있다. 그러나 증권형 토큰 거래 인허가를 받아낸 거래소가 생겨나기 시작하면서 개발자들이 물량을 소진하지 않고 홀드hold를 유지할 가능성이 커졌다.

한편, 증권형 토큰을 쉽게 발행할 수 있도록 STO 플랫폼을 처음 시도한 코인은 폴리매스Polymath다. 전통적인 주식, 채권, 부동산 등의 금융자산을 블록체인 기반으로 관리하고 거래하기 위한 암호화폐다. 금융과 블록체인을 연결해 주는 플랫폼으로 증권형 토큰의 기본 프레임워크를 제공하는 데 도움을 주는 폴리POLY를 런칭했다. 총 발행량은 10억 폴리이고, 2019년 1월 26일 현재 시가총액 순위 75위다.

유틸리티 토큰이냐, 증권형 토큰이냐

암호화폐가 제도권으로 들어가기 위한 노력의 일환으로 STO는 더 확산될 수도 있다. 암호화폐와 달리 증권이라면 이미 각 국가가 충분히 규제하고 있는 영역이다. 우리나라도 자본시장법으로 법률이 갖춰져 있다. 진대제 블록체인협회 이사장은 암호화폐 코인을 캐서 상장하는 ICO 과정은 주식과 비슷하다며 암호화폐도 자본시장법 테두리 안에서 관리해야 한다는 인터뷰를 한 적이 있다. 어느 전문가는 증권형 암호화폐가 금융의 미래라고 말하는 경우도 있었다.

크립토밸리를 조성해 암호화폐 생태계 구축에 나선 스위스 금융당국FINMA은 암호화폐를 지불형, 유틸리티형, 증권형으로 분류하는데, 그중 증권형은 다시 지분형, 채무형, 펀드형으로 분류할 수 있다. 채무형 암호화폐는 유사수신행위에 해당할 수 있기 때문에 주의가 필요하다. 또 펀드는 돈을 투자하고 그 돈을 운용하는 사람이 자금을 잘 운용할 것이라고 기대하는 금융상품인데, 암호화폐를 소유하는 것만으로 이익이 배당된다면 펀드로 취급될 수 있다. 따라서 지분증명POS 방식으로 채굴되는 암호화폐가 단순한 지분증명만으로 추가로 암호화폐가 제공된다면 펀드로 간주될 수 있다. 암호화폐 소유 비율대로 추가적인 혜택이 지급되는 경우 펀드와 유사하게 취급될 수 있으므로 무료로 코인을 지급하는 에어드롭도 증권형 토큰의 근거가 될 수 있다.

미국 금융당국의 경우에는 스위스와는 다른 방식으로 ICO를 규정한다. 미국 증권거래위원회에 따르면 많은 ICO는 금융투자상품에 해당한다. 향후 수익이 날 것이라고 예측하고 투자하는 상품이고 아직 실현되지 않은 상품을 대상으로 판매하기 때문이다. 비트코인이나 이더리움처럼 이미 개발되어 구입 즉시 사용할 수 있다면 금융투자상품이 아닐 수도 있지만, 대부분의 ICO는 금융투자상품이고, 증권에 해당한다. 확실한 가이드라인이 나오기 전까지 미국의 기준으로는 이미 대부분의 ICO는 STO인 것이다. 따라서 미국에서의 ICO라면 대부분 증권거래법에 따라 진행해야 한다. 투자자 보호를 위한 공시 의무를 지키고 제3자를 통해 재무제표도 공개해야 한다.

미국 금융감독원FINRA에서는 토큰의 활용 목적과 성격에 따라 지불형, 유틸리티형, 자산형으로 토큰을 분류한다. 지불형 토큰은 비트코인처럼 상품이나 서비스의 결제 수단으로 사용되며 '자금세탁방지법' 적용을 받는다. 유틸리티형 토큰Utility Token은 교환 수단이 아니라 블록체인에 기반해 특정 애플리케이션이나 서비스를 이용하기 위해 사용되는 것으로 증권법 규제 대상이 아니다. 자산형 토큰은 바로 증권형 토큰Security Token인데, 배당금처럼 향후 성공 여부에 따라 투자자에게 수익을 배분해 주는 것으로 주식, 채권과 유사한 기능이 있는 셈이다. 그래서 증권법 규제 대상이 된다.

증권형 토큰 발행 기업은 증권거래위원회에서 ICO와 관련된 모든 정보를 공개하고 등록 심의를 거쳐야 한다. 심의를 통과해 ICO를 마친 후에 거래소 상장까지 이어졌을 때는 토큰을 상장시킨 거래소까지 감시 대상이 된다. 증권법은 상당히 까다롭기 때문에 신생기업들 중에는 ICO 도중에 사업 중단을 선언하기도 하는데, 어떤 기업들은 증권형 토큰을 발행하면서 유틸리티 토큰인 척 위장하기도 한다.

증권거래소에서 비트코인을 거래한다?

세계 2위 증권거래소 미국 나스닥NASDAQ이 새로운 증권형 토큰 플랫폼을 설립한다는 이야기가 흘러나왔다. 이 플랫폼을 통해서 증권형 토큰을 발급하고 거래할 수 있으며, 기업들은 이곳에서 블록체인 기반 토큰을 발행해 자금을 모을 수 있다. 적법한 규제 환경에서 STO를 진행한다는 이야기다. 물론 이곳에 상장을 신청하는 회사들은 일반적인 증권거래소 상장기업처럼 규제 절차에 따라 철저한 조사를 받을 것이다. 암호화폐 거래가 조만간 완전히 합법적 테두리 안에서 거래될 가능성이 있다고 전망해 볼 수도 있다.

암호화폐는 사고 팔기 때문에 차트는 있지만 아직 실물경제가 반영된 것은 아니다. 현재는 장외거래 파생상품 정도로 볼 수 있는데, 제도화된 현물 경제에서 보면 형성도 안 된 시장이다. 2019년에 만약 유럽 경제위기로 인해 파운드화, 유로화가 절하된다면, 그들이 타계책으로 꺼낼 수 있는 카드는 금융과 연계해서 발달할 수 있는 시스템을 활용하는 것이다. ETF(상장지수펀드), ELS(주가연계증권) 같은 금융투자상품을 만들어서 팔 수 있는 환경을 확장하려고 할 것이다. 그중 암호화폐는 금융자산 산업군에 편입될 수 있는 새로운 자산 시장이다.

암호화폐 전문 매체 〈코인텔레그래프〉에 따르면 유럽 동부 내륙 국가인 벨라루스Belarus에서 토큰화된 주식과 금을 거래할 수 있는 플랫폼이 등장했다고 한다. 암호화폐로 주식, 금, 외환 등을 거래할 수 있으며 기존 금융상품과 매치된 150여 종의 토큰이 발행됐다고 한다. 아마존, 구글, 삼성 같은 기업의 주식을 토큰화해서 거래할 수 있는 시스템이 구축된 것이다. 토큰화된 증권 거래를 할 때 2023년까지는 세금도 면제된다. 이처럼 유가증권도 디지털 자산에 편입될 가능성이 커지고 있다.

주식은 매도한 뒤에 송금받거나 환전하는 데 2, 3일 시간이 걸린다. 그러나 암호화폐로 토큰화해서 간편하게 만들어놓으면 주문부터 송금까지 매도 처리가 바로 완료된다. 자산 매각을 더 빠르게 할 수 있기 때문에 토큰화된 증권은 쓰임새가 크다. 유가증권을 매각 후 바로 현금화해서 집을 사든 차를 사든 등록금을 내든 할 수 있다면, 그것은 혁신적인 것이다.

증권형 토큰이 확장된다는 것은 암호화폐 거래가 증권거래소나 은행으로 통합될 가능성이 있음을 시사하는 것이다. 주식을 증권사에서 거래하듯이 암호화폐를 증권사에서 거래하는 모습을 곧 볼 수 있을지도 모른다. 그리고 은행은 앞으로 모바일은행이 강해지면서 오프라인 창구는 없어진 채로 온라인 업무만 보는 곳으로 바뀔 수도 있다. 금산金産분리법에 따라 산업자본의 금융자본 소유는 허가하되 은행자본 소유는 금지하는 은산銀産분리 원칙이 사실상 기로에 놓여 있지 않나 생각한다.

그들은 왜 인덱스를 만들까

암호화폐 시장은 다른 자산 시장과 확연히 다른 점이 있다. 다른 투자 시장은 기관부터 투자를 시작해 버블이 생기는 순서였다면, 암호화폐 시장은 개인 소자본부터 시작해 사업이 확장되기도 전에 버블이 생겨났다. 아직 기관투자는 시작도 안 됐는데도 자산 시장이 열린 특이한 형태다. 1995~2000년의 IT 버블(닷컴 버블)과 비교해 보면, 증권거래소에 IT기업이 상장되고 기관투자자들이 버블을 만들어냈다는 점과 비교된다. 주식 시장 같이 법 테두리 안에서 허가된 기관에 암호화폐가 상장된 사례는 아직 없는데 버블부터 생겨났다. 2008년 제네시스 블록이 처음 생겨난 이래 10년의 역사 동안 역사적 이해도 하지 못한 채 일반 투자자들이 모여들었다.

게다가 처음부터 전 세계를 상대로 출시된 자산 시장은 아직까지는 없었다. 구글은 미국 증권거래소에 상장되어 있기 때문에 코스피나 니케이에는 없다. 하지만 비트코인, 이더리움은 세계 어느 시장에도 있다. 패러다임이 전혀 다른 시장이 형성된 것이다.

하락과 횡보를 반복하던 2018년에 나타난 또 다른 현상은 인덱스index(지수) 출시가 활발했다는 것이다. 투자자들에게 상품을 노출하고 적절한 투자지표를 제공하기 위해 블룸버그, 코인베이스 등의 인덱스 출시가 활발했다. 이 현상은 인덱스 펀드의 출시를 앞둔 것이라고도 해석할 수 있는데, 인덱스 펀드는 지수의 움직임에 맞춰 수익률을 제공하는 펀드다. 많은 사람들이 돈을 모아서 전문가인 펀드매니저에게 주면 개인이 직접투자를 하는 것보다 더 안전하게 투자를 하고 이익을 나눠 갖는 원리인데, 투자를 할 때는 인덱스에 편입된 종목에 투자하는 것이 된다. 만약 비트코인과 이더리움을 50%씩 반영해 지수로 묶은 인덱스 펀드에 100만 원을 투자했다면 비트코인 50만 원, 이더리움 50만 원씩 코인을 산 것이 된다. 다양한 종목에 분산투자하는 것이기 때문에 위험을 줄일 수 있게 되는 것이다.

헤징 수단의 등장, 인덱스 상품

암호화폐는 사실 장외거래 파생상품 정도로 볼 수 있는 것이기 때문에 1991년에 골드만삭스가 출시한 상품지수GSCI를 떠올리게 한다.

처음에 골드만삭스가 개발해서 발표한 인덱스이지만, 2007년 스탠더드 앤드 푸어스S&P가 이것을 인수했기 때문에 현재 명칭은 'S&P GSCI(골드만삭스상품지수)'로 되어 있다. 원유, 천연가스, 밀, 옥수수, 커피, 알루미늄, 구리, 니켈, 금 등 총 24개 원자재(농산물은 8개)로 되어 있으며, 최근 5년간의 전 세계 생산량을 기준으로 원자재별 가중치가 부여된다. 여기서는 에너지 관련 원자재 비중이 78.65%로 상당히 높다. 원자재 상품 시장에서 투자수익률의 벤치마크로 투자자들이 널리 활용하고 있는 신뢰도 높은 지수다.

GSCI가 처음 나왔을 때도 소고기, 돼지고기, 양고기, 밀, 커피, 설탕 등 농산물 선물 거래량이 줄어들고 있던 때였다. GSCI가 발표되기 전까지 시카고상품거래소는 개별 선물상품만을 거래하고 있었다. 그런데 월가에 골드만삭스가 상품지수를 들고 등장하자 주식과 채권에 대한 헤지 수단을 찾고 있던 펀드 매니저들이 두 눈을 동그랗게 뜨고 환영한다. GSCI가 발표된 뒤 보험 회사나 뮤추얼펀드(주식회사 방식으로 운영되는 펀드) 회사 같은 기관투자자들도 거래소에 몰려들기 시작했다.

지금의 암호화폐 시장도 이와 비슷한 상황이라고 할 수 있다. 개개의 암호화폐를 거래하지만 시장이 침체돼 있고, 투자한 만큼의 헤지 펀드를 원하는 사람들은 차고 넘친다. 그들은 소중한 투자금에 대한 위험을 반감해 줄 수 있는 그 무언가를 찾고 있는 것이다.

인덱스는 특정 시장을 그대로 복제한 주식, 증권, 상품, 채권, 기타 투자의 집합체다. 예를 들어 비트코인, 이더리움, 리플, 라이트코인,

이더리움클래식을 묶어서 '코인탑5인덱스 펀드' 같은 식의 상품이 나온다면 시장의 수요는 상당할 것이다. 만약 '암호화폐 시장이 오른다'에 배팅하는 인덱스 상품이 나온다면 나 또한 무조건 살 것이다. 단기적으로 보면 오르락 내리락 하는 건 있을지 몰라도 결국엔 모든 금융자산은 우상향하니까 말이다. 적어도 최초 1, 2년 수익률은 상당할 것이다. 결국 인덱스 상품은 암호화폐 시장을 제도권 안으로 진입시키는 데에도 상당한 역할을 할 것이다. 증권거래소, 은행 등에서 암호화폐 인덱스 펀드를 팔게 될 날도 멀지 않았을지 모른다.

블룸버그와 월가 억만장자가 손잡다

블룸버그는 금융 시장의 뉴스와 데이터에 관한 분석정보를 제공하는 미국의 미디어 그룹인데, 2018년 5월 BGCI(블룸버그갤럭시크립토인덱스)를 출시했다. BGCI 지수는 시가총액 가중방식을 통해 비트코인BTC, 이더리움ETH, 리플XRP, 비트코인캐시BCH, 이오스EOS, 라이트코인LTC, 대시DASH, 모네로XMR, 이더리움클래식ETC, 지캐시ZEC 등 10개 암호화폐의 성과를 추적한다. 가치 저장, 교환 매체, 스마트 컨트랙트 프로토콜, 개인 정보 자산 등 다양한 분야에 속한 암호화폐들을 골라 지수 구성을 했다고 한다. 지수를 구성하는 비중은 비트코인 30%, 이더리움 30%, 리플 14.14%, 비트코인캐시 10.65%, 이오스

6.11%, 라이트코인 3.77% 등으로 되어 있다.

이러한 인덱스는 시장의 전반적인 추세를 알 수 있게 해줄 것이며, 투자자들이 더 넓은 시장에서 자신들의 투자 실적을 평가할 수 있도록 투명한 기준을 제공할 것이라고 평가되었다. 블룸버그와 함께 BGCI 지수를 개발한 갤럭시 디지털캐피털 매니지먼트의 설립자 마이클 노보그라츠는 "암호화폐에 대한 제도적 수용에 있어서 인덱스는 핵심 요소"라고 말하기도 했다. 암호화폐 시장에 기관투자자들이 본격적으로 들어올 수 있는 계기가 된다는 것이다.

마이클 노보그라츠는 골드만삭스 출신의 헤지펀드 매니저로 2007, 2008년 《포브스》가 선정한 억만장자 순위에 오르기도 한 인물이다. 월가에서는 그를 부르는 수식어가 여러 가지가 있는데, '헤지펀드의 전설'이라 불리던 그는 최근에는 '암호화폐 아버지', '비트코인 무당'이라는 말로도 불리고 있다. 2018년 초에는 "갤럭시가 암호화폐와 블록체인 업계에서 기관투자자들을 대상으로 한 최고 수준의 종합 서비스를 제공하는 은행을 설립할 계획"이라고 밝히기도 했다.

/

UBCI, 업비트가 인덱스 펀드를 판다?

한국에서는 다양한 인덱스로 암호화폐 시장 전체의 흐름을 한눈에 볼 수 있는 UBCI(업비트암호화폐지수)가 2018년 5월 업비트에서 출시됐다. 4가지 인덱스로 설계됐는데, 시장의 대표적인 표준 인덱스를 제공하는 마켓 인덱스Market Index 7종, 테마 투자를 위한 테마 인덱스Theme Index 36종, 전략 · 계약 투자를 위한 전략 인덱스Strategy Index 2종, 그리고 대표가격과 파생상품을 위한 레퍼런스 인덱스Reference Index가 그것이다.

빗섬에서는 BTMI(빗섬마켓지수)와 BTAI(빗섬알트코인마켓지수)를 출시했다. BTMI는 암호화폐 시장의 가격 추이를 종합적으로 나타내는 지수로, 빗섬에 상장된 모든 암호화폐 가격의 움직임을 시가총액 가중방식으로 산출한다. 또 BTAI는 비트코인을 제외한 다른 암호화폐들의 시장 가격 추이를 나타내기 위해 산출되는 지수로, 빗섬에 상장된 모든 알트코인 가격의 움직임을 시가총액 가중방식으로 실시간 산출한다.

암호화폐 거래소가 인덱스를 만드는 것은 앞으로 인덱스 펀드를 팔겠다는 것으로 이해해도 될 것이다. 그게 가능하려면 금융업을 할 수 있도록 인허가를 받아야 하는데, 업비트나 빗섬의 추후 행보를 가늠해 볼 수 있는 대목이다. 제미니, 코인베이스, 비트스탬프 등의 암호화폐 거래소가 보이는 행보와 같은 맥락으로 해석할 수 있다. 그중 비트스탬프는 영국에서 금융 라이선스를 받은 최초의 거래소다.

업비트나 빗섬은 앞으로 코인을 묶어서 투자상품을 만들어낼 수도 있을 것이다. 제도권 금융으로 들어가 간접투자를 활성화시킬 수도 있는 것이다. 현재 한국이나 중국은 직접투자밖에 없는데, 인덱스 펀드 출시가 가능해진다면 시장으로 자금 유입이 되는 역할을 할 것이고, 시가총액을 획기적으로 높일 것이다.

우리나라와 달리 서방 국가에서는 금융의 80%가 간접투자로 이루어진다. 직접 증권거래소에 들어가서 매수매도를 하는 모습은 보기 힘들다. JP모건이나 골드만삭스 같은 전문 자산운용사에 돈을 맡기고 그들은 수수료를 받는다. 앞으로 암호화폐 시장에서는 인덱스 서비스를 할 수 있는 기관들이 주목받을 것이라는 점을 예상해 볼 수 있다. 암호화폐 5대 코인만 묶어서 투자할 수 있는 상품도 접하게 될지 모른다. 많은 암호화폐 전문가들이 5대 코인을 주목하라고 자주 언급하는 것과 맥을 같이 한다.

제미니 인덱스와 비트코인 ETF

암호화폐 거래소 제미니Gemini는 라틴어로 '쌍둥이'라는 뜻이다. 영화 '소셜 네트워크'에 등장하는 쌍둥이 형제 타일러 윙클보스과 카메론 윙클보스는 마크 저커버그와의 소송으로 유명하다. 그들은 저커버그가 자신들의 아이디어를 도용해서 페이스북을 만들었다는 사실을 밝혀내 보상금을 받았고, 2013년 그 돈으로 윙클보스캐피탈을 설립해 비트코인 1,100만 달러어치를 사들였다. 지금은 그 가치가 20배에 달하는 것으로 알려져 있다.

2018년 12월에 출시한 CBOE의 비트코인 선물 거래XBT는 미국 달러화로 표시되는 제미니 사의 비트코인 입찰거래 가격에 기초해 현금 결제되는 선물이다. 거래승수는 1비트코인으로 하는데, 최대 투자물량은 5천 계약으로 제한하고 있다. CME의 비트코인 선물 가격은 비트코인 거래소 4곳을 기준으로 산정하는 데 반해, CBOE의 비트코인 선물은 제미니 한 곳으로 할 수 있었던 것은 제미니가 2015년부터 GXBT(제미니비트코인지수)를 만들었기 때문일 것이다.

암호화폐 직접투자를 하는 사람이라면 아주 평범한 진리를 기억할 필요가 있다. 가격이 많이 내려갔다면 사야 할 때이고, 가격이 많이 올라갔다면 팔아야 할 때라는 것이다. 2018년처럼 하락장에서 횡보하고 있다면 인덱스 펀드가 올라갈 절호의 기회라는 것을 말해준다. 발빠르게 인덱스 작업을 해왔던 제미니는 2018년 증권거래위원회에 비트코인 ETF 승인을 요청하기에 이른다.

ETF(상장지수펀드)는 특정 주가지수에 따라 수익률이 결정되는 인덱스 펀드를 주식처럼 사고팔 수 있게 증권 시장에 상장한 것으로, 인덱스 펀드와 비슷하면서 다르다. 나스닥, S&P500, 다우지수 같은 것은 인덱스이며, 인덱스 펀드는 증권 시장의 장기적 성장 추세를 전제로 주가지표의 움직임에 연동되게 포트폴리오를 구성해서 운용하는 펀드로, 시장의 평균수익을 실현하기 위한 것이다.

지금까지 디렉시온Direxion, CBOE, NYSE 아르카 등 비트코인 ETF의 승인을 신청한 곳이 여럿 있는데, 제미니는 기각 결정을 통보받고 ETP(암호화폐 상장지수상품)에 대한 특허를 받은 뒤 재검토를 요청하는 과정을 택했다. ETF는 가장 흔한 형태의 상장지수상품인 셈이다. 이처럼 암호화폐가 금융 시장 제도권으로 들어가기 위한 노력은 계속되고 있기 때문에 2019년 주의 깊게 살펴봐야 할 대목이기도 하다. 증권거래위원회가 제미니의 비트코인 ETF에 대해 검토한 내용들을 보면 '비트코인 시장이 조작에 민감한가', '전통적 방식으로 사기나 조작을 감지하고 방지할 수 있는가', '규제되고 있는 주요 시장과 상호 감독이 되는가', '투자자의 이익을 보호하는가' 등이 있다.

증권거래위원회는 지금까지 비트코인 ETF를 승인하지 않았지만, 분석가들은 뉴욕증권거래소NYSE 운영자인 ICE가 출범시킨 백트Bakkt가 비트코인 ETF의 첫 승인에 도움을 줄 수 있다고 믿는다. 백트는 투명하고 효율적인 가격 발견, 그리고 제도적 품질의 사전 · 사후 무역 기반시설 등 일관된 규제 구조를 구축하기 위해 노력하고 있다고 한다. 더 중요한 것은 미국 시장에서 기관투자자들을 대상으로 하는 백트에서는 레버리지로 비트코인 마진거래를 할 수 없다. 파생상품 기반인 디렉시온의 ETF가 승인 거부된 이유가 여기서 나온다. '신뢰할 수 있는 가격 형성', '선물 시장과 파생상품에 대한 신뢰', 이 두 가지 요구 사항을 모두 충족하며, 백트가 신뢰할 수 있는 가격 형성을 찾는 데 계속 집중한다면 첫 비트코인 ETF 승인에 영향을 미칠 수 있을 것이다.

제도권 금융 시장은 타인의 자금을 운영하는 기관들로 이뤄져 있어 강력한 규제 하에 제한된 투자 활동을 할 수밖에 없다. 만약 비트코인 ETF가 제도권에서 인정된다면 기관투자자들도 정해진 틀 안에서 합법적으로 암호화폐 시장에 진입할 수 있다는 의미가 된다.

잡거래소와 잡코인이 사라진다

2017년에 빗썸이 한때 세계 1위 거래소의 타이틀을 달 수 있었던 데에는 암호화폐 시장에 대한 중국 정부의 전면 규제가 있었다. ICO가 금지되고 거래소가 폐쇄되자 거래를 할 수 없게 된 중국 자본들은 일본과 달리 외국인 규제가 없는 한국으로 몰려들었다. 한때는 빗섬 내 자본 중 50%가 중국인이라는 얘기도 흘러나왔다. 그들은 한국의 암호화폐 거래소에서 손쉽게 계정을 만들고 거래량을 끌어올렸다. 자신들의 코인을 한국 거래소로 이동시키고 펌핑pumping으로 가격을 끌어올려 한국 개인투자자들의 자본을 유인했다. 그리고 나서 자신들은 코인을 매도한 뒤 원화로 바꿔 대림동 같은 곳에서 위안화를 환전하고 빠져나가는 식이었다. 기존 금융권이 아닌 새로운 경로를 통해 대규모 외환 유출이 발생하자 정부는 규제의 칼날을 빼들 수밖에 없었을 것이다.

2018년에는 외국인의 국내 거래소 이용이 전면 금지되고, 원화 입금을 위한 가상계좌 발급이 까다로워지자 국내 암호화폐 시장에 새로운 자금이 유입되는 데 한계가 생겼다. 사업 성장에 한계가 드러나자 빗섬은 싱가포르의 BK 글로벌 컨소시엄에 매각되고 싱가포르 기업으로서 글로벌 사업을 추진하고 있다. 업비트는 신규 가상계좌 발급이 차단되자 싱가포르, 태국, 인도네시아에 암호화폐 거래소 설립을 검토하고 있고, 코인원은 인도네시아에 진출한 데 이어 몰타에서 글로벌 암호화폐 거래소를 오픈했다.

암호화폐 리서치 업체 '블록체인 투명성 연구소'가 발표한 2018년 11월 암호화폐 거래소 순위에 따르면, 거래량과 이용자 수에서 모두 바이낸스가 1위다(얼마 전 홍콩에서 몰타로 이전했다). 상장 종목은 120개가 넘기 때문에(2018년 4월 현재) 웬만한 코인은 다 살 수 있지만, 달러든 원화든 엔화든 법정화폐로는 거래를 지원하지 않는다. 비트코인을 이미 보유하고 있는 사람이 아니면 알트코인(비트코인 외의 코인)도 살 수가 없다.

전 세계 200여 개 거래소 중 다수가 비트코인을 가지고 알트코인을 사고파는 BTC 마켓이다. 업비트나 빗섬 등 국내 거래소처럼 은행을 통해 원화(법정화폐)를 입금하고 그 돈으로 비트코인과 알트코인을 살 수 있는 거래소는 드물다(바이낸스, 오케이엑스, 후오비, 힛비티씨, 크라켄, 코인베이스, 비트스탬프 모두 BTC 마켓이다). 전 세계 10대 거래소 중 업비트, 빗섬을 제외하면 법정화폐 입금이 가능한 거래소는 홍콩에 있는 비트파이넥스밖에 없다. 여기서는 달러나 유로로 비트코인과 알트코인을 살 수 있다. 이렇게 법정화폐가 시장에 유입돼야 비트코인이 상승하고 암호화폐 시장의 볼륨이 커질 수 있다.

만약 비트파이넥스로 단번에 다량의 법정화폐 현금이 들어오면 순간적으로 해외발 상승이 이루어진다. 같은 시각 국내 비트코인 가격은 해외보다 싸게 거래되는 '역프리미엄'이 나타난다. 그래서 암호화폐 시장 전체를 견인하는 거래소는 법정화폐가 입금되는 거래소다. 법정화폐 유입이 유동성 변화의 원인이 된다. 그래서 정부가 규제를 하면 그 나라 법정화폐 자금이 더 이상 유입되지 못한다.

업비트와 빗섬의 상장 경쟁

2017년에는 비트코인을 지급 결제 수단으로 인정한 일본의 엔화와 함께 개인투자자가 몰린 한국의 원화가 암호화폐 시장으로 유입되었고 시장의 견인차가 되었다. 그러나 2018년 정부의 규제 강화로 은행들이 암호화폐 거래소에 신규 가상계좌 발급을 중단하자 법정화폐가 새롭게 시장으로 공급되지 못했다. 비트코인 선물 시장이 열리긴 했지만 기관투자자들은 가격 하락을 예상하며 숏 포지션(매도)을 선택하기 시작했고 비트코인은 하락과 횡보를 거듭했다.

암호화폐 시장은 아직 불안정하기 때문에 법정화폐가 유입되는 거래소는 원래 보수적으로 운영될 수밖에 없다. 상장 종목을 결정할 때 신중하게 검증해야 하며, 일명 '잡코인'은 취급하지 않아야 한다. 업비트는 미국의 글로벌 거래소인 비트렉스와 제휴했기 때문에 상장 코인이 많았지만, 빗섬만 해도 2017년에는 12개 코인밖에 없었다. 그런데 2018년 들어 우리나라도 사실 법정화폐가 새롭게 들어오는 통로가 막히다 보니, 수수료로 이익을 얻는 거래소들은 살아남기 위해 경쟁사의 거래량을 빼앗아오는 수밖에 없었을 것이다. 업비트가 상장하면 빗섬도 상장하고 빗섬이 상장하면 업비트도 똑같은 코인을 상장하면서 먼저 거래량을 확보하기 위해 애를 쓰는 양상이 나타났다. 나중에 빗섬은 농협을 통해 신규 가상계좌를 발급받을 수 있었지만, 업비트의 거래 은행인 기업은행은 신규 가상계좌 발급을 미뤘으니 업비트 입장에서는 더 애간장이 탔을 것이다.

빗섬에만 있던 이오스EOS를 업비트가 상장하자 빗섬도 트론TRX을 상장시켜 버리는 일도 있었다. 오미세고OMG, 질리카ZIL, 카이버KNC 등이 상장 경쟁 속에서 펌핑이 왔다. 문제는 그 과정에서 개미들만 죽어나간다는 것이었다. 검증된 코인만 상장한다던 빗섬에서 알트코인이 대거 상장되자, 어떤 코인은 115배 올랐다가 97% 폭락했고, 10,000% 폭등했다가 순식간에 급락하기도 했다. 법률망도 피해간다는 독일의 모바일 메신저 텔레그램에서는 펌핑방을 통해 상장 찌라시가 돌고 투기는 과열돼 갔다. 펌핑의 달콤한 유혹에 현혹돼 잡거래소에서 잡코인에 투자했던 개인투자자 중에는 해당 코인의 거래량이 적어서 상폐되는 일을 겪은 사람도 있었다.

2018년 4월, 코인네스트 대표 등이 수백억 원대의 고객 돈을 개인 계좌로 빼돌린 혐의로 구속 기소됐다. 2018년 5월에는, 실제로 갖고 있지 않은 암호화폐를 가지고 있는 것처럼 전산 시스템에 입력해 고객을 속인 혐의로 검찰이 업비트를 압수수색했다. 2018년 6월에는 빗섬이 350억 원 규모의 암호화폐를 해킹당했다고 밝히기도 했다.

은행을 통한 우회적인 규제가 안 먹히자 급기야 정부는 2018년 9월 모든 형태의 ICO를 금지한다는 방침을 발표해 버렸다. 실제로는 기존 법령이 개정되거나 특별법이 개정된 것이 없는데도 말이다.

제도권으로 들어가면 잡거래소는 사라진다

거래소가 입출금을 막아버리는 '가두리 양식장'이 되었다는 자조도 나오는 가운데, 2018년 말까지 투자자 보호에 대한 이렇다 할 실제적인 보호장치가 없는 상태에서 소위 말하는 잡거래소들에서 벌어지는 개인투자자들의 피해 사례가 많이 발생했다. 세력들이 시세와 무관하게 가격을 조작하려는 시도를 계속하고, 하락장에서 심리적으로 위축된 투자자들은 어쨌거나 나는 고가에서 팔고 나오면 된다는 식으로 그 분위기에 휩쓸리곤 했다. 가격 펌핑과 이벤트로 투자자들을 유인한 뒤 시스템 오류를 핑계로 출금을 안 해주는 거래소도 있었다.

국내 거래소 순위 7위권인 코인레일이 보유한 거래소 보유 계좌

(핫 월렛)에서는 트론, 스톰 등 9종 36억 개가량의 코인이 40분에 걸쳐 인출됐다. 거래를 중단하고 서버 점검에 들어갔다는 거래소는 "70%는 안전하게 콜드 월렛cold wallet(인터넷과 분리된 해킹에 안전한 지갑)으로 이동해 보관 중이며 나머지는 각 코인사, 거래소와 협의해 동결, 회수 조치가 완료됐다"고 했지만, 일부 투자자들은 열흘 전쯤 손해배상 조항이 삭제됐다며 의심스러운 정황을 지적했다.

2018년 11월에는 자신이 거래하는 암호화폐 거래소의 거래 표기 오류로 피해를 입은 투자자들이 해당 암호화폐 거래소를 검찰에 고소하기도 했다. "매매 도중 원화가 마이너스로 표기되는 버그가 발생해 마이너스 상태에서 매도를 했다가 잘못 표기된 만큼 매도금액이 증발했다"는 피해자도 있었다.

암호화폐 제도권 도입은 아직 시도에 불과하지만, 많은 메이저 거래소들이 주류 시장에 들어가기 위한 노력을 펼치고 있다. 앞서 말했던 대로 토큰의 증권화를 준비하기도 하고, 메이저 거래소라 해도 ISO 27001 인증을 받기 위해 동분서주한다. ISO 27001은 정보보호 관리체계에 대한 국제 표준이자 정보보호 분야에서 가장 권위 있는 국제 인증이다. 한편 투자회사가 거의 은행권인 일본에서는 다크코인을 취급하지 않는데, 같은 맥락에서 나온 거래 기준이다. 미국으로부터 시작해 각국 정부의 가이드라인이 명확해지기 시작하면, 현재의 암호화폐 거래소는 대형사 몇 곳만 남고 모두 생존하지 못하고 사라질 수도 있다.

BTC 마켓이 없는 세계 1위 거래소?

2018년 9월에는 비트포렉스Bitforex라는 거래소가 비트코인, 이더리움 등에서 거래순위 상위권을 유지했다. 거래소의 핵심 팀원은 메릴린치, 마이크로소프트, 텐센트 같은 대기업 출신들로 구성되어 있는데, 특징이라면 BTC 마켓이 존재하지 않는다는 것이다. 대신 테더USDT로 모든 거래가 이뤄진다. 테더는 테더를 발행하는 회사인 테더홀딩스에서 1테더USDT를 1달러USD로 환전해 줄 책임을 지니고 있는 중앙화된 시스템이다. 이곳에서는 테더를 한국 거래소의 원화KRW처럼 사용하고 있다.

암호화폐 시장에서는 비트코인이 기축통화로 통용되고 있어서 알트코인을 매수할 때는 비트코인으로 해야 한다. 그런데 비트코인의 변동성이 너무 커서 가치 저장 수단으로 사용하는 것에 대해 리스크가 크다. 같은 비트코인인데 어느 순간에는 한국에서의 가격과 홍콩에서의 가격이 다르기도 하다. 이 부분은 암호화폐 비관론자들에게 끊임없이 공격받아 왔던 대목이다. 테더홀딩스 측이 테더USDT를 발행한 만큼의 달러만 보유하고 있다면 테더는 달러로서의 가치가 지속적으로 유지된다. 따라서 법정화폐인 달러로 암호화폐를 거래하는 것과 똑같아질 수가 있다.

결국 비트코인 마켓이 없는 세계 1위 거래량 거래소가 탄생할 수 있다는 의미가 된다. 비트코인과 상관없이 알트코인의 개별 움직임을 볼 수 있는 거래소가 등장한 것이다. 지금까지는 시간 차가 있을지라도 비트코인이 오르면 알트코인도 따라서 오르고, 비트코인이 내리면 알트코인도 따라서 내렸다. 그러나 이제 비트코인이 오르더라도 따라서 오르지 못하는 코인이 생겨나거나, 비트코인은 내려가지만 혼자 오르는 코인이 생겨날 수 있는 시대가 코앞에 온 것이다. 비트코인이 기축의 자리를 잃어버리는 것이다. ETF 승인도 사실은 이런 현상을 가속화시킬 수 있는데, 그러면 기존의 주식 시장처럼 개별 등락을 만들어낼 수 있다.

비트코인과 알트코인이 개별 움직임을 보인다면 비트코인은 화폐보다는 자산으로서의 가치를 담고 우상향할 확률이 높다. 하지만 전 세계에 법정화폐 마켓에 준하는 시장이 열리면, 알트코인 중에는 메이저 코인, 유망한 알트들만이 안전자산으로 분류되고 잡코인들은 소멸해 버리고 말 것이다.

비트코인의 변동성을 잡아주며 법정화폐와 1대 1 교환비율을 유지해 주는 코인들을 '스테이블코인'이라고 통칭한다. 가치가 일정하게 유지되는 코인이라는 뜻이다(3장에서 상세 설명). 2018년은 나라별로 스테이블코인이 러시를 이루었다. 유럽에서도 규정 당국이 승인한 스테이블코인이 등장했고, 테더가 지급보증 능력이나 투명성에 대해 의혹을 받는 사건을 겪은 후로는 그 틈을 노리고 달러를 보증하는 스테이블코인이 더 늘어났다. 제미니달러를 비롯해 120여 종이 개발되고 있다고 한다.

합법도 아니고 불법도 아니다?

2018년 9월 우리나라에서 ICO(자금모집 방법) 전면 금지가 발표되자, 국내 기업들은 스위스, 싱가포르 등에 법인을 세우고 ICO를 했다. 그리고 국내 20여 개 암호화폐 거래소와 블록체인 기술 관련 스타트업 등은 한국블록체인협회를 만들고 자율적인 규제를 하기 위한 자정의 노력을 시작했다. 진대제 한국블록체인협회 초대회장은 4차 산업은 아직 눈에 보이는 것이 아니지만 경험하지 못했다고 해서 미리 예단하고 막아서는 안 된다고 의견을 피력했다. 전 정보통신부 장관이었던 그의 설명을 잠시 옮겨보겠다.

"블록체인은 금융 거래의 장부처리에 적합한 정보기술이자 수단이며, 암호화폐는 그 기술을 구현하는 과정에서 파생상품처럼 나온 것이다. 사고팔고 있기 때문에 가격 과열의 우려가 있고, 그 과정에서 피해자를 양산할 우려가 있기 때문에 규제의 범위를 만들고 불법, 탈법을 가려내는 것은 중요한 일이다. 일본의 경우에는 우리나라로 치면 자본시장법에 해당하는 자본결제법으로 암호화폐를 바라보기 때문에 주식회사를 다루듯이 대한다. 그만큼 규제는 엄격하다. 그러나 우리나라는 그동안 전자상거래법을 적용해 전자상거래 상품 정도로 보고 있었다. 우리도 이제 주식에 준하는 규제를 해야 한다는 목소리가 있다.

암호화폐 코인을 캐서 상장하는 ICO 과정은 주식과 비슷하다. 그래서 코인도 주식처럼 코인 발행비용 대비 가격PER을 계산할 수 있고, 실질적인 거래량과 수수료를 반영하는 지수도 개발할 수 있다. 이게 가능하다면 자산가치로서 코인을 평가하는 것이 합리적으로 바뀐다. 이게 제대로 이루어지면 ICO를 했어도 평가가 나쁘면 상장 폐지도 합리적으로 할 수 있다.

암호화폐 생태계 안에서 비트코인을 사고파는 사람들뿐 아니라 코인을 만드는 사람(개발자), 암호를 풀어서 검증해 주는 사람(채굴자), 비트코인으로 상품 거래를 하는 사람 등이 늘어나야 활용성이 높아질 것이다. 가맹점도 많아지고 비트코인으로 물건도 팔려야 하는데 그게 아직은 전 세계에도 몇만 곳에 그친다."

ICO 가이드라인, 어느 방향으로 갈까?

ICO는 IPO(기업공개)에서 온 말인데, IPO는 기업이 공개적으로 투자자를 모집해 기존 주식이나 새로 발행하는 주식을 파는 것이다. IPO를 흔히 상장이라고 생각하기 쉽지만, IPO는 기업을 공개해 투자자를 모집하는 것이라면 상장은 주식이 쉽게 거래될 수 있도록 거래소에 등록하는 것이라 개념만 보면 조금 다르다.

ICO는 백서(사업계획서)를 보여주고 투자를 받으려는 행위다. 다만 주식(회사에 대한 권리)을 주는 것이 아니라 기존에 존재하는 암호화폐(대개 이더리움)를 받고 자신들이 새롭게 발행하는 토큰을 주는 것이다. IPO는 대체로 기업공개를 원활히 하기 위해 상장과 동시에 이뤄지는데, ICO도 상장을 목적으로 하긴 하지만 개념적으로는 구분되며 ICO가 곧 상장을 의미하는 것은 아니다.

ICO는 IPO와 달리, 참여했을 때 회사의 주권(주식)을 받고 주인이 되는 것이 아니다. ICO에서 받은 토큰은 어떤 권리를 보장하는 건 아니다. 경영에 참여하거나 이익을 배당받는 것도 아니다. 투자자들은 백서와 개발진의 프로필만 보고 투자하기 때문에 위험성도 상당히 높다. 토큰이 거래소에 상장되지 않으면 투자금 회수도 사실상 어렵다. 대표적으로 문제가 되는 것은 백서에 기재된 내용이 사실상 실현 불가능한 기술일 경우(사기), 초기 투자자에게 다른 사람을 데려오면 수당을 주겠다고 한 경우(다단계), 그리고 유사수신행위다. 유사수신행위는 법령에 따른 인허가를 받지 않고 등록, 신고 등을 하지 않은 상태로 불특정 다수에게 자금을 조달하는 것을 업으로 하는 행위를 말한다.

아직 ICO와 관련해서 법안이 확정되지 않은 상태에서 생각해 보자면, 현재 신용화폐 제도하에서는 미국 달러를 기축으로 해서 전세계 금융 시장이 움직이는 탓에 다른 나라들은 자국 통화와 금융 시장에 후폭풍이 일지 않도록 암호화폐에 대한 미국의 정책을 예의주시할 수밖에 없을 것이다. 한국이든 일본이든 유럽이든 모두 마찬가지다. 기득권층이 형성되지 않은 동남아 지역에서는 오히려 고민 없이 새로운 자산 시장을 받아들일 수 있지만, 한국 입장에서는 미국의 정책 방향을 봐야 할 것이다.

미국 증권거래위원회 의장은 "내가 본 모든 ICO는 증권이라고 생각한다"고 말하기도 했다. 게다가 미국 대형 법무법인 코브레&킴의 한 변호사는 "SEC가 미국에서 진행된 모든 ICO를 1993년 제정된 증권법을 위반한, 등록되지 않은 증권 발행으로 보고 있다는 것이 분명하다"고 말했다.

2018년 12월 〈코인텔레그래프〉 보도에 따르면 일본 금융청은 ICO를 크게 '발행자가 없는 암호화폐', '발행자가 있는 암호화폐', '수익을 배분해야 할 의무를 가진 발행자가 있는 암호화폐'로 구분하기로 했다. 3가지 중 수익배분 의무가 있는 발행자의 암호화폐를 투자의 영역으로 분류해 엄격히 규제를 적용하기 위한 것이다.

우리는 'ICO 전면 금지'라고 표현하고 있지만, 제도권 밖에서는 통제가 되지 않으니 미국이라면 증권법, 일본이라면 자본결제법, 한국이라면 자본시장법 안에서 갖춰야 할 자격을 제대로 갖추고 산업을 육성해 가라는 뜻으로 받아들여야 하지 않을까 싶다. 제도권 밖에서 문제가 생겨도 나 몰라라 피해가려는 꼼수는 곤란하니까 말이다. 핵심은 자격 요건이라고 봐야 할 것 같은데, 최근 국회에 계류 중인 암호화폐 관련 법안은 다음 내용들이 있다.

첫째, 암호화폐 취급업을 매매, 거래, 중개, 발행, 관리 등 다섯 가지로 분류하고, 각 업무의 취급자는 5억 원 이상의 자본금을 갖춘 뒤 금융위원회 인가를 받도록 할 것(전자금융거래법 개정).

둘째, 암호화폐 취급업소의 자금세탁 행위 방지 의무를 규정하고, 금융위원회에 암호화폐 거래소 감독 권한을 신설할 것(특정 금융거래정보의 보고 및 이용 등에 관한 법률 개정).

셋째, 암호화폐 취급업자의 금융위원회 등록을 의무화하고, 암호화폐 거래업자에게 예치금을 마련하여 이용자 피해보상계약 체결을 의무화할 것(암호화폐 거래에 관한 법률안).

넷째, ICO를 허용하고 금융위원회에 암호화폐 발행 심사위원회를 신설할 것(전자금융거래법 개정).

후오비의 원화 마켓 오픈, 그리고 가상계좌

2018년 3월 중국의 암호화폐 거래소 후오비가 한국에 오픈하고,

2018년 8월에는 BTCC가 한국에 오픈을 한다는 뉴스가 나왔다. BTCC는 중국에서 가장 오래된 거래소다. 중국이 코인 시장 규제를 할 때 정부가 거의 반강제로 문을 닫게 해서 홍콩과 런던으로 이전했던 거래소다. 홍콩은 금융 시장이 완전히 개방돼 있는 곳인데도 결국 중국의 입김 때문에 그들이 밀려나게 되었다. 그런데 그들은 왜 한국 시장으로 오려고 하는 것일까?

중국은 시장이 닫혀 있는 모습이지만 사실은 중국 내에서 활성화 방안을 강구하고 있을 것으로 예상된다. 결제 수단의 변화는 4차 산업의 핵심인데, 코인 시장은 결제로 인한 자본의 이동, 결제의 간소화 등의 이점이 있기 때문에 4차 산업의 발전을 가속화시키는 촉진제 역할을 하기 때문이다. 지리적으로 보나 경제 규모로 볼 때도 한국은 중국 자본이 항시 들어오기 쉽고 나가기도 쉬운 협력적 관계를 형성하고 있기 때문에, 중국 거래소들의 한국 진출로 중국 정부의 향후 방향성도 점쳐볼 수 있을 것이다. 중국 경제에 직격탄이 될 수 있는 지역은 피하면서 한국과 같은 완충지대를 선택한 것인지도 모른다. 게다가 한국은 원화(법정화폐) 마켓을 오픈할 수 있는 곳이다.

2019년 1월 후오비코리아는 연내 원화 마켓을 오픈하겠다고 밝혔다. 국내 거래소 업비트도 실명확인 가상계좌를 발급받지 못해 신규 회원을 못 받는 상태였기 때문에 이 뉴스는 화제가 됐다.

가상계좌는 우리가 아파트 관리비를 내거나 전자상거래 업체에서 물건을 구매할 때 개인을 식별하기 위해 발급하는 일종의 코드 같은 것이다. 내가 돈을 보내는 것이지만 부모님 소유의 통장에서 돈을 빼서 입금하는 경우도 있을 것이다. 이럴 때 부모님 이름이 상대계좌에 찍힐 것이기 때문에 내 이름으로 된 가상계좌를 받아서 누가 돈을 냈는지 쉽게 구별하기 위해 쓰이곤 했다. 내 이름으로 된 가상계좌를 받아서 입금을 했어도 사실은 입금받은 회사의 모계좌에 딸린 연결계좌이기 때문에 가상계좌의 소유주는 내가 아니다. 이때 은행은 가상계좌 서비스를 제공하고 수수료를 받는다.

그동안 가상계좌라는 것이 문제가 된 적은 없었다. 그러나 암호화폐 거래소가 가상계좌를 이용하면서부터 문제가 생겨났다. 암호화폐 거래소 가상계좌로 돈을 입금하는 순간 그 돈은 내 돈이 아니라 거래소 돈이 되는 셈이었다. 투자자 입장에서는 가상계좌의 이름이 내 이름으로 되어 있으니 내 것이라고 착각하기 쉽지만, 분명히 내 돈임에도 불구하고 내 맘대로 뺄 수가 없다. 내 돈이지만 거래소 계좌이므로 마음대로 출금할 수 있는 것이 아니라 거래소에 출금을 요청해야 한다.

어떤 면에서 비트코인 거래는 증권거래소에서 주식을 매수매도하는 것과 비슷하다고 생각하겠지만, 증권사에 개설된 계좌는 나의 소유인 것과 달리 암호화폐 거래소의 계좌는 내 것이 아니다. 거래소 계좌에 입금된 내 돈을 거래소가 마음대로 써버리지 않을 것이라는 보장은 없다. 지금으로서는 그저 믿는 수밖에 방법이 없다.

후오비코리아가 원화 마켓을 열겠다고 발표해 버린 것은 그래서 의아할 수밖에 없었다. 은행이 신규 가상계좌를 발급해 주지 않아 원화 입금을 받을 수 없을 때 할 수 있는 방법이라면 한 가지밖에 없기 때문이다. 법인 계좌를 이용해 입금을 받는 소위 '벌집 계좌'가 그것이다. 후발 중소 거래소인 코인이즈와 거래 중단을 통보한 농협 사이에서 벌어지고 있는 소송 역시 실명확인 계좌가 아닌 벌집 계좌를 사용했다는 논란 때문이다. 벌집 계좌는 일반 법인계좌를 발급받아서 그 계좌 아래에 거래자 개인들의 계좌를 여러 개 두는 방식으로 운영하는 것을 말한다. 장부가 주로 파일 형태로 저장되어 있어 거래자 수가 증가하면 거래자금이 엉켜 오류가 난다거나 해킹에 취약한 문제가 있다.

정부가 발표한 2018년 1월 암호화폐 거래실명제로 인해 농협은 가이드라인에 따라 코인이즈 법인계좌의 입금 정지 조치를 내렸지만, 코인이즈는 이에 대한 가처분 신청을 하면서 소송이 진행되고 있다. 자금세탁 방지와 관련해 당국이 나서는 대신 은행에 책임을 지운 것이기 때문에 향후 어떤 식으로든 금융당국의 직접적인 규제 관련 모양새가 나와주길 기다리고 있다.

3장

코인을 바라보는 다양한 시선들

CRYPTOCURRENCY

비트코인은 화폐인가, 자산인가

2018년 7월 미국 암호화폐 거래소 코인베이스는 미국 증권거래위원회SEC와 금융감독원FINRA으로부터 증권사를 인수해도 좋다는 승인을 받았다고 발표했다가 철회한 바 있다. 증권형 토큰을 취급하고 전통적인 자산까지 토큰화해서 발급하기 위한 준비 과정에서 벌어진 일로 보인다. 게다가 증권 중개인broker-dealer 라이선스, 대체 거래소ATS 라이선스, 투자자문 관련 라이선스도 함께 신청해 승인을 기다리고 있다고 한다. 이 이야기는 비트코인과 암호화폐가 투자상품 또는 자산으로 분류되어 증권사에서 거래될 수 있도록 하기 위해 준비하는 과정이라고 봐야 한다.

독자들 중에는 '토큰'이라고 했을 때 가운데 구멍이 뚫린 버스 토큰을 떠올리는 분들이 있을 것이다. 1977년부터 1999년까지 우리나라에는 버스를 탈 때 요금으로 지불하던 토큰(동전)과 회수권(종이돈)이 있었다. 버스 토큰의 발행자는 토큰 구매자가 토큰을 지불하면 미리 약속된 용도인 '버스 탑승'이라는 서비스를 제공할 의무가 있었다. 그전에는 버스 안내양이 운전사와 함께 탑승해서 버스요금을 현금으로 받았는데, 버스 회사에서는 정산할 때 안내양이 돈을 빼돌렸는지 확인하기 위해 몸수색을 했다. 남성이 여성의 몸을 여기저기 더듬는 일이 일상으로 발생하자 그 폐단을 막기 위해 용도가 제한되어 있는 화폐로서 토큰을 발행한 것이다.

토큰을 발행하는 데에는 상당한 비용도 발생했을 텐데(한국은행도 비용 때문에 동전 없는 사회를 지향한다), 버스 토큰은 버스요금이 오를 때마다 색상이 조금씩 바뀌었다. 그 시절에는 교통비를 아끼려고 요금이 오르기 전에 수백 개씩 토큰을 사놓는 사람도 있었다. 1996년 교통카드가 등장하자 3년 만에 토큰은 완전히 사라져버렸다. 버스 토큰이 디지털화된 것이다. 교통카드는 미리 충전할 수도 있고 후불로도 결제할 수 있는 데다가 지하철과도 연결되기 때문에 물리적인 토큰에 비하면 상당히 편리하다.

이렇게 토큰의 개념이 디지털화되고 이것을 지불 수단으로 쓰거나 가치를 평가하는 저장 수단으로 쓸 수 있다면 '디지털 화폐'가 된다. 만약 게임 속에서만 쓰이던 게임머니가 시중에서도 지불 수단으로 쓰이면서 현금화까지 가능하다면 그것도 화폐다. 그러면 비트코인은 화폐일까? 2016년에 내가 처음 비트코인을 접했을 때는 '화폐'로 알고 배웠는데, 아무래도 세계적인 흐름은 비트코인을 화폐로 인정하기보다 '자산'으로 간주하는 방향으로 흘러갈 모양이다.

〈서울경제신문〉이 창간한 블록체인 전문 미디어 〈디센터〉에 실린 조민양 동서울대학교 교수의 표현을 옮겨보겠다. "재산[property]과 자산[asset]은 모두 가치를 표현하는 말이다. 재산은 현실적으로 이용할 수 있는 것, 보석, 귀금속 같은 물건, 자동차 등의 동산, 토지, 가옥 등의 부동산을 통틀어 말하는 것이다. 돈으로 바꿀 수 있는 것은 모두 재산이라고 할 수 있다. 가치는 있지만 현금화하기 어려운 일반 소비재는 재산이라고 하지 않는다. 회계 개념에서는 자본에 부채를 더한 것이 자산이다. 자산은 비용으로 소비되고 수익으로 회수된다. 따라서 수익으로 전환되지 않고 비용으로 유보되어 있는 것도 자산이다. 차후에 수익으로 표출될 수 있는 것도 역시 미래 가치가 있는 것으로 자산에 해당된다. 다시 말해 미래 가치가 있는 것들은 자산의 범주에 포함되는 것이고, 4차 산업혁명 시대에는 무형의 자산들이 더 큰 역할을 하게 될 것이다. 그런 의미에서 자산에 대한 개념을 디지털화하는 경제적, 제도적, ICT(정보통신기술)적 접근이 매우 중요해진다. 자산이란 미래 어느 시점에 나에게 효익이나 권리를 주는 것이기 때문이다."

우리는 블록체인 기술로 주식, 채권, 옵션, 부동산 등 모든 것의 토큰화가 가능한 시대를 앞두고 있다. 이것으로 시간적, 물리적 한계를 넘어 자산은 24시간 365일, 어느 국경에서도 유동성을 가질 수 있다. 토큰화된 자산은 즉시적으로 또 다른 자산으로 바꿀 수 있다. 지금은 주식을 현금화하려면 2, 3일이 걸리지만 토큰화된 주식은 바로 현금으로 바꿀 수 있다. 비트코인은 이제 화폐로서의 기능보다 자산으로서의 기능이 더 크게 활용될 전망이다.

암호화폐에서 암호자산으로

이 책에서 우리가 '암호화폐Cryptocurrency'라고 칭하고 있는 것이 일본에서는 그동안 '가상화폐Virtual Currency'로 통용되고 있었다. 2017년 일본 금융청FSA은 암호화폐를 결제 수단으로 인정하기도 했다. 암호화폐를 물품 구입 등에 사용할 수 있는 교환 매개 수단이라고 표현하고 법정통화와 교환할 수 있도록 규정했다. 그런데 2018년 11월 〈아사히 신문〉 보도에 따르면 일본 금융청은 '가상화폐'라는 법령상 명칭을 '암호자산Crypto assets'으로 바꾸는 방안을 검토하고 있다고 한다. 암호화폐를 투기성 높은 자산으로 간주하고 자금결제법과 금융상품거래법을 개정해 규제를 강화할 예정이라고 한다.

일본 금융청에서는 암호화폐 전문가 집단인 '가상통화교환업 등에 관한 연구회'를 통해 자문 의견을 듣고 있는데, '가상화폐'라는 말이 투자자들에게는 법정화폐와 동일시해서 인식되는 원인이 되고 있다는 주장을 받아들인 것으로 보인다. 또한 앞으로는 일본 내에서 ICO를 수행하는 사업자들은 모두 금융청에 등록을 마쳐야 한다고 밝혔다.

2017년에 한국 금융위원회는 "암호화폐는 통화도 화폐도 금융통화상품도 아니다"는 입장을 내놨는데, 이후로 자본시장법의 적용을 받지 않지만 규제와 처벌은 이루어지면서도 거래는 막지 않는 모호한 상태를 이어왔다. 암호화폐를 '화폐'로 보지는 않을지라도 '자산'으로 인정하는 국제적인 흐름으로 봤을 때 한국에서도 그에 상응하는 조치가 나올 것이라고 간절히 기대해 본다. 새로 생겨난 신흥 자산 시장이기 때문에 금융당국도 그 의미나 범위 등을 규정할 시간이 필요할 것이다.

2018년 7월에 한국은행에서 발간한 「암호자산과 중앙은행」이라는 보고서를 보면 금융당국이 어떻게 개념을 인식하고 있는지 짐작해 볼 수 있지 않을까 싶다. 서두를 보면 "분산원장과 암호화 기술에 기반한 비트코인과 1,600여 종의 신종 코인들은 지급 수단, 애플리케이션 이용수단, 자산 증표 등 기능과 용도가 다양하며 관련 기술이 발전하면서 새로운 종류가 지속적으로 출현하고 있기 때문에 개념을 일의적으로 정의하기는 어렵다. IMF는 실물 없이 가상으로 존재하고 법정통화와 교환이 보장되지 않는다는 점을 감안하여 '가상통화'라 표현하였고, BIS(국제결제은행)는 디지털 형태로 표시되며 일부 화폐적 특성을 지닌 자산이라는 점을 감안하여 디지털 통화로 분류했지만, 이 글에서는 최근 국제사회의 논의 동향 등을 감안하여 '분산원장과 암호화 기술을 바탕으로 민간에 의해 발행되어 대금결제 또는 투자 대상 등으로 쓰이는 것'을 암호자산으로 통칭한다"고 되어 있다.

한국은행이 「암호자산과 중앙은행」에서 말한 화폐로서의 자격 기능을 보면, 교환의 매개 수단, 계산 단위, 가치 저장 수단 등을 들고 있다. 이걸 살펴보면 최근 국제적 논의에서 암호화폐가 왜 암호자산으로 불리고 있는지 짐작해 볼 수 있다.

첫째, 화폐가 교환의 매개 수단이 될 수 있는 것은 휴대의 편의성과 광범위한 수용성 때문이다. 그런데 암호화폐는 가치 변동이 크고 통용에 대한 강제력이 없기 때문에 단기간 내에 광범위한 수용성을 갖기 힘들다. 현재로서는 현금, 신용카드 등에 비해 거래비용(수수료, 처리 시간)이나 가치 안정성에서 경쟁력이 떨어진다.

둘째, 화폐는 경제적 가치를 측정하고 재화나 서비스 가격을 표시하는 계산 단위의 기능을 수행한다. 그런데 암호화폐는 가격 변동성이 높은 탓에 가치를 나타내는 척도로서 역할을 하기 어렵다. 중앙은행이 공급량을 조절하는 법정화폐와 달리 알고리즘에 의해 사전에 공급량이 정해지므로 가격 불안정성을 해소하기도 어렵다.

셋째, 화폐가 가치 저장 수단인 이유는 높은 유동성과 가치 안정성 때문이다. 유동성이란 적은 거래비용으로 특정 자산이 다른 교환 매개 수단으로 전환될 수 있는 정도를 말하는데, 화폐는 교환 매개 수단으로 쓰이는 것이므로 당연히 유동성이 높은 자산이다. 그런데 암호화폐는 높은 가격 변동성 때문에 가치 안정성을 확보하기 어렵고 가치 저장 기능을 수행하기 어렵다.

이 세 가지를 종합해 볼 때 현재로서 비트코인과 알트코인이 화폐를 대체할 가능성은 극히 낮아 보인다는 평가다. 암호화폐의 정체성은 화폐일 수도 있고, 금융자산일 수도 있다. 그러나 결제 속도가 획기적으로 빨라질 5G 시대가 열리면서 디지털 자산은 더욱 각광받는 시대가 될 것이다. 그런 면에서 암호화폐는 자산이라고 봐야 하지 않을까 싶다.

비트코인은 왜 화폐가 아닌가

2018년 11월 비트코인 ETF(상장지수펀드) 승인을 결정하는 미국 증권거래위원회SEC 위원장이 입을 열었다. 제이 클레이튼 SEC 위원장은 암호화폐를 기초 자산으로 한 비트코인 ETF가 투자자 안전장치가 부족하며 너무 위험하다고 지적했다. 그는 "비트코인 ETF는 조작 위험에서 벗어나 있지 못하고 디지털 자산 거래 시장에서의 안전장치 역시 없다. 이 문제가 해결돼야 할 필요가 크다"고 지적했다. 이어 "암호화폐가 가격 변동성으로부터 완전히 자유로울 필요는 없다. 그러나 시세 조작에서는 자유로워야 한다. 적어도 개인투자자들이 눈으로 보는 시세가 그들이 투자하는 가격이어야 한다"고 강조했다. 시세 조작 가능성과 그것을 막을 안전장치가 없다면 비트코인 ETF를 승인할 수 없다는 것이다.

그런데 비트코인이 주류 경제로 들어가지 못하고 있는 길목에서 기존의 전통적인 기업들은 오히려 블록체인 기술을 받아들여 새로운 자산 시장에서의 입지를 선점하려고 하고 있다. 언제가 될지는 확실히 알 수 없지만 앞으로는 증권거래소나 은행이 코인을 취급할 날도 머지않았다.

세계에서 두 번째로 큰 증권거래소 미국 나스닥은 2018년 9월 증권형 토큰 플랫폼 구축을 위해 스웨덴 암호화폐 거래소인 시노버의 인수를 추진하고 있다고 발표했다. 이 플랫폼을 통해 미국 연방 증권법을 준수하는 STO(증권형 토큰 공개)까지 가능해진다. 증권형 토큰 거래소를 구축하기 위해서는 증권거래위원회로부터 대체거래소ATS 라이선스가 필요하다고 하는데, 이것은 암호화폐도 자산으로서 가치를 충분히 인정받는 계기로 작용할 것이라는 뜻이다. 자산 규모가 아직은 약하기 때문에 시장에 가격 상승이 반영되지 않을 뿐이다. 밥 그레이펠드 전 나스닥 CEO는 "앞으로 모든 주식과 채권이 5년 내에 증권형 토큰으로 바뀔 것이며, 그 규모는 현재 주식 시장의 수백 배일 것"이라고 말하기도 했다.

암호화폐 시장에서 최근 규제라는 악재가 있음에도 불구하고 증권형 토큰이 이슈가 된 것은 모든 자산을 디지털화할 수 있다는 것 때문이다. 증권형 토큰으로 모든 자산을 토큰화하면, 예를 들어 부동산도 쪼개서 구매할 수 있다. 지금은 빌딩 한 채를 사려면 수십억 원을 가진 사람이 아니라면 구매가 불가능하지만 암호화폐 시장이 자리잡으면 10만 원밖에 없는 사람도 빌딩 투자가 가능해질 것이다. 암호화폐는 쪼개진 단위로도 살 수 있기 때문이다. 만약 1비트코인이 1천만 원이라 했을 때 10만 원만 투자해서 0.01비트코인어치 빌딩을 사는 것이 가능하다.

게다가 이 모든 것이 다양한 스마트 컨트랙트를 통해 자동으로 처리된다. 여러 명이 빌딩 투자에 참여했지만 투자 지분에 따른 수익 배당을 스마트 컨트랙트를 통해 자동으로 투명하게 처리할 수 있다. 증권형 토큰은 비용 감소 효과, 자산의 유동성, 빠른 정산, 정보 변경이 불가능한 안정성 등의 장점으로 인해 글로벌 시장 진출에서 특히 유리하게 활용될 수 있다고 평가받는다.

암호화폐의 수많은 장점에도 불구하고 가격 변동성을 해결하지 못한다면 성장이 묘연하겠지만, 이 문제는 스테이블코인의 등장으로 해결의 기미가 보이고 있다(뒤에서 자세히 설명).

암호화폐를 보는 또 다른 시선, '디지털 자산'

비트코인과 알트코인을 '폰지사기'로 폄하하던 미국 증권거래위원회는 최근 들어 '화폐'라는 용어 대신 '디지털 자산Digital Assets'이라는 표현을 사용하면서 적극적으로 민간과 소통하며 제도를 마련하고 있다. 현재 디지털 자산 생태계의 대부분을 장악하고 있는 중국에 위기의식을 느낀 것으로 생각된다. 피델리티, 골드만삭스, JP모건 등 금융회사들이 디지털 자산으로 사업 영역을 확장하고 있다. 정부의 합리적 규제 마련으로 불확실성이 해소되면서 암호화폐 시장이 새로운 금융자산 시장으로 자리잡아 가고 있는 것이다.

체인파트너스 표철민 대표는 '디지털 자산발發 대한민국 혁신성장을 위한 대정부 제언'이라는 글을 통해서 우리가 쓰는 용어에 대한 제언을 한 바 있다. 체인파트너스는 블록체인 관련 회사를 만들어주고 투자하는 컴퍼니 빌더company builder이며, 스타트업이다. 표철민 대표는 "가상화폐(암호화폐)는 화폐 원칙에 부합하지 않습니다. 자산 성격이 훨씬 강합니다. 용어를 바꿀 필요가 있습니다. '디지털 자산'이라는 용어를 제안합니다"라고 했다. 암호화폐는 법정화폐를 대체하는 성격을 지니지 않은 점을 용어에 반영해 정체성을 명확히 하자는 의미다. 시장에서는 주로 가상화폐, 암호화폐라는 말을 사용하지만, 정부 차원에서는 가상통화라는 용어를 택했고, 법무부는 가상증표, 한국은행은 암호자산이라는 표현을 쓰고 있다.

표철민 대표는 "가상화폐는 블록체인 기술을 이용해 복제가 어려운 딱지를 만든 것이다. 이 딱지에 가상화폐 또는 암호화폐라는 이름을 붙였는데, 이것이 문제였다. 비트코인을 중심으로 초기 투자자들이 '법정화폐를 대체할 것'이라고 주장했기 때문이다. 비트코인 장외거래 시장에서 갓 채굴된 비트코인은 시장에 유통되는 비트코인보다 5%가량 높은 가격에 거래된다. 사람들이 해킹사건에 연루됐거나 마약거래에 이용된 비트코인은 보유하기 싫어하는 탓이다. 이것은 화폐의 기본 성격 중 하나인 가치 동등성에 위배된다"며 암호화폐는 법정화폐가 될 수 없다고 했다. 법정화폐의 경우 1만원권이라면 새 돈이든 헌 돈이든 동일한 가치를 지니지만 비트코인은 그렇지 않다는 것이다.

법정화폐가 가치 변동성이 크다면 이것은 큰 걸림돌이다. 인플레이션이 치솟는 짐바브웨나 베네수엘라에서는 법정화폐가 힘을 발휘하지 못하는 걸 보면 알 수 있다. "암호화폐는 보석, 명품, 채권, 원유, 아파트 같은 자산에 가까우며, 모든 상품과 자산은 파는 이와 사는 이의 합의에 따라 가격이 정해진다. 비트코인은 2017년 초 950달러였다가 2017년 말에는 1만3,600달러가 됐고 2018년 9월에는 6,600달러가 됐다. 화폐가 아니라 명백한 자산이다"는 것이 표철민 대표의 설명이다. 게다가 '가상'이라는 표현에는 허구성이란 이미지가 있다면서 국제적으로 확산되고 있는 '디지털 자산'이라는 용어를 제안한다며 북미 최대거래소인 코인베이스도 사용하는 용어라고 말했다. 용어를 정리하면서 신산업 발굴을 위해 편견을 없애자는 의도다.

그 와중에 2019년 1월 5일 말레이시아 재무부는 디지털 화폐와 토큰, 암호화폐를 '증권'으로 정의하는 새 법률을 발표했다. 〈코인텔레그래프〉 보도에 따르면 자국 내 암호화폐 시장을 규제할 법률인 '자본 시장 및 서비스 법률 2019'를 발표했다. 말레이시아 내 암호화폐 거래소들을 대상으로 1월 14일부로 즉시 효력을 발휘하며 디지털 화폐, 토큰, 디지털 자산을 증권으로 정의하고 말레이시아 증권위원회의 관리를 받는다. 이로써 무등록 ICO나 암호화폐 거래소를 운영하는 개인은 10년의 징역형 또는 240만 달러의 벌금형에 처해진다. 디지털 자산과 블록체인이 전통 산업과 새로운 산업 모두에서 혁신을 일으킬 가능성을 지니고 있다고 평가했기 때문이다.

중국, 인도, 동남아시아 등의 신흥국은 은행 인프라가 제대로 갖춰져 있지 않다. 우리나라처럼 거의 모든 국민이 은행 계좌를 갖고 있는 환경이 아니다. 은행이라는 중앙화된 기득권층이 약한 셈이다. 그 덕분에 신흥국이 암호화폐, 블록체인 산업에서 더 빠르게 발전할 수 있는 유리한 입지에 서 있다.

스테이블코인, 암호화폐와 실물경제를 잇다

2018년 암호화폐 시장은 하락과 횡보를 거듭했다. 해킹, 이중지불 등의 사고가 잇따랐고 규제 강화에 막혀 신규자금 유입도 여의치 않았다. 최고가 2,500만 원대에서 400만 원 이하로의 하락이었다. 시가총액은 2,290억 달러에서 700억 달러로 줄어들었다. 변동성이 크다는 점은 여전히 암호화폐가 공격받는 가장 큰 이유다. 이것을 해결해 주는 매개체가 2018년부터 주목받았는데, 바로 스테이블코인이 그것이다.

미국 최대 암호화폐 거래소 코인베이스는 2018년 10월 USD코인USDC을 상장했다. USD코인은 골드만삭스와 바이두가 투자한 미국 블록체인 기업 서클이 발행한 스테이블코인이다. 달러와 1대 1로 연동되며 가격 변동성은 없다. 투자자가 은행 계좌에 달러를 예치하면 그 금액만큼 USDC를 발행받을 수 있고, 원하면 다시 달러로 환전할 수도 있다. USDC는 코인베이스가 지원하는 첫 스테이블코인이다.

비트코인을 아직 불안한 시선으로 바라보는 것은 가격 변동성 때문인데, 암호화폐 비관론자들은 이 부분을 가장 집중적으로 공격한다. 또 달러 세력이 탈중앙화를 외치는 암호화폐를 받아들이겠느냐는 문제도 있다. 그러나 이런 부분들은 스테이블코인이 등장해 확산되면서 해결의 조짐을 보이고 있다. 신용화폐 제도에서 기축통화 달러를 가진 미국은 탈중앙화 암호화폐인 비트코인을 허용할 수 없다. 그래서 미국 거래소는 법정통화가 입출금되지 못하고 비트코인으로 거래가 이루어지는 BTC 마켓만 존재한다. 그런데 비트코인을 달러로 바꾸지 못하는 대신, 테더[USDT]처럼 달러와 연동된 스테이블코인으로 바꾸면 결국엔 달러를 쓰는 셈이 된다.

2018년 초에는 스테이블코인 시장에서 테더[USDT]가 90% 이상의 점유율을 차지하고 있었는데, 2018년 말 8개의 스테이블코인이 새로 생겨나면서 테더의 점유율은 74%로 떨어졌다. USD코인과 트루USD[TUSD]가 2, 3위를 차지한다. 만약 비트코인이 가격이 오르고 있다면 구매자가 비트코인 지불을 꺼릴 것이고, 비트코인 가격이 내려가고 있다면 판매자가 비트코인을 받고 물건을 내주기를 꺼릴 것이다. 이런 문제 때문에 비트코인이 화폐로서의 기능을 할 수 없다는 점을 해결하기 위해 일정 가격을 유지해 주는 코인이 등장한 것이 스테이블코인이다. 예를 들면 1TUSD는 1달러로 고정이 되어 있어서 만약 TUSD를 현금화하면 발행사는 코인을 소각하고 수수료 없이 그 수만큼 달러를 환전해 준다. 이밖에도 스테이블코인에 제미니 달러[GUSD], 팩소스스탠다드 토큰[PAX], 다이[DAI], 스팀달러[SBD] 등이 있다.

스테이블코인은 다른 이름으로 여러 개가 나와 있지만, 결국엔 모두 달러다. 현재까지 120여 개 기업이 개발하고 있다고 하는데, 달러를 디지털 세상에서 쓸 수 있게 된다는 말이기 때문에 미국 입장에서는 손 안 대고 코 푸는 일이 될 수 있다. 세계 경제가 달러를 점점 못 미더워하고 있는 와중에 달러를 수출할 수 있는 좋은 수단이 되기 때문이다. 인도나 아프리카처럼 은행 시스템이 미비한 곳에서도 모바일을 통해 스테이블코인을 유통시키면 달러의 수요는 늘어날 것이다. 달러가 디지털 자산으로 바뀌어 침투하는 셈이다.

스테이블코인은 그저 매개체다

암호화폐 비관론자들이 가장 많이 공격하는 것은 시시때때로 변하는데 암호화폐가 어떻게 화폐인가 하는 것이다. 이 변동성 문제를 스테이블코인이 해결할 수 있는 것은 법정화폐와 1대 1로 가치가 고정되어 있기 때문이다. 시세가 바뀌는 것만 해결된다면 기존 금융 서비스에 암호화폐를 효율적으로 활용할 수 있을 것이다. 며칠씩 걸리는 해외 송금도 곧바로 결제가 된다. 스테이블코인이 현실 금융과 암호화폐를 잇는 매개체가 되는 것이다.

스테이블코인은 법정화폐 대신 암호화폐를 사기 위한 용도로 만들어진 것이기 때문에 암호화폐의 저변이 넓어지는 계기로 작용할 것이다. 알트코인을 사기 위해 기축으로서 작용하는 비트코인이 기축 코인을 탈피해 자산화하는 계기가 될 수도 있다. 비트코인 ETF가 승인을 받을지 비트코인 자체가 나스닥에 상장을 할지 모르겠지만, 비트코인은 알트코인과 분리되어 가치 저장 수단으로서 따로 노선을 밟을 가능성이 커졌다. 결국 비트코인이 디지털 금이 되는 것이다. 이것은 비트코인의 상승을 밀어줄 촉매제 역할을 해줄 것이다. 만약 '스테이블코인의 발행량이 400배, 500배 올랐다'는 뉴스가 나온다면 거래량이 많아졌다는 얘기다. 그건 곧 달러가 많이 유입됐다는 뜻이고, 코인 수요가 늘어 비트코인의 상승세로도 작용할 것이란 의미다.

한편 일본 금융청FSA은 스테이블코인을 구조적인 이유로 일반 암호화폐와 같은 종류의 자산으로 여길 수 없다고 밝혔다. 일본 내 암호화폐는 사용자가 세금을 부담하지 않고 지불수단으로 활용할 수 있는 자산이다. 따라서 일본에서 다른 암호화폐의 경우에는 일본가상화폐거래소협회JVCEA가 자체 규제기관으로서 금융당국의 승인을 받아 자체적인 규제 활동을 한다. 반면 스테이블코인은 미국 달러 등 법정통화에 일정하게 고정된pegged 자산이기 때문에 금융청의 규제를 받아야 한다.

최근 미국 달러는 물론 호주 달러, 영국 파운드화에 페그된 스테이블코인의 출시가 빈번해졌다. 중국은 공산당 정부이기 때문에 민간에서 위안화 스테이블코인을 만들면 불법이 된다는 국가적 문제 때문에 진행된 적이 없고, 한국은 원화 마켓이 있어서 스테이블코인이 필요없다. 그렇지만 일본은 이민자 정책 때문에 스테이블코인이 개발되고 있다. 일본은 노동력이 부족한 상황에서 예전과 달리 이민자를 받아들이는 정책을 펴고 있어서 동남아시아인 집장촌 같은 것이 많이 생겨났다. 자국민으로는 비싼 노동자밖에 구할 수 없다면 값싼 노동력을 채워줄 사람으로 이민자를 받아들이는 것이다. 그런 이유로 은행 계좌 개설 같은 금융권 서비스를 못 받는 사람들이 일본에서 엄청나게 늘고 있다. 일을 하고 돈을 받으면 고국에 송금하고 싶어하는 외국인 노동자들이 국제간 송금 시스템을 이용할 수 없을 때, 엔화에 연동된 스테이블코인이 있다면 수수료 걱정 없이 즉시적으로 가족에게 송금을 할 수 있을 것이다. 오직 스마트폰만 있으면 해결되니까 말이다. 이때 탈중앙화된 비트코인은 정부가 규제할 수밖에 없으니까 법정화폐와 함께 살아남을 수 있는 스테이블코인을 함께 개발하는 것이다.

원래 암호화폐는 2008년 금융위기 이후 기존 금융 시스템을 믿지 않게 된 사람들이 만든 것인데, 결국엔 제도권으로 들어가기 위해 스테이블코인이 매개체로 쓰이고 있다. 엔화 수요를 늘리기 위해, 달러 수요를 늘리기 위해 각국은 스테이블코인을 막지 않을 것이다. 일본의 경우에는 도쿄올림픽을 앞두고 신용카드 사용이 늘지 않는 상황에서 현금과 연동된 스테이블코인으로 내수 경기를 살리려는 노력을 할 것이다.

법정화폐와 연동된 스테이블코인이 늘어나면서 암호화폐 자산 시장이 커지면 비트코인이 개당 10억 원까지 간다는 전망도 해볼 수 있다. 그러나 그때까지 비트코인이 살아남아 있을지는 아무도 장담할 수 없다. 스테이블코인의 시장 지배력 50%가 넘어가는 시점에서 비트코인은 서서히 그 힘을 잃어갈지도 모른다. 비트코인은 암호화폐가 성장하는 매개체로서 쓰이고 역사의 뒤안길로 사라질 수도 있다. 2018년 3~5월 기준으로 전 세계 암호화폐 거래의 결제 수단은 엔화(33.9%), 달러화(23.9%), 테더(17.4%), 비트코인(11.8%), 원화(6.8%) 등의 순이다. 그런데 여기서 테더는 달러로 봐야 하기 때문에 결국 달러 결제는 41.3%라고 할 수 있다.

백트와 스테이블코인

세계 최대 증권거래소를 운용하는 ICE가 백트 거래소를 오픈하면 비트코인 상승과 함께 거래량이 동반하는지를 잘 봐야 한다. 대형 기관들이 들어오는 플랫폼을 만들었는데 비트코인이 이 안에서 모이지 않으면 실제로 선물거래가 이뤄지는지 알 수 없기 때문이다. 마진거래를 하는 비트맥스에서 개미들이 100억 달러를 거래한다면 백트는 1,000억 달러를 한 기관이 거래할 수도 있다. 거래금액이 기하급수적으로 커질 수 있는 곳이 백트다.

백트는 아마도 비트코인을 매수하기 위해서 스테이블코인을 기반으로 할 것이다. 많은 양의 스테이블코인을 다른 곳에서 구매해서 백트로 보낸 다음에 선물거래를 하는 방식으로 이뤄질 가능성이 크다. 따라서 당분간 시장은 스테이블코인의 거래량에 비례할 것이라고 전망해 볼 수 있다. 스테이블코인은 곧 달러다. 스테이블코인을 사려고 함으로써 달러 구매력이 커진다. 스테이블코인의 매수가 많아지면 다시 미국 달러를 쓰는 사람도 많아지는 효과가 있는 것이다.

스테이블코인은 전자상거래에서 결제 지불을 할 수 있는 상태로까지 넓어질 것이다. 비트코인을 스테이블코인으로 바꿔서 구글, 아마존 등에서 지불 결제로 쓸 수 있게 하면 달러를 쓰는 효과랑 똑같아지기 때문이다. 이 또한 전 세계적으로 달러를 쓸 수 있는 저변이 넓어지는 것이다. 수수료를 먹는 은행 같은 기관 대신 스테이블코인이 중간상인 역할을 할 수 있다.

알리페이가 동남아시아를 비롯한 아시아 지역에서 저변 확대를 할 수 있었던 것은 은행 시스템이 없는 신흥국 환경에서도 결제를 할 수 있었기 때문이다. 일본도 중국과는 사이가 좋지 않지만 알리페이 QR코드가 깔려 있는 상점이 최소한 4만 개가 넘는 것으로 추산된다. 우리나라도 백화점, 면세점을 비롯해 웬만한 커피 매장에 가면 QR코드가 갖춰져 있다. 중국도 스테이블코인이 나온다면 위안화나 다름 없는 스테이블코인으로 송금 결제를 할 수 있는 기능을 탑재하는 셈이다.

미국의 나 홀로 경제 호황 속에서 전 세계가 경기 불황으로 인해

괴로워하고 있다. 각국은 달러를 믿을 수 없으면서도 달러 확보에 더욱더 심혈을 기울여야 하는 상황이다. 백트, 나스닥 등의 대형 거래소를 통해 암호화폐 거래가 가능해진다면 신흥국들은 경제위기 속에서 달러 확보를 위한 창구로서 코인 시장의 확대를 꾀하려 할 것이라는 판단이 가능하다.

/

국경 없는 결제가 이루어진다

중국에는 '광군절', 미국에는 '블랙 프라이데이'라는 초특가 세일 기간이 있다. 이 기간에는 더 많은 상품을 판매하고 해외직구도 활발해진다. 중국과 미국은 글로벌 마케팅 소비전략을 하고 있으며, 디지털 자산 결제 시장이 확대될 것은 불을 보듯 뻔하다. 암호화폐 시장에서 스테이블코인의 비중이 늘어나면 국경을 넘는 새로운 결제 시장이 연결될 것이다. 디지털 자산의 결제는 지금의 화폐와는 다른 작동 방식을 가지고 있다. 결제의 편리성, 빠른 속도, 국경을 넘는 전송이 특징이다.

그런데 그런 디지털 시장을 먼저 선점한 것이 있었으니 바로 비트코인이다. 국가들의 법정화폐가 아닌 탈중앙화를 앞세운 비트코인이 시장에 먼저 자리잡고 2017년 말~2018년 초 엄청난 상승을 가지고 왔다. 각국은 암호화폐 시장의 확장성에 대해서는 이견을 가질 수 없는 상황이지만, 그 시장의 강자가 비트코인이라는 점은 불편할 것이다. 중국이 거래소를 폐쇄한 배경에는 비트코인이 기축인 시장에서 위안화를 강화할 방법이 약하다는 판단이 있었을 것이다.

그러면 미국은 어떤 전략일까? 120여 개의 스테이블코인이 개발되고 있는 것을 보면, 달러를 보증하는 스테이블코인이 유용성이 있다고 판단한 것 같다. 이것은 금본위제에서 금이 달러를 보증하던 모습과 흡사한다. 달러가 스테이블코인을 보증하기 때문에 스테이블코인을 가져오면 달러를 내준다. 5G 시장, 4차 산업혁명 때문에라도 디지털 자산 시장의 확대는 어쩔 수 없는 현상이다. 사실 암호화폐 시장은 각국 정부가 지원을 통해 육성해야 하는 시장이다. 광군절이자 블랙 프라이데이의 매출 확대를 위해서는 코인 시장의 확대가 필요하다.

"나스닥, 2019년에 비트코인 · 이더리움 상장한다?… ETF 승인에 큰 영향 줄 것"

암호화폐 전문 매체 〈코인리더스〉의 기사 제목이다. 비트코인이 증권거래소에서 취급된다는 것은 비트코인으로 기존 알트코인들을 구매하던 방식은 지원이 되지 않는다는 것을 의미한다. 한마디로 화폐기능의 상실이다. 삼성 주식을 가지고 있는데 주가가 아무리 오른다고 해도 화폐처럼 교환이나 지불 수단으로 쓸 수 없는 것과 같다. 스테이블코인의 등장은 이 상황을 대비하는 것이기도 하다. 비트코인에서 스테이블코인으로 기축이 바뀌는 것이다. 지금까지 비트코인은 기축 지위 때문에 엄청난 상승을 기록해 왔고, 그 때문에 각국 정부의 위기의식 속에 하락장으로 이어진 것이다. 비트코인의 힘빼기가 진행 중인 것이다.

각국 법정화폐가 스테이블코인으로 나온다면 시장 참여자들은 비트코인 대신 무조건 스테이블코인을 구매해야 하고 거래량은 엄청나게 늘어날 것이다. 그 나라의 디지털 법정화폐인 각국 스테이블코인의 시가총액도 높아질 것이다. 이것은 현재 달러의 가치가 하락할 것이라는 세간의 경제분석을 뒤집을 수 있는 사건이기도 하다.

예를 들어 석유를 매매하는 데 달러가 쓰이면 달러 수요는 늘어나고 달러는 기축이 된다. 달러와 연동된 스테이블코인을 통해 전 세계 디지털 자산 시장을 선점할 수 있다면 미국은 다시 한 번 달러의 찬란한 옛 영광을 찾아오는 것도 가능하다. 스테이블코인이 필요한 시장이 있고 그것이 성장한다면 다시 한 번 잃어가는 기축 지위를 회복할 수 있다. 마찬가지로 중국도 앞에서는 코인 시장의 전면 금지를 내세우지만, 뒤에서는 위안화 연동 스테이블코인의 발행과 같은 계획에는 아무 제재가 없다.

그러나 결국은 스테이블코인이 성장하려면 비트코인은 반드시 필요한 도구가 된다. 아직까지는 비트코인이 가장 큰 시가총액을 차지하고 있는 기축이기 때문이다. 일단은 아직 기축인 비트코인의 시장 파이가 커져야만 스테이블코인이 커질 여력도 생긴다. 비트코인은 당분간 스테이블코인을 소비하는 대상이 되어 줄 것이고, 스테이블코인의 성장은 비트코인의 엄청난 상승이 있어야만 가능하다.

스테이블코인이 기축이 된다

2009년 비트코인의 등장으로 암호화폐라는 개념이 새롭게 생겨났다. 그로부터 10여 년이 지난 지금도 암호화폐는 여전히 일상적인 거래 수단으로 자리잡지 못하고 있다. 비트코인처럼 일부 암호화폐만이 결제가 가능하도록 ATM 같은 시설이 구비되어 있는데, 그마저도 상점 수가 많지는 않다. 비트코인의 가격도 등락을 반복하니 익숙한 법정화폐를 놔두고 낯선 암호화폐를 사용할 이유가 없어 보인다. 달러처럼 세계적인 기축통화가 아닌, 플랫폼 내에서만 화폐처럼 사용하는 토큰도 구매자, 판매자 둘 중 한쪽이 가격변동에 의한 손해를 입지 않으려면 가격 안정성이 있는 화폐를 거래 수단으로 삼아야 한다.

스테이블코인은 기존의 화폐 또는 다른 자산과 연동시켜 가격 안정성을 보장하는 암호화폐다. 크게 법정화폐 담보형, 암호자산 담보형, 무담보형의 3가지로 구분된다.

스테이블코인은 안정적인 코인의 발행과 가치 보증을 위해 중앙화된 운영기관을 필요로 하는 경우가 대부분이다. 스테이블코인에 많은 관심이 쏠리고 있는 이유는 암호화폐의 시세변동 문제만 해결된다면 기존의 금융 서비스를 이용할 때 암호화폐를 사용할 수 있기 때문이다. 게다가 빠르고 저렴한 수수료로 해외 송금이 가능하다는 장점을 확보할 수 있다. 실제 세상과 블록체인 기술을 이어주는 가교 역할을 할 것으로 기대를 받고 있는 스테이블코인은 일정한 가격을 유지하는 것이 바로 가장 큰 장점이다.

2019년 1월 현재 120여 개 기업이 스테이블코인을 개발 중이라고 한다. 미국 입장에서는 법정화폐 지위를 가지는 곳이 하나에 집중되지 않으면서도 스테이블코인이 많이 생긴 만큼 달러 수요를 늘릴 수 있기 때문에 개발자가 몇 군데가 되든 상관없을 것이다. 화폐라는 건 국제분쟁의 여지가 있기 때문에 정부는 전면에 나오지 않고 민간기업을 내세울 것으로 보인다.

그런데 한국 원화와 연동된 스테이블코인은 왜 안 나올까? 국내 암호화폐 거래소만 이용해 본 사람은 이해가 안 될 수도 있지만 외국 암호화폐 거래소를 가보면 알 수 있다. 외국 암호화폐 거래소에는 그 나라 화폐가 들어올 수가 없다. 그 나라 법정화폐로 입금이 안 되니까 스테이블코인이라는 매개체를 어쩔 수 없이 만든 것이다. 한국의 거래소는 코인을 매도했을 때 가상계좌를 통해 법정화폐KRW를 보내주기 때문에 스테이블코인이라는 매개체를 만들 필요가 없었다. 그러나 우리나라도 법정화폐를 디지털화하는 작업을 거쳐야만 디지털 시장의 해외무역 거래에서 사용하기가 쉬워질 것이다. 아니면 바이낸스 코인 같은 거래소 토큰으로 변동성을 잡는 방법이 있을 것이다.

암호화폐 담보형 코인, 테더

스테이블코인은 발행량만큼 달러(법정화폐)를 보유해야 한다. 그리고 그것이 제대로 이뤄지려면 회계 투명성을 확보하고 있어야 한다. 스테이블코인은 돈을 벌기 위한 투자 코인이 아니라는 얘기다. 지불 코인이기 때문에 하락장일 때는 투자했던 코인들을 스테이블코인으로 바꿔놓는 개념으로 가야 한다.

명목화폐 담보형 스테이블코인Fiat-Collateralized Stablecoin은 특정한 회사나 기관이 법정화폐인 달러, 파운드, 프랑 등을 담보로 예치해 두고 그 양에 해당하는 토큰을 발행하는 것이다. 1달러USD와 1대 1 비율로 환전할 수 있는 토큰을 발행하는 식이다. 운영기관은 항상 정해진 환율에 따라 암호화폐와 법정화폐를 환전해 준다. 거래소에서 스테이블코인 가격이 요동치더라도 운영기관을 통하면 보편적인 가치인 1USD를 인정받을 수 있는 것이다.

다만, 달러를 가져오면 금을 내주기로 했던 금본위제의 폐지처럼 만약 운영기관이 예치해 둔 법정화폐를 몰래 빼돌리거나 정책을 맘대로 바꾸어 정해진 환율로 환전해 주지 않는다면 스테이블코인은 휴짓조각이 돼버린다. 테더USDT는 한동안 전 세계 거래소에서 비트코인처럼 기축통화 역할을 해왔다. 초기에 과도한 물량이 풀린 테더가 불투명한 운영이 아닌가 의혹이 생긴 뒤로는, 정말로 발행한 테더만큼 달러를 예치하고 있는지 여부가 논란이 됐다. 명목화폐 담보형 스테이블코인은 법정화폐라는 담보가 있기 때문에 가격이 안정적으로 유지되는 것이다.

그런데 암호화폐 테더를 만든 테더사와 홍콩의 암호화폐 거래소 비트파이넥스가 테더를 불법으로 대량 발행하여 암호화폐 시세를 조작했다는 혐의를 받았다. 테더가 발행되면 비트파이넥스로 전송되어 거래가 이뤄지는데, 사실은 비트파이넥스와 테더가 한 몸이라고 해도 될 만큼 지분 관계가 얽혀 있는지라 내부적으로 테더사에서 달러 입금 없이 테더를 발행하고 발행된 테더가 비트파이넥스로 가서 거래되면서 임의적으로 가격을 펌핑한 것이 아닌가 하는 의심이 있었다. 2018년 11월 미국 법무부는 테더사와 비트파이넥스를 상대로 비트코인 시세 조작에 관한 조사에 나섰다.

담보형 코인과 알고리즘 코인

테더 사태의 문제는 사기업인 테더사가 의사결정을 마음대로 할 수 있었기 때문에 언제든 발행사 측의 지급보증 능력이나 불투명한 운영에 대해 신뢰가 무너질 수 있다는 것이었다. 반면 트루USD[TUSD]는 제3자를 두고 입금이 되는 동시에 스마트 컨트랙트를 통해 발행되는 구조로 2017년에 발행되었다. 독자적으로 운영하는 테더와 다르게 전통 벤처캐피털에서도 최고로 평가받는 앤드리슨 호로위츠를 후원자[backer]로 두었다.

스타트업 기업인 스트롱홀드는 IBM과 제휴해 2018년 6월 앵커토큰[ANKR]을 발행했다. 미국 예금보험공사가 지급보증을 하고 네바다주정부로부터 허가받은 신탁회사 프라임트러스트가 신용보증을 한다. 또 2018년 9월 뉴욕금융서비스당국[NYFDS]은 윙클보스 형제가 운영하는 암호화폐거래소 제미니 트러스트가 신청한 제미니달러[GUSD]와 블록체인 업체 팍소스트러스트가 신청한 팍소스스탠더드 토큰[PAX]의 발행을 허가했다. 모두 달러와 연동되는 스테이블코인이다. 의혹을 받았던 테더와 달리 모두 제도권 테두리 안에서 스테이블코인이 발행되고 이용할 수 있게 됐다. 암호화폐 애널리스트 중에는 "윙클보스의 스테이블코인이 당국의 허가를 받은 일이 비트코인 상장지수펀드[ETF] 승인을 받는 것보다 더 중요하다"고까지 말하는 사람도 있었다.

스테이블코인은 기존 화폐와 같이 코인의 일정한 가치로 실제 지급 결제가 가능하도록 만들겠다는 시도인데, 지급 결제뿐 아니라 블록체인 플랫폼 생태계 활성화에도 활용될 수 있다는 기대도 있다. 안정적 매커니즘을 갖춘 스테이블코인이 나온다면 디앱[DApp](탈중앙화된 애플리케이션)의 활성화도 기대할 수 있다는 전망이 있다. 국내에서도 소셜커머스 분야 혁신을 가져왔던 티몬의 창업자 신현성 대표가 스테이블코인인 '테라' 발행을 예고하며, 전자상거래 시장에 블록체인 상용화를 추진하겠다는 포부를 밝힌 바 있다.

테라는 알고리즘 기반 스테이블코인인데, 수요에 따라 공급량을 계속 조정하는 방식으로 가격을 일정하게 유지하는 코인이다. 기존의 통화처럼 기능하려고 자산을 비축해 두지 않아도 된다는 장점이 있다. 그러나 담보가 필요없는 반면에, 담보가 없기 때문에 시스템에 대한 신뢰가 구축되지 않는다면 논란의 여지는 있다.

월가는 새로운 자산이 필요하다

주식과 부동산이 계속 오르는 이유는 무엇일까? 통화량이 증가할 때마다 돈이 시중에 다 풀린다면 인플레이션이 올 것이다. 따라서 그 돈 중에 일정량은 잠겨 있어야 한다. 지금 강남의 20억짜리 아파트가 만약 1억 원이라면 19억 원은 은행에 있든지, 이자가 적은 경우엔 시장으로 풀릴 것이다. 강남 집이 모두가 1억 원이라면 나머지 돈은 모두 시중에 풀려 물가는 미친 듯이 뛸 것이다. 시장에 돈이 넘쳐나면 돈의 가치는 하락하고, 영화, 커피, 식료품 값 모두 올라갈 수밖에 없다. 이것이 인플레이션이다. 그래서 한국을 비롯해 많은 국가에서 부동산에 자산 가치를 묶어놓는 방법으로 물가를 잡는다.

미국에서는 부동산과 주식도 오르지만 돈을 계속 찍어낸다. 이 인플레이션을 외국에 뿌린다. 미국 안에 갇혀 있는 달러는 적다. 양적완화 때 찍어낸 달러를 공산품을 수출한 중국이 안 받아줬으면 미국은 망했을 것이다. 찍어낸 돈이 부채로 돌아오기 때문이다. 중국은 미국이 찍어낸 달러를 받고 물건을 갖다준다. 그렇게 중국을 통해 미국은 경기부양을 한 셈이다.

이것을 이어가려면 미국은 계속 돈을 찍어내야 한다. 그런데 더 이상 주식과 부동산이 받아주기에는 과부하가 걸린 것이다. 기존에는 금융자산으로 주식, 채권, 펀드를 이용했는데 2008년에 파열음을 내며 미국이 전 세계 경제를 무너뜨렸다. 서브프라임 모기지 사태다. 월가에서는 새로운 금융자산이 필요했고 그러다 보니까 '디지털 자산'이라는 개념도 나온 것이다. 디지털 세상이다 보니까 여기에 투자하기 위해서는 매개체가 있어야 하는데, 이것이 스테이블코인이 된다. 달러가 더 쓰일 수 있는 금융자산 시장이 하나 더 탄생한 것이다.

〈블룸버그〉 자료에 따르면 2017년 말 기준, 돈을 더 찍어내는 양적완화[QE]로 전 세계 금융자산은 1천조 달러를 돌파했다고 한다. 그 중 각국 중앙은행이 발행한 지폐와 동전의 규모(본원통화)는 7조 6천억 달러이며, 채굴되어 유통 중인 금의 규모가 7조 7천억 달러, 글로벌 총생산이 77조 9,900억 달러다. 국가와 민간 부문을 합한 모든 빚(글로벌 채권)이 215조 달러, 부동산 217조 달러, 선물 · 옵션 · 구조화 증권 등의 파생상품 시가총액이 544조 달러다. 그 가운데 새로운 생겨난 신흥 자산 시장인 암호화폐 시장 규모는 1조가 되지 않는 6,284억 달러다. 추적 가능한 1,300여 종만 계산한 수치다. 아직은 암호화폐 시장이 작은 규모이며 갈 길이 멀다는 걸 알 수 있다. 모든 자산이 토큰화된다고 했을 때 암호화폐 시장이 얼마나 커질지도 짐작해 볼 수 있다. 암호화폐의 변동성을 스테이블코인이 잡아주기만 한다면 이제 암호화폐가 실생활에 사용되지 말란 법도 없다.

주류 시장에서도 살아남을 코인은?

만약 2019년부터 비트코인이 증권거래소에 상장한다거나 그에 준하는 상황으로 이어진다면 비트코인과 알트코인은 개별적인 움직임을 보이기 시작할 것이다. 그것이 결국엔 비트코인의 성장을 둔화시킬지 모르나, 그렇게 되기 전에 비트코인은 엄청난 상승을 기록할 것으로 보인다. 이제껏 이슈가 되었던 해당 주식이 대형 증권거래소에 상장하기 전후에 어떻게 되었는지를 보면 그 답을 알 수 있다. 비트코인이 증권거래소에서 거래된다면 엄청난 자금이 유입되어 구글처럼 성장을 할 수도 있다. 물론 그 성장세가 꺾여 주식 시장에서 상폐될 가능성도 없지는 않다. 그때의 정부나 기관들 입장을 알아야 판단할 수 있다.

나스닥에 비트코인이 상장된다면 그때부터는 비트코인으로 알트코인을 결제 지불하는 시장, 즉 BTC 마켓은 소멸하게 될지 모른다. 스테이블코인이 그 자리를 대신할 가능성도 크다. 여기 3장에서는 전 세계 암호화폐 시가총액 순위를 알려주는 코인마켓캡을 기준으로 20위권인 코인들 중에서 몇 가지를 소개하겠다.

내가 운영하는 CKT팀 커뮤니티에서 통용되는 말이긴 하지만, 메이저 코인이란 2017~2018년 시가총액 10위 안에 오래 머물렀던 코인들을 지칭한다. 비트코인과 함께 이더리움, 라이트코인, 리플, 비트코인캐시, 이더리움클래식 등이다. 리플이나 비트코인캐시의 경우는 이미 시가총액 10위권의 몸집을 자랑하는데도 10배 이상의 성장을 기록하는 현상을 보이기도 했고, 이더리움 같은 코인은 이미 많은 디앱들이 나와서 운영 중이기 때문에 누구라도 투자 부적격 판정을 내리지는 못할 것이다. 라이트코인 역시 찰리 리라는 개발자와 비트코인과의 연관성으로 인해 인지도가 높고, 보수적인 미국 거래소에 모두 상장되어 있는 코인이기 때문에 충분히 메이저라고 불릴 만하다.

그리고 준메이저 코인이라고 하면 시가총액 20위 안으로 급격하게 들어온 카르다노ADA, 스텔라 루멘XLM, 트론TRX, 네오NEO, 이오스EOS, 아이오타MIOTA, 넴XEM 등을 말한다. 메이저 거래소 일부에만 상장하고 있기 때문에 투자하는 데 약간의 제약이 따르는 코인이다.

그밖에 시가총액 100위권에 있는 코인 중에 언제든 성장세가 있을 가능성이 있는 코인들이 있다. V체인VET, 온톨로지ONT, 퀀텀QTUM, 질리카ZIL, 오미세고OMG, 아이콘ICX, 스팀STEEM, 바이텀BTM, 코모도KMD,

레드코인RDD, 파워렛저POWR, 덴트DENT 등이 있다.

세대별로 투자 비율은 달라야 한다

내가 2018년에 출간한 『비트코인 1억 간다』의 첫 페이지에 영국 작가 더글라스 애덤스의 말을 인용한 적이 있다. 『은하수를 여행하는 히치하이커를 위한 안내서』라는 SF소설을 쓴 더글라스 애덤스는 테크놀로지를 받아들이는 세 가지 유형에 대해 언급한 바 있다.

첫째, 태어났을 때부터 이미 존재하는 모든 것은 우리에게 일상적이다. 둘째, 출생에서부터 30세 이전에 발명된 것은 놀랍도록 흥분되고 창의적이며, 그것을 사용할 수 있다는 것은 일종의 행운이다. 셋째, 30세 이후에 발명된 것은 자연의 질서에 반하는 것이며, 우리가 알고 있는 문명의 종말을 뜻한다. 그러나 그것이 약 10년 이상 존재한다면 우리는 그것과 천천히 친해질 수 있을 것이다.

2018년 '이더리움클래식 서밋'에 참가하기 위해 한국에 온 비트코인 강세론자 톰 리Thomas Lee 펀드스트랫 글로벌어드바이저GA 대표의 인터뷰를 보면, 그도 역시 세대에 따라 디지털 화폐를 받아들이는 태도가 다르다는 점을 지적한다. 그는 비트코인 가격이 오르내릴 때마다 미국 경제 매체 CNBC에 어김없이 등장해 애매하지 않은 말로 간단 명쾌하게 분석해 주는 사람으로 이름을 알리고 있다.

지금의 20, 30대들에게 디지털 화폐는 익숙한 것이다. KTX나 비행기를 탈 때 모바일 티켓은 편리한 가치 저장 수단이며, 당연한 일이다. 그런 면에서 생각하면 암호화폐에 투자하는 20대들의 모습은 어색한 일이 아니다. 20년 후, 30년 후에도 이 세상을 살아가야 하는 20대 입장에서 암호화폐 투자는 미래에 있을 사회의 한 모습에 대한 선투자다. 50대, 60대라면 오히려 사는 동안 쓰지 못할지도 모르는 자산에 투자하기보다 기존의 전통적인 자산에 투자하는 것이 나을 수 있다.

다만 보수적인 투자자 성향인 나의 원칙으로는 자신이 감당하지 못할 금액의 돈을 대출받아 투자하는 모습은 현명하지 못한 것으로 보인다. 연봉이 2천만 원인데 2억 원을 대출받아서 잡코인에 털어넣고 이자를 감당해 가면서 오르내리는 차트를 보면서 불안해하는 방식은 권하고 싶지 않다. 여윳돈으로 부동산을 샀는데 잊어버리고 있다가 10년, 20년 후에 봤더니 상당히 시세가 올라 있더라는 말을 들어본 적이 있는지 모르겠다. 암호화폐는 가격이 하락해 있을 때 부담 없는 금액으로 메이저 코인을 골라 개수를 늘려가는 방식으로 투자하는 것이 가장 안전하고도 수익률을 높이는 투자법이다.

ETF에는 어떤 코인이 들어갈까

미국에서 암호화폐 거래소들이 공통적으로 상장하고 있는 코인이 뭘까? 아마도 그것들이 상장지수펀드[ETF]에 들어갈 가능성이 높을 것이다. 서울에서 BTCC 코리아가 주최한 행사에서 '중국의 비트코인 아버지'라고 불리는 바비 리 BTCC 대표를 인터뷰한 적이 있다(유튜브 참조). 그는 개인적으로 비트코인, 비트코인캐시, 이더리움, 라이트코인만 보유하고 있다면서 5대 코인에 투자할 것을 권했다. 몇백 배 반등을 기대하며 새로 탄생한 코인만 쫓지 말라는 의견이었다.

어느 것이 메이저 코인인가, 어느 것이 오랫동안 살아남을 것인가에 대한 아이디어는 코인베이스의 상장 코인을 보면 힌트를 얻을 수 있다. 미국 최대 거래소이며 보수적으로 상장을 하는 코인베이스에는 2018년 상반기까지 비트코인, 이더리움, 라이트코인, 비트코인캐시, 이더리움클래식이 상장돼 있으며, 조만간 추가할 코인이 있는 것으로 발표되었다. 상장 가능성이 언급된 코인에는 카르다노ADA, 스텔라루멘XLM, 지캐시ZEC 등이 있었다.

ETF는 주식으로 말하면 우량주식을 모아 금융상품으로 만드는 것인데, 간접자본이 들어오기 때문에 여기에 포함되는 코인은 상당한 호재가 되어 시가총액이 더 오를 수 있다. 전 세계 시가총액 상위 5개 암호화폐(2018년 3~5월 기준)는 비트코인, 이더리움, 리플, 비트코인캐시, 라이트코인이다.

한편 스위스 최대 증권거래소 그룹인 SIX에서 ETF가 상장한다. 2018년 11월 영국 블록체인 스타트업인 아문 크립토가 개발한 ETF가 상장 승인을 받았다. 비트코인, 리플, 이더리움, 비트코인캐시, 라이트코인 등 5개 암호화폐를 기초로 만든 것으로, 시가총액 비중대로 비트코인 50%, 리플 25.4%, 이더리움 16.7%, 비트코인캐시 5.2%, 라이트코인 3.0%이 반영된다.

SIX는 유럽 내 4위 거래소로, 이곳의 한 임원은 "앞으로 10년 뒤면 전통적인 거래소가 블록체인 기반의 디지털 거래소로 완전히 대체될 것"이라고 전망하기도 했다. ETF 상품이 있으면 기관투자자들도 암호화폐 시장에 대한 투자 포트폴리오를 짤 수 있게 된다. 예를 들어 비트코인과 이더리움이 묶여 있는 상품이 있다면 비트코인이 하락하더라도 이더리움이 상승하면 헤징이 가능하다.

개인투자자가 간접투자에서 가장 간단하게 수익이 날 수 있는 것은 '암호화폐 시가총액이 무조건 오른다'에 배팅하는 것이다. 비트코인을 직접 투자하는 것도 좋지만, 비트코인의 시가총액이 몇 년 뒤 커져 있으면 돈을 버는 내용의 상품을 고르면 절대 손해 볼 일은 없을 것이다. 암호화폐 펀드는 아직 시작 단계의 시장이기 때문에 개인투자자도 매수했을 때 상당히 매력적인 상품이 될 수 있다. 2019년 1월 현재 400만 원대에서 250만 원까지 저점이 내려간다는 전망도 있지만, 어쨌든 더 내려가기 힘들다고 봐야 하는 수준이기 때문에 '몇 년 뒤 상승한다'에 투자하기 좋다.

이더리움과 스마트 컨트랙트

금융 시장의 역사는 해가 거듭되면서 더욱 간편하고 효율적인 자본 이동을 원하고 있다. 2018년에 와서는 블록체인을 이용하여 글로벌 장벽을 뛰어넘으려는 시도가 진행 중이다. 블록체인이 가진 가장 강력한 기능 중 하나는 '전송' 기능이다. 인터넷 혁명을 통해 국내뿐 아니라 해외주식 거래도 가능해졌지만, 이보다 더욱 간편하면서도 보안성을 갖춘 솔루션들이 등장하고 있다. 블록체인 생태계에서는 누구나 스마트 컨트랙트를 지원하는 이더리움 플랫폼을 이용해 자유롭게 자신만의 자산을 만들 수 있게 되었다. 최근 들어 전문가들이 하나같이 증권형 토큰이 시장을 주도할 것이라고 말하는 것은 더 효율적인 자산 이동을 실현시켜줄 차세대 금융상품으로서 기능하기 때문이다.

스마트 컨트랙트는 블록체인 기반으로 프로그래밍된 어떤 계약 조건을 만족시키면 제3자의 보증이 없어도 자동으로 계약이 실행되는 프로그램으로, 비탈릭 부테린이 비트코인을 포크해(원래 프로세스에서 갈라져나온 가지 프로세스를 만들어) 이더리움이라는 암호화폐를 만든 후부터 구현이 가능해졌다. 스마트 컨트랙트 덕분에 이더리움이라는 블록체인 플랫폼 위에 다양한 분산형 애플리케이션(디앱)을 개발할 수 있는데, 애플이나 갤럭시 스마트폰 안에 들어가 있는 여러 앱App들을 떠올려보면 이해할 수 있을 것이다. 디앱은 블록체인 기술로 구현되는 앱이라고 생각하면 된다.

비탈릭 부테린은 비트코인의 문제점을 지적하면서 "지불 수단 외에는 관심이 없는 듯하다"고 했는데, 이더리움은 금융 거래 외에도 여러 비즈니스 분야에 접목할 수 있도록 비트코인을 업그레이드한 것이라고 볼 수 있다. 비트코인만 보면 암호화폐는 '화폐'일지 모르지만 이더리움을 보면 암호화폐는 그 이상이다. 이더리움을 사용하면 개발자는 모든 종류의 분산화된 응용 프로그램을 배포할 수 있다. 한국이든 어느 나라든 ICO를 공표하면 가장 많이 쓰일 코인은 이더리움이다. 미국, 중국, 한국, 일본 중 어느 나라가 됐든 ICO를 합법화해서 인정하거나 법률적인 근거를 마련해 주면 ICO에 쓰이는 이더리움도 수요가 늘어날 것이다. 비트코인이 ETF 상장을 한다거나 증권거래소에 상장되어 기축의 자리를 벗어나면 대장주로서 가장 눈에 띌 코인 역시 이더리움이다. 규제 등 시장 상황이 좋아지면 이더리움은 당연히 상승할 우선순위 1순위 코인이다. 다만 안정적으로 가는 반면 급등은 잘 안 하기 때문에 염두에 두기 바란다.

비트코인이 만약 기축의 지위를 잃고 '자산'의 개념으로 바뀌어버리면 이더리움은 기술적 가치를 인정받으면서 비트코인과는 다른 가격 등락의 양상으로 갈 수가 있다. 관건은 스테이블코인이다. 스테이블코인으로 암호화폐를 다룰 수 있는 시기가 와서 비트코인의 기축을 대신할 수 있을 때, 이더리움이 기술적 가치로서 인정받을 수 있을 것이다. 스테이블코인이 얼마나 빠르게 시장에서 안정을 찾느냐에 따라 그 시기는 달라질 것이다.

비트코인과 이더리움을 뛰어넘는다, 카르다노

암호화폐 업계에는 3대 천재 개발자라고 부르는 사람이 있는데, 이더리움ETH을 만든 비탈릭 부테린 외에도 카르다노ADA를 만든 찰스 호스킨슨이 있다. 카르다노(에이다)의 총 코인 수는 630억 개로 어마어마한 양인데, 315ADA가 발행되었고 그중 80%인 252억ADA는 ICO를 통해 교환됐으며 나머지는 카르다노재단에서 관리하면서 통화량을 조절한다고 한다. 중립적으로 플랫폼을 운영, 관리할 수 있도록 재단을 만들어서 투명하게 운영하겠다는 방침을 세웠던 코인이다. ICO는 1차, 2차, 3차를 일본에서 진행했고 그 기술력을 인정받아 에이다 ATM까지 등장할 정도였다. 2019년 1월 31일 현재 시가총액 11위다.

모바일 암호화폐 플랫폼인 카르다노와 거기서 파생한 암호화폐 에이다ADA는 보다 많은 사람들이 널리 안심하고 사용할 수 있도록 공식적인 검증을 통한 개발을 표방하고 있다. 찰스 호스킨슨이 이끄는 IOHK(인풋아웃풋홍콩)가 개발하는 모든 카르다노 제품들은 엄격한 과정을 거친다. 블라인드 처리된 비평 리뷰를 통해서 다른 과학자들에게 검증을 받는다. 카르다노의 엔지니어들은 새로운 애플리케이션에서 새로 개발한 이론을 수행하기 위해 연구를 계속한다. 매월 보고서를 공개하고 투명성을 강화하기 위해 주간 테크니컬 리포트를 공개하고 진전된 사항들을 설명한다.

이더리움은 '월드 컴퓨터'를 지향하지만 그 기능을 수행하기에는 기술 구현이 정말 되고 있는지 현재로서는 증명할 수 없다고 하는데, 카르다노는 이더리움의 약점을 공격하는 마케팅으로도 유명세를 탄 적이 있다. 이더리움은 최근에 확장성 등의 문제로 '열린 금융'이라고 목표를 바꾸기도 했다. 확장성이란 네트워크에서 노드(구성원)의 수가 증가해도 이들의 원활한 통신을 지원할 수 있는 능력을 말한다. 시스템이 커버할 수 있는 것보다 트랜잭션(매출, 반품, 입출금 등 거래 데이터)이 많이 들어오면 처리 비용 상승과 속도 지연의 문제가 생겨 곤란해진다.

개발자 찰스 호스킨슨을 인터뷰한 자료들을 보면, 카르다노는 금융 애플리케이션들을 위한 플랫폼이다. 저개발 국가에 금융 인프라를 제공하는 것이 개발 목표라고 한다. 아프리카 같은 곳에 가면 은행 인프라가 없는데 기존 방식의 시스템을 구축하려면 비용이 너무 많이 들기 때문에, 카르다노가 그런 곳에 저렴한 금융 인프라 혜택을 줄 수 있다는 것이다. 에티오피아 정부와도 MOU를 맺고 농업 분야, 특히 커피 농장에 사용하는 것을 검토하고 있다고 한다.

현재의 뱅킹 시스템도 에너지 소비가 많다고 하는데, 채굴 코인은 작은 국가의 에너지 소비량 수준으로 에너지 소모가 많다. 안전하면서도 환경 측면에서도 지속 가능한 것을 표방하는 것이 카르다노다. 이것을 위해 카르다노는 혁신적인 지분증명POS 방식을 택했는데, 항상 컴퓨터를 온라인으로 둘 필요가 없다고 한다.

중국이 만드는 미래 세상, 네오

블록체인 관련해 가장 많은 특허를 가지고 있는 기업은 알리바바다. 그 다음은 뱅크 오브 아메리카, 중국 3대 은행(인민은행, 공산은행, 농공은행)이다. 모두 금융업이다. '알리바바는 전자상거래 업체 아냐?' 하고 의아해하는 분이 있을지 모르겠지만, 알리바바의 마윈이 이끄는 사업 중 가장 활발한 부분은 앤트파이낸셜이다. 수수료가 거의 없으니 은행보다 수익성이 좋아서 중국 정부가 괘씸해할 정도다. 자산 집계를 안 했을 뿐 규모로는 골드만삭스보다 크다는 예측도 있다.

암호화폐를 화폐로 본다면 암호화폐 기업의 업태는 금융업이 맞다. 인프라 측면에서 봤을 때는 이더리움, 이오스EOS처럼 플랫폼이 있거나 앞으로 산업 기술 발전에 도움을 줄 전자문서 같은 기술 쪽으로 많이 알고 있지만, 결론적으로는 암호화폐가 가장 많이 특허를 갖고 있는 건 금융업이라는 점은 주목할 만하다. 지금의 신용화폐 사회는 금융 환경을 부활시키든가 바꾸든가 결정해야 할 기로에 놓인 채로 진화를 하고 있다. 암호화폐 사업을 하려는 업체들이 금융에 대한 특허권을 확보하고 있다는 건 암호화폐가 가장 적용되기 쉬운 분야가 금융 산업이라는 것이다.

블록체인 사업을 실제 하고 있는 사람들의 이야기를 들어보면 중국은 한국보다 블록체인 사업에서 3년은 앞서 있다고 한다. 한국에서는 은행이 기업에 법인계좌를 내주는 것도, 건물주가 암호화폐 기업에 사무실 임대를 주는 것도 정부 눈치를 보느라 꺼리는 동안 격차는 더욱 벌어지고 있다고 입을 모은다. 중국에서는 암호화폐 거래소는 막았지만 블록체인 사업을 하는 데는 아무 제재를 받지 않는 것 같다.

네오는 개방형 네트워크이자 '스마트 이코노미' 프로젝트다. 디지털 자산을 등록하고 전송하고 교환할 수 있는 블록체인이다. 네오는 이더리움 기반으로 탄생했는데, 퀀텀QTUM과는 경쟁관계에 있다가 중국의 국가표준을 가장 먼저 받아냈다. 네오는 중국의 차세대 신금융을 책임지고, 퀀텀은 스마트시티 안에서 기술적인 부분에 대해 역할 분담을 하는 것이 아닌가 생각된다. 네오는 앤트코인이라는 이름에서 개명한 후에 주목받게 되었는데(앤트코인은 알리바바의 앤트파이낸셜과 이름이 겹친다), 지금은 '중국의 이더리움'이라고 부른다. 개발자는 다 홍페이Da Hongfei 온체인 대표로, DNA라는 이름의 기업형 프라이빗 블록체인을 만들었다. 여기에 네오NEO와 가스GAS라는 두 가지 토큰이 존재한다. 중국 시장이 다시 열리는 시기가 온다면 네오와 온체인이 런칭한 코인들은 다시 성장할 수 있는 여력이 있다고 판단된다.

온톨로지ONT는 네오 기반의 코인이며, 역시 온체인이 투자를 진행했다. 네오와 유사성이 있기 때문에 경쟁관계가 되지 않을까 생각할 수 있지만, 오히려 협력적, 전략적 관계로 탄생한 코인이다. 네오보다 한 단계 더 신원 인증을 강화하면서 아이콘ICX처럼 플랫폼 코인을 연결하는 기능이 있으니 네오의 업 버전이라고 봐야 할 것이다. 네오가 구현하지 못하는 기능을 구현하는 상호보완적 관계인 셈이다.

네오라는 플랫폼에는 더키 같은 디앱이 구동한다. 네오 더키는 중국 정부의 독점 허가를 받는 신원증명 코인이다. 16억 인구를 등에 업었다 할 수 있다. 2017년에는 가장 뛰어난 블록체인 기술로 인정받았다. 지금도 대기업들은 보안을 중요시 여기면서 막대한 자금을 쏟아붓고 있는데, 신원증명을 하는 속도가 빨라진다는 것은 결제가 빨라진다는 것을 의미한다. 기업 입장에서는 생존의 문제다. 가장 안전하고 정확하게 신원증명을 해내는 기술을 구축하는 것이 앞으로 4차 산업혁명의 가장 큰 화두 중 하나이고 상당히 중요한 문제다. 전 세계의 대기업들이 생체기술을 가지고 있는 기업들을 인수합병하는 이유가 바로 그것이다. 지금 우리는 은행이나 카드회사나 각종 전자상거래 홈페이지에 가입할 때 신원증명을 하기 위해 번거롭고 오랜 시간이 걸리는 작업을 거친다. 4차 산업혁명 시대에는 그렇게 비효율적인 시스템으로는 승산이 없다. 신원인증은 결국 지불이나 블록체인 사용을 위한 첫 단추다. 우리가 핸드폰으로 계좌이체를 하거나 관공서에서 본인 확인을 할 때 무조건 사용할 수밖에 없는 사업성 있는 아이템이다. 신원인증 블록체인은 결국 블록체인 기술이 상용화되면 반드시 따라갈 수밖에 없는 사업 아이템이다.

하드포크된 코인, 비트코인캐시

은행 통장에 찍혀 있는 '숫자'는 물리적으로는 실체가 없는 것이지만 돈이다. 은행에 가서 그 숫자를 보여주면 언제든 현금으로 바꿔준다. 한국은행은 동전 없는 사회를 목표로 하지만, 중국은 현금 없는 사회를 목표로 한 결과 시장 좌판에서도 QR코드로 결제하는 것이 가능하다. 물리적으로 만질 수 없지만 모두 돈이다. 싸이월드의 도토리나 페이스북의 크레딧은 서비스를 이용하고 결제할 수 있는 돈이다. 물리적인 실체가 없고 그저 온라인에서 떠도는 코드일 뿐이지만 그래도 돈이다. 처음에는 비트코인 역시 이와 같다고 해서 '가상화폐'라는 이름으로 불렸다. 다만 싸이월드나 페이스북이나 한국은행처럼 발행 주체가 없다는 것이 다를 뿐이다. 유통량을 조절하는 곳 없이 처음부터 2,100만 개가 숨겨져 있고, 성능 좋은 컴퓨터로 암호화된 수학 문제를 풀면 비트코인을 얻을 수 있다. 광부가 한정된 매장량의 금gold을 캐는 모습과 같다. 2,100만 개의 비트코인을 다 캐면 더 이상 비트코인은 얻을 수 없으며 그래서 '디지털 금'이라는 이름으로도 불린다.

암호화폐 개발자들은 이전 버전의 블록체인 프로토콜(데이터 교환을 위한 통신 규칙)에서 심각한 보안상 취약점을 발견했다거나 소프트웨어에 새로운 기능을 추가하거나 개선하려고 할 때 하드포크를 한다. 기존의 블록체인 안에서 업그레이드되는 소프트포크와 달리, 어느 한 시점에 블록체인 프로토콜이 급격하게 변경되어 블록체인이 둘로 나뉘는 것이 하드포크다. 기존의 블록체인과는 호환되지 않으므로 하드포크로 인해 새로운 암호화폐가 만들어진다. 비트코인캐시는 그렇게 탄생했다(이더리움의 경우에는 하드포크된 새로운 블록체인이 이더리움, 기존 버전이 이더리움클래식이 되었기 때문에 조금 다르다).

세계 최대 채굴업체이자 채굴장비업체인 비트메인의 우지한 대표와 '비트코인캐시 전도사'라 부르는 비트코인닷컴 로저 버Roger Ver 대표의 이해관계가 맞아떨어져 시세 조종의 의혹을 자주 받았지만, 비트코인캐시는 5대 코인으로 손꼽히는 암호화폐로 자리잡았다. 선도자인지 선동꾼인지 알 수 없는 태도 때문에 나도 개인적으로 좋아하진 않지만, 암호화폐도 하나의 산업이라고 바라봤을 때 중국 시장이 열린 후 증권사 상장까지 가능한 코인이 뭘까 곰곰이 생각해 보면 그래도 비트코인캐시 정도밖에 없다는 생각이 든다. 우선 비트메인이 현재 채굴기를 팔아서 영업이익이 나오기 때문에 눈에 보이는 수치를 분석하기에는 가장 현실적으로 적합하다.

엔터테인먼트 플랫폼, 트론

트론TRX은 블록체인 기반의 엔터테인먼트 플랫폼으로, 지불, 개발, 신용거래 등의 기능을 제공한다. 지금은 유튜브 크리에이터가 주목받는 시대이지만, 불법 유통, 수익 분배 등 저작권에 대한 문제도 불거지고 있다. 트론의 목표는 저작권 문제뿐 아니라 컨텐츠 생산자들의 창작물 제공에 대한 정당한 보상이 이뤄지는 엔터테인먼트 컨텐츠 생태계를 구축하는 것이다. 트론 네트워크의 기초가 되는 컨텐츠 저장 플랫폼은 개인들이 각자 컨텐츠를 보관하고 판매할 수 있는 장터 같은 곳이다. 여기서 컨텐츠 판매와 구매 비용은 트론 코인으로 거래된다.

트론은 한때 기술적인 부분에서 혹평을 받으며 스캠(사기)일 수 있다는 말이 돌았던 코인인데, 하락장일 때 ICO를 한 덕분에 낮은 가격에 받았던 이더리움이 이후 상승장으로 크게 올라 트론의 기술이나 로드맵과는 별개로 개발자가 청년 재벌이 된 경우였다. 한국에서는 코인네스트에서 최초 상장했는데, 코인네스트는 비트메인 우지한 대표의 투자를 이끌어낸 거래소다.

개발자인 저스틴 선은《포브스》가 선정한 '2017년 중국과 아시아를 움직이는 30대 이하 30인'에 뽑혔고, 알리바바 마윈 회장의 제자로도 알려져 있다. 마케팅과 영업력으로 부각된 트론은 지금은 막대한 자금 덕분에 기술 개발에 투자해 로드맵이 바뀌었다고 할 수 있을 정도다. 2019년 1월 31일 현재 시가총액 8위로, 미래 전망은 긍정적이라고 본다. 혹시라도 개발자의 성향을 제대로 파악하고 싶다면 트론이 나오기 전 스타트업을 준비하던 시절의 저스틴 선 인터뷰를 찾아서 보기 바란다(EBS 다큐프라임 '글로벌 인재전쟁'에 쑨위천 루이텐샤 대표로 등장한다).

기프토 토큰[GTO]이 트론의 가격을 올린 적도 있는데, 기프토 ICO가

3분 만에 종료되는 바람에 여기에 들어가지 못한 투자자들의 수요가 트론으로 몰린 탓이었다. 기프토는 한때 트론 플랫폼 기반의 디앱이라고 알려진 적도 있지만 밀접한 관계 때문에 생겨난 오류였다. 기프토는 한마디로 블록체인의 아프리카TV 정도로 이해하면 될 것이다.

사물인터넷 화폐, 아이오타

아이오타MIOTA는 블록체인이 없는 최초의 암호화폐로, DAG(방향성 비사이클 그래프) 기술을 기반으로 하는 '꼬임tangle'을 사용한다. DAG는 데이터를 압축하거나 네비게이션에서 최단 경로를 찾을 때 사용하는 기술인데, 거래가 발생된 후 곧바로 검증 네트워크에 들어가 효율성이 높아진다. 이로써 트랜잭션(거래증명)과 전송이 리플XRP처럼 빠르고 거래 규모가 아무리 커져도 대응이 가능하다. 블록 한 개를 형성하는 데 10분이 걸리는 비트코인이나 여전히 12초가 걸리는 이더리움보다 거래증명이 쉽기 때문에 트랜잭션 수수료가 없다. 비트코인 가격이 상승하면 소액을 이동할 때는 수수료가 너무 크다는 문제가 있는데 이것을 아이오타는 해결할 수 있다.

아이오타는 작업증명POW 방식이 아니어서 거대 채굴자miner에게 휘둘리지 않아 자유롭고, 거대한 비용으로 전기를 소모하지 않기 때문에 친환경적이다. 또 지분증명POS 방식에서는 관련 암호화폐를 특정량 보유하고 있는 사람들 중에서 다음 블록 생성자를 선출하는데, 아이오타는 지분증명 방식이 아니어서 자본가의 장악에서도 자유롭다.

아이오타는 사물인터넷[IoT]에 최적화된 새롭고 참신한 마이크로 트랜잭션 암호화 토큰이다. 비트코인 같은 복잡하고 무거운 블록체인과는 달리 가능한 경량이 되도록 만들어졌으며, IoT에 중점을 뒀기 때문에 IOTA라는 이름을 사용한다. 목표는 급성장하는 사물인터넷 시장에서 사용되는 통화로, 향후 수십 년 동안 크게 성장할 것으로 예상되고 있다. 아이오타는 블록체인 전체를 대체하려고 하지 않으며, 이더리움 같은 스마트 컨트랙트 플랫폼을 위한 신탁 역할을 하고 현재의 블록체인 생태계를 보완하는 역할을 한다. 2019년 1월 31일 현재 시가총액 13위다.

상용화되면 날아오를 코인을 찾아라

●

인터넷은 1960년대 미국에서 군사적 목적으로 개발됐지만 실생활에 도입이 된 것은 1990년대 이후였다. 일반인이 피부로 느끼기 시작하는 데만 30년이 걸렸다. 2019년은 블록체인이 탄생한 지 10주년이 되는 해다. 우리에게는 변곡점이 필요하다. 각국 정부의 움직임, 규제와 법제화, 대기업들의 움직임 등을 보고 시장이 어떻게 변화할 것인가 제대로 알아차릴 수 있는 시각을 가져야 한다. 점점 더 빠르게 진행되는 것이 세상의 변화다. 코인 시장은 튤립 버블과는 다르다. 튤립은 시들어버리면 사라지지만, 암호화폐는 사라지지 않는다. 전 세계적 트렌드로서 개발되고 있어 결국 진화하고 성장할 것이다.

닷컴 혁명 시대에도 미래적 가치에 투자하는 사람들이 있었다. 거품 속에서도 실제로 실현된 기술들이 있었다. 넷스케이프는 첫 상용화된 웹 브라우저였다. 웹 사이트를 찾아가기 위해 복잡한 명령어를 입력하는 대신 그래픽 이용자 인터페이스를 선보여 인터넷을 대중화하는 데 결정적인 역할을 했다. 월드와이드웹[www]이 인터넷에 도로를 닦았다면 마크 앤드리슨이 개발한 넷스케이프는 월드와이드웹을 대중들의 손에 가져다주었다. 1990년대 중반까지 넷스케이프는 인터넷으로 통하는 유일한 관문이었다. 1995년에 실시한 기업공개[IPO]에서는 상장되자마자 공모가 14달러에서 75달러까지 치솟았다. 하루 만에 500% 이상 상승한 것이다. 당시 20대였던 마크 앤드리슨은 월가에 엄청난 충격을 가져다주며 하룻밤 사이에 억만장자가 되었다. 그는 그때 번 돈으로 지금은 벤처캐피털을 운영하며 페이스북, 트위터 등에 투자하고 있다.

암호화폐 시장에서 개인투자자들은 그 기술이 진짜 구현되고 상용화될 것이라고 생각하며 투자한다. 그러나 공부한 만큼만 투자하고 보이는 만큼만 투자를 진행하는 것이 현명하다. 어떤 코인이 현물 시장에서 경쟁력 있게 커나갈 것인지에 대해서는 계속해서 공부가 필요하다. 거의 모든 산업은 초기에 중소기업이 키운 판을 대기업과 국가가 나서면서 변화를 보인다. 지금은 그에 맞는 투자로 바꿔야 할 때가 아닐까. 수익률에만 의존하던 코인은 정리하고 이제부터 상용화를 염두에 두고 매수할 코인을 골라야 할 때다.

은행간 송금의 상용화 1순위, 리플

한국은행의 보고서 「암호자산과 중앙은행」에서 말한 화폐로서의 자격 기능을 보면, 교환의 매개 수단, 계산 단위, 가치 저장 수단 등을 들고 있다. 이걸 자세히 들여다보면 앞으로 암호화폐가 실제 활용되는 데 있어 어느 분야로 특장점을 가질 수 있을지 짐작해 볼 수 있다.

화폐가 교환의 매개 수단이 될 수 있는 것은 휴대의 편의성과 광범위한 수용성 때문이다. 그런데 암호화폐는 가치 변동이 크고 통용에 대한 강제력이 없기 때문에 단기간 내에 광범위한 수용성을 갖기 힘들다. 현재로서는 현금, 신용카드 등에 비해 거래비용(수수료, 처리시간)이나 가치 안정성에서 경쟁력이 떨어지지만, 중개 은행을 배제한 채 이체가 가능하기 때문에 국가간 송금에서는 경쟁력을 가지고 지급 수단으로서 이용될 수 있다.

리플XRP은 전 세계적으로 150여 개의 금융 고객사를 유치하고 있으며, 현재 암호화폐가 실생활에 쓰인다면 가장 먼저 쓰일 코인으로 지목받는다. 파트너십 계약을 맺은 기업도 브라질, 인도, 싱가폴, 캐나다 등 다양하다. 젊은 인구가 많은 브라질이나 금융 혜택을 못 받는 인구 대국이 포함돼 있다(지금까지 금융 시스템이 강하게 지배하는 지역을 타깃으로 하는 코인은 거의 못 봤다).

리플은 초당 1,500건의 트랜잭션을 처리하고 엄청난 전력을 소비하는 채굴 문제가 없다. 비트코인의 채굴은 세계 1~10위가 모두 중국 업체라고 이야기되는데, 미국 입장에서는 리플이 비트코인보다 용량, 효율성, 기술력 등은 좋으면서 중국 채굴업자가 통제하지 않으니 '비트코인 2.0'이라 부르기에 충분하다. 그동안 리플은 발행량이 많기 때문에 성장성이 크지 못하다는 말을 많이 들었지만, 실제 상용화되면 리플의 발행량은 많다고 할 수 없다. 단지 상용화되지 못하고 있기 때문에 발행량이 많아 보이는 것뿐이다.

리플은 기존 은행권의 일정 부분까지 소화하려고 한다. 보수적인 금융권에서 리플의 상용화에 보수적일지는 모르겠지만, 이제 상황이 달라지는 때가 왔다. 기존 금융 시장은 포화 상태에 왔고 이제는 금융 시스템이 정착되지 못한 신흥국들로 확장이 필요한 시기다. 해외 노동자로 나가서 송금 서비스를 이용해야 하는 인구가 많기 때문에 동남아시아 시장은 매력적인 타깃 시장이 되고 있는 것이다. 특히 젊은이들을 중심으로 코인으로의 자산 이동이나 송금이 이루어지고 있다. 리플이 쓰일 수 있다면 인프라 구축에 들이는 비용이나 시간도 크게 필요가 없다. 리플은 서로 다른 국가간에, 타 은행간에, 다른 생태계 사이에서 그 다리 역할을 분명히 해낼 수 있다.

"리플이 사용되면 전 세계에 암호화폐가 사용될 것이다"라는 전망을 하는 사람도 있지만, 나는 그렇게 생각하진 않는다. 리플은 오히려 별개가 아닐까. 자국의 법정화폐를 빠르게 전환해 주기 때문에 법정화폐 호환으로 쓰일 것이다. '암호화폐 도입'이 아니라 '법정화폐 호환'이다. 그렇다면 혹시 암호화폐가 모두 없어진다 해도 리플은 매개체로서 자리잡을 수 있다. 그러나 이더리움이 쓰인다면 그것은 암호화폐 전격 도입을 뜻하는 것이기 때문에 의미가 다르다(기술 코인이라 부르는 이더리움은 다른 느낌이다). 희망과 팩트는 구분해야 한다. 저변이 넓어지면 좋은 현상으로 보는 것일 뿐, 리플이 도입된다고 해서 에이다, 오미세고, 넴도 결제 도입이 되는 건 아닐 것이다(리플은 결제 기반이 아니라 송금 기반이다).

개인간 자금 결제에 스텔라

스텔라는 자산과 가치를 편리하게 이동시키는 블록체인 플랫폼이다. 리플에서 하드포크되어 개발했기 때문에 리플과 유사성이 많지만 은행간 자금 결제보다는 개인간 자금결제 이용에 초점을 맞춘 것으로 판단된다. 스텔라 루멘XLM은 스텔라 결제 네트워크에서 사용되는 암호화폐로 2019년 2월 1일 현재 시가총액 9위다. 실리콘밸리 인사들이 많이 참여했는데, 개발자 제드 맥칼렙은 마운트 곡스를 만들었던 사람이라는 것이 특이사항이다.

스텔라는 서민 위주의 결제에 편리성이 있다. 작은 단위의 결제에 자유롭고 모바일 결제가 쉽기 때문에 접근성이 좋아서 여러 가지로 실생활 사용 가능성이 높다. 금융 시스템 접근이 어려운 빈민들에게 수수료를 절감해 준다는 목표로 필리핀, 인도, 서아프리카 등에서 파트너십을 진행하며 성장하고 있다. 스텔라는 이용 대상자가 금융 소외계층으로 자금력이 큰 쪽은 아니기 때문에 가격적인 우상향 전망은 장기적인 시선에서 보고 관리하는 종목으로 가져가야 할 것이다.

2018년부터 암호화폐 시장에서 '증권형 토큰'이 이슈다. 코인베이스, 비트플라이어, 폴로닉스 등의 거래소들이 증권 거래 라이선스를 취득하기 위해 서류 심사를 받고 있는 배경이기도 하다. 상장된 코인이 증권법의 관리를 받아야 하는 암호화폐로 판명될 경우 상폐시켜야 하는 위험이 있기 때문이다. 거래소 입장에서는 라이선스를 받아두면 증권형 토큰에 대한 대비가 된다. 스텔라루멘은 비영리단체로서 코인을 발행하기 때문에 증권형 토큰이 될 위험은 없다.

SNS 코인의 롤모델, 스팀

디앱DApp(탈중앙화된 애플리케이션)은 블록체인 생태계에서 사용자들이 블록체인의 가능성을 실감할 수 있는 키워드다. 그러나 아직까지는 디앱이 실제 구현에서 보여준 것이 거의 없다. 비트코인을 1세대 코인, 이더리움을 2세대 코인, 이오스를 3세대 코인이라고 부르기도 하지만 마케팅을 위해 쓰는 말일 뿐, 실제로 구현된 것이 거의 없기 때문에 그런 표현 자체가 잘못됐다는 것이 내 개인적인 생각이다. 아직까지는 모든 걸 통틀어서 아직도 1세대로 불러야 하는 것이 맞지 않을까 싶다. 3세대 통신3G, 4세대 통신4G은 존재하고 쓰이고 있었기 때문에 아직 다가오지 않은 5G를 5세대 통신이라고 부를 수 있는 것과는 다르다.

관건은 여전히 속도와 수수료 문제다. 이제 이러한 문제를 해결한 디앱 개발이 가능해지면 경쟁력 있는 디앱을 확보하는 것이 블록체인 플랫폼의 승부수가 될 것이다. 스마트폰의 킬러 앱처럼 블록체인의 킬러 디앱이 나와야 한다.

스팀Steem은 한마디로 탈중앙화된 레딧(미국 온라인 커뮤니티)이다. 이오스를 만든 댄 라리머는 블록체인 기반 SNS인 스팀잇을 만들기도 했다. 스팀은 모든 블록체인 가운데 세계에서 가장 많이 사용되는 것이라고 평가받는다. 스팀을 검색하고 들어가면 그냥 웹 사이트처럼 보인다. 그렇지만 그건 사실 인터넷 익스플로러가 아니라 블록 익스플로러다. 수수료가 무료이며, 완전히 탈중앙화된 분산 시스템이다. 디앱이 어떻게 구현될 것인지 상상해 보려면 스팀에 들어가보면 된다. 스팀은 모든 이더리움 댑을 합한 것보다 더 많은 1일 사용자를 보유하고 있다.

SNS은 우리 삶의 모습을 가장 빠르게 나타내는 공간이다. 지금은 글, 영상 등 개인 컨텐츠를 보는 이들에게 강제적인 요금을 징수하는 방식으로 돼 있지만(광고를 보기 싫어도 봐야 한다), 블록체인이 실생활 경제를 어떤 식으로 바꿀지 들여다볼 수 있는 최초의 대안이 바로 스팀잇이다. 우리는 스팀잇의 글을 스팀잇 안에서 보지 않고 구글에서 본다. 그래서 보상해 줄 방법도 보상받을 방법도 알지 못한다. 그러나 양질의 글을 쓰는 입장에서 보상을 받을 수 있는 형태가 생겨난다면 그곳 소셜 네트워크에 글이나 영상을 등록할 것이다. 양질의 컨텐츠 공급자가 이동하면 소비자 또한 그곳으로 이동할 것이 뻔하다. 블록체인 기반에서 스마트 컨트랙트로 보상이 자동으로 지급된다면 카카오, 텔레그램, 위챗, 라인 같은 소셜 네트워크는 나중에 엄청난 경제 무기가 될 수 있다.

심각한 저작권 문제가 있는 유튜브나 네이버, 다음 같은 보상 없는 컨텐츠에 대한 피해는 고스란히 컨텐츠 크리에이터와 소비자가 짊어져야 한다. 파워블로거는 객관성을 잃고 돈을 많이 주는 곳을 홍보해 주는 수단으로 전락했고, 코인 전문가란 사람은 텔레그램 유료방에서 의심스러운 펌핑 정보를 흘려 불신감이 퍼졌다. 지금의 소셜 네트워크 형태는 반드시 변화를 거쳐야 한다. 탈중앙화된 앱에서 본인의 컨텐츠만으로도 수입이 생긴다면, 청탁이나 압력에 의한 글은 어느 정도 중립성과 객관성을 가진 글들로 채워져갈 것이다. 4차 산업혁명 시대의 블록체인 세상은 공정하게 재능 있는 사람이 보상을 받는 사회로 변화해 가는 세상이 될 것이다. 그런 이유로 채굴 코인이 아닌 이자지급 방식의 코인은 앞으로도 급부상할 여지가 크다.

그런 측면에서 보면 암호화폐가 상용화만 된다면 나는 재테크로는 반토막이 나도 상관없다고 생각한다. 현물 경제와 맞물려 가야 한다고 보기 때문이다. 다만 스팀의 경우에는 개발진의 도덕성 문제는 꼭 체크하고 넘어갈 것을 권한다. 디포스DPOS(위임지분증명) 방식과 보팅이라는 방식이 문제가 될 소지가 있기 때문이다. 빠른 전송으로 각광받는 기술이지만 노드 수를 줄이는 방법으로 전송 속도를 해결하는 것이라면 소수의 의견은 무시되는 상당히 상업적인 방법이 될 소지가 있다. 이 문제만 아니라면 미래 전망은 밝다고 할 수 있다.

/

디앱 사용자 수 1위, 이오스

이오스EOS는 이더리움의 대항마를 표방한 코인이다. 암호화폐 업계에는 3대 천재 개발자라고 부르는 사람이 있는데, 이더리움ETH을 만든 비탈릭 부테린, 카르다노ADA를 만든 찰스 호스킨슨, 그리고 이오스를 만든 댄 라리머다. 많은 사람들이 플랫폼 코인으로서 이더리움을 앞지를 수 있는 코인은 이오스 정도밖에는 없다고 입을 모은다. 중국 정부 산하기관 중국전자산업발전연구원CCID은 암호화폐 33개를 대상으로 매달 평가하고 순위를 매기는데, 이오스는 2018년 11월 발표한 제7기 순위에서 1위를 차지했다. 같은 시기에 이더리움은 2위, 스팀이 4위, 네오 7위, 리플 10위, 비트코인 13위였다.

이오스는 초당 수백만 건의 거래를 처리하며, 수수료는 거의 무료다. 초기 블록체인인 비트코인은 금융 부문에 적합하게 설계되었기 때문에 수수료가 높아도 크게 문제되지 않았다. 가치를 저장해 안전하게 전송하는 것에 그 정도 대가는 지불할 수 있었기 때문이다. 그런데 디앱은 블록체인이 인터넷처럼 기능할 수 있어야 구현이 가능하다. 이 부분에서 수수료가 문제가 되고 있다. 새로운 인터넷 페이지가 하나 열릴 때마다 수수료를 내야 한다면 쓰려고 하는 사람이 없을 것이다. 이오스는 블록 프로듀서BP(일종의 채굴자)라는 개념을 도입했고, 이들이 이오스 네트워크에서 벌어지는 모든 수수료를 부담하는 것으로써 그 문제를 해결했다.

구글이 광고 수입을 올릴 수 있는 것은 그 안에서 활동하는 사용자들이 네트워크를 만들어내기 때문이다. 그렇지만 그 속에서 생겨나는 수익은 모두 구글이 가져간다. 그러나 이오스 플랫폼에서 돌아가는 모든 디앱에서는 사용자와 커뮤니티가 모든 정보를 공유하면서 통제할 수 있을 뿐 아니라, 수익도 나눠 가진다. 페이스북 광고 수익을 페이스북이 아니라 이용자가 나눠 갖는 셈이다. 네트워크 효과를 만들어낸 것은 이용자들인데 공간을 제공한 회사들이 모든 이익을 독점해 왔던 것에 비해, 이오스는 소비자 편익 지향적이다.

디앱 정보 사이트 디앱레이더DappRadar에 들어가보면 2019년 2월 1일 기준 탑50 디앱 중에서 이오스 기반 디앱이 27개로 가장 많다(트론 기반 디앱은 21개). 보통 디앱이라고 하면 이더리움 기반이 가장 많을 것으로 생각하지만, 거래 처리 속도에서 차이가 나다 보니까 짧은 시간 안에 이오스의 성장이 두드러지고 있다.

한편 이더리움과 이오스의 이해관계를 살펴보면 경쟁 관계이면서도 상당히 상호 보완적인 면이 발견되어 묘하다. 이오스는 1년 동안 ICO를 진행하면서 600만~900만 개의 이더리움을 매집할 수 있게 되었다. 이오스 개발진이 이더리움으로 ICO를 받으면서 그만큼의 이더리움이 거래소에서 거래되지 않았고, 이 때문에 이더리움의 물량이 잠겨 희소성이 높아지는 바람에 이더리움 가격이 뛰어오르는 현상이 발생했다. 그런데 이오스를 후원하는 펜부시Fenbushi 캐피탈을 살펴보면 중국 색이 짙은 코인을 많이 투자했다. 펜부시 캐피탈에는 비탈릭 부테린이 투자했는데, 이오스는 이더리움의 가격을 상승시키는 요인이 된다.

실제 쓰인다면 두 팔 벌려 환영한다!

만약 파리바게트에서 해피포인트로 쌓인 것을 주유소에서 주유할 때도 쓸 수 있다면 어떨까. 여러 커피숍이나 식당에서 쌓아놓은 포인트들을 모아 홈플러스에서 장을 볼 때 사용할 수 있다면 어떨까. 더 확장해서 생각해 본다면 오케이캐시백 포인트를 부동산 매매에도 보태서 쓸 수 있다면 어떨까.

물론 사업성을 가지고 실제 실행에 들어가려면 여러 가지 문제가 따를 수도 있다. 각 지역의 사회적 여건도 중요할 것이다. 이것이 만약 한국 시장에서 적용된다면 사회적 합의라는 장벽은 있겠지만 상당히 좋은 프로젝트일 수 있다. 그러나 일본 시장에서 적용된다면 조금 달라질 것이다. 일본은 신용카드 사용비율이 상당히 낮고 스마트폰 보급률마저 낮은 나라라는 것이 문제다. 포인트 발생비율도 낮고 유실되는 포인트도 당연히 적을 것이다. 우리나라랑 같을 것이라 생각하고 적용하면 낭패일 수도 있다. 부동산에서도 마찬가지인데, 부동산이란 노년층이 훨씬 더 활발한 매매 활동을 하는 시장이며 일본은 아직도 서류와 도장에 집착하는 나라다. 타깃이 일본 시장이라면 그만큼 성장성에 문제가 있을 것이다.

암호화폐의 컨셉들을 살펴보면 개발자의 철학이 얼마나 중요한지 새삼 깨닫게 된다. 메디블록은 블록체인 기술로 의료기관에 흩어져 있는 의료 정보를 개인에게 돌려주고, 개인이 자기 정보의 주인이 되어 의료 정보를 안전하게 유통시키자는 탈중앙화 시스템 프로젝트다. 퀀텀 블록체인을 기반으로 메디토큰MED을 발행해 ICO를 성공적으로 마치고 플랫폼을 개발 중이다(지금은 자체 블록체인 플랫폼의 테스트넷을 공개한 상태다). 지금처럼 의료 정보에 대한 접근 권한을 의료 공급자가 쥐고 있는 것이 아니라 환자 개인에게 돌려주면, 누가 내 정보를 쓰는지 데이터 해킹을 당하지는 않았는지 사실 여부도 모르는 상태를 벗어날 수 있다. 실제로 의료 데이터 해킹은 해마다 급증하고 있어 개인정보 유출 위험이 심각한 상태라고 한다. 메디블록은 한국 코인으로서 가장 크게 성장하고 있는 두 코인 중 하나다.

또 다른 한국 코인인 아이콘ICX은 이더리움처럼 디앱을 구성할 수 있는 플랫폼 코인이다. 각각의 블록체인을 연결해 주는 인터체인Inter-Chain을 비전으로 하는 프로젝트다. 스위스에 법인을 설립하고 6시간 만에 482억 원을 모을 정도로 인정받았고, 2019년 2월 1일 현재 시가총액 47위다. 아이콘을 개발한 더루프theloop는 금융, 보험, 의료, 학계 등 다양한 영역의 블록체인을 연결하겠다는 계획을 세우고 있다. 각 영역의 프라이빗 블록체인을 연결하는 거대한 블록체인 넥서스를 구성하는 것이 핵심이다. 코인원을 자회사로 두고 있는 데일리금융그룹이 블록체인 스타트업으로 설립한 회사가 더루프이며,

아이콘은 한국 코인 중에서 유일하게 빗섬, 업비트 등 대형 거래소에 상장되어 있다. 한편 블록체인 개발을 지원하기도 하는 더루프는 '위비 코인' 개발을 위해 우리은행과 계약을 맺기도 했다.

일본의 금융기업인 SBI, 미쓰비시 UFJ, 그리고 맥도날드, 버거킹, 타이항공 등과 투자자·파트너 관계에 있는 오미세고OMG, 지역 축제에서 결제 시스템으로 도입된 바 있는 넴(뉴 이코노미 무브먼트, XEM), 모나코인 등도 관심을 가질 만하다.

테마별 코인을 보면 미래 세상이 보인다

FAANG이라고 불리는 미국 IT 기업을 보면, 암호화폐 시장에서 결국 어떤 것들이 남을지 짐작해 볼 수 있다. 닷컴 버블에 여러 기업들이 생겨났지만 결국엔 몇 개의 공룡들만 살아남았다. 만약 15년 전에 이 중 하나의 주식을 샀다면 1,500배의 수익을 올렸을 것이다. 인터넷 산업의 성장에 따라 몇 개 회사가 그 수혜를 가져갔듯이 암호화폐 블록체인 산업이 커지면서 끝까지 살아남을 코인이 무엇인지를 찾아야 한다. 암호화폐 투자를 하고 싶은데 잘 모르겠으면, 안전 투자를 위해서 비트코인을 사라는 말은 그래서 나온다. 비트코인이 사라질 가능성이 0은 아니지만 현존하는 코인 중에서 끝까지 살아남을 수 있는 코인을 하나만 꼽으라면 다들 비트코인을 말할 것이다. 게임, e스포츠, VR(가상현실), SNS(소셜미디어) 등 어느 분야에서 어떤 코인이 실제 쓰일지, 또 어떤 것이 결국 살아남을지 관심을 가지고 지속적으로 지켜보는 수밖에 없을 것이다.

암호화폐 거래소 업비트에는 업비트 마켓 인덱스Upbit Market Index라는 것이 있다. SNS 컨텐츠, 대출과 신용 서비스, 소셜네트워킹, 게임 시장, 영지식 증명, 간편결제 플랫폼 등 관련 상품을 묶어서 상승률 하락률을 지수로 나타냈다. 앞으로 인덱스 상품이 출시된다면 어느 것이 될지도 엿볼 수 있다. 암호화폐를 테마별로 묶어 살펴보는 데 도움이 될 것이다.

4차 산업혁명의 화두

2018년은 개인적으로도 많은 컨퍼런스에 참여하고 블록체인 사업을 하는 분들도 많이 만나본 한 해였다. 지금은 우리가 4차 산업혁명의 화두가 정말 블록체인과 암호화폐가 맞는가 검증하는 시간이라고 생각해서 더 많은 공부를 하면서 강의를 준비하곤 했다. 모든 산업혁명은 왜 일어났나, 그리고 지금의 4차 산업혁명의 본질은 무엇인가 생각해 보는 시간을 자주 가졌다.

인공지능AI, 빅데이터, 블록체인, 사물인터넷IoT, 정보통신기술ICT 등 자동화와 연결성을 극대화시키는 여러 첨단 기술 중에서도 가장 큰 화두는 블록체인이다. 사람들은 4차 산업혁명을 인공지능, 빅데이터, 사물인터넷으로 이해하기 때문에 '기술 혁신' 정도로밖에 실감

[그림 3-1] ICT와 컴퓨터 네트워크의 관련성

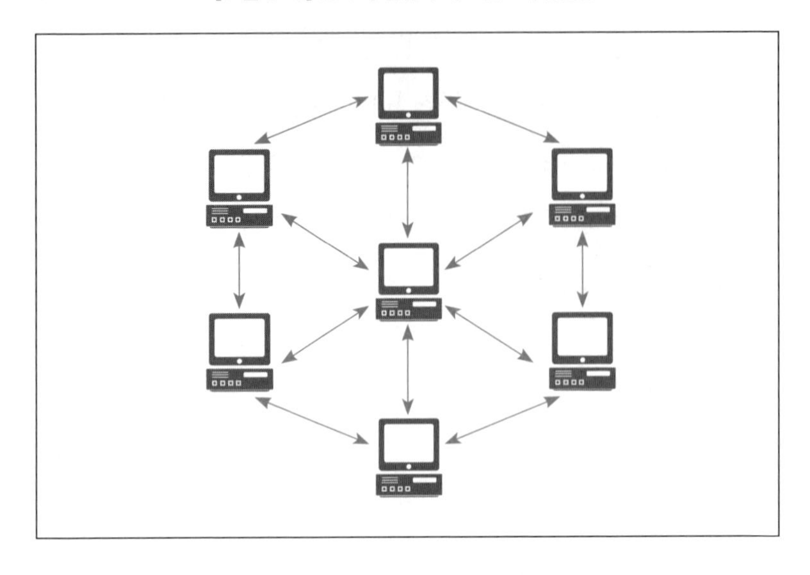

하지 못한다. 그러나 '혁신'이 아니라 '혁명'이다. 4차 산업혁명이 단순한 '기술 혁신'이 아닌 '혁명'이 되려면 블록체인이 가장 중요한 필수사항이 되어야 한다. 물론 아직까지는 암호화폐 투자자들에게만 제1 화두다. 그런 면에서 내 생각엔 지금 최고의 화두는 ICT라고 생각한다.

위키백과에서 보면 ICT를 그림처럼 아주 단순하게 표현해 놓았다. 이 책에서 논하고 있는 블록체인과 아주 흡사하다. 4차 산업의 기술적 화두는 모든 사물의 연결에 있다. 그리고 ICT는 기술과 정보의 연결이다. 사물인터넷은 기술의 연결이며, 블록체인은 정보의 연결이다. 그런 점에서 보면 블록체인 암호화폐 시장이 커져가는 것은 필연적이다. 나는 그저 그 필연적 요소들이 작동할 수 있는 환경은 언제부터인가 그것을 알아내는 것에 집중하고 있다. 이전까지의 시장은 단순 호기심 또는 투기와 욕망에 의한 시장이었을지도 모른다. 그러나 실험의 시간은 충분히 통과했다고 본다. 시작은 되었지만 제도가 없는 시장이 안타까울 뿐이다.

그래도 이제는 이 시장을 키워야 하는 이유도 명분도 각국은 분명히 배웠을 것이라 생각한다. 신흥국은 더 이상의 환율 놀음에 시달리지 않기 위해, 강대국은 기축 통화로서의 지위를 유지하기 위해, 미국은 약해진 달러로는 더 이상 경제 패권을 유지할 수 없다는 것을 알기에 여러 가지 이해관계가 정리돼 가고 있는 시점이라고 본다. 그런 이해관계에서 극적으로 자리를 잡을 수 있는 것이 바로 암호화폐 시장이라고 나는 판단한다.

2019년 경제위기를 말하는 경제 전문가들이 많다. 달러의 환율 상승으로 인한 신흥국의 위기, 중국의 위기 등을 말하는데, 나도 동의한다. 그러나 경제위기의 본질을 보는 의견은 나와 다른 것 같다. 블록체인 암호화폐를 공부하면서 나의 관점이 많이 바뀌었다. 이번 경제위기는 필요에 의한 위기라는 것이 나의 생각이다. 어느 국가는 경제위기를 기회로 만들어낼 것이고, 어느 국가는 지금까지 쌓아온 탑이 무너질 수도 있을 것이다. 위기를 생산하는 자와 그 위기를 막아내려는 자에 의해 현재 최고의 기축 화폐인 달러의 흥망성쇠가 가려질 것이라고 본다. 4차 산업혁명의 경제적 본질은 어쩌면 강대국의 귀환이다. 그 속에서 블록체인 암호화폐가 만들어가려는 세상은 어떤 것일까.

/

시장의 움직임을 보여주는 업비트 인덱스

업비트가 2018년 5월 국내 암호화폐 시장 트렌드를 한눈에 볼 수 있는 인덱스, UBCI를 출시해 시장의 움직임을 살펴보는 데 도움을 주게 되었다. UBCI는 시장의 전반적인 움직임을 지표화하는 '시장 인덱스', 16개 테마별로 구성된 '테마 인덱스', 과거 우수한 수익률을 보인 암호화폐를 알 수 있는 '전략 인덱스' 등으로 구성돼 있다.

여기서 테마별로 분류된 것 중에 플랫폼 인덱스를 살펴보면, 스마트 컨트랙트 등의 기술을 이용해, 분산화 앱(디앱) 또는 개별적인 프라이빗 체인의 개발 등을 지원하는 플랫폼 기술을 제공하는 암호화폐로 구성되어 있다. 여기에 속한 종목들은 맞춤제작형 블록체인 개발을 지원하거나 생태계 구축을 목표로 하는 암호화폐들이다. 시가총액 가중방식으로 하면 이더리움, 이오스, 에이다, 네오, 넴, 웨이브, 질리카, 퀀텀, 온톨로지, 리스크, 아이콘 등이다.

테마 인덱스를 더 자세히 살펴보면 가치보존과 바스켓 인덱스에는 트루USD 등 스테이블코인이 들어가 있고, 간편결제 플랫폼 인덱스에는 오미세고가 들어간다. 프라이버시 코인 인덱스에는 모네로, 대시, 지캐시 등 다크코인들이 등장하고, 인증 서비스 인덱스에는 온톨로지 등 신원인증 코인이 들어가 있다. 개인의 생체 정보나 별도의 키를 통해 유출 위험 없이 신원을 확인하는 코인들이다. 이 밖에도 컨텐츠 생산과 중개에는 트론, 기프토가 들어가고, SNS 컨텐츠 인덱스에는 스팀과 스팀달러가 포함된다.

이 인덱스들은 업비트에 상장된 코인들로만 구성돼 있는 것이지만, 이 같은 분류로 전 세계 거래소들의 상장 코인들도 분류해 보면 블록체인이 어떤 테마로 움직이는지 파악할 수 있을 것이다. 업비트에서 분류한 테마 외에도 이런 방식의 분류 작업들이 가능하다. 자동차 관련 코인이라고 하면 자율주행자동차의 해킹을 방지하는 큐브[AUTO], 폭스바겐과 파트너십을 발표한 아이오타[MIOTA]를 포함시키는 식이다. 드론 산업 관련 코인으로는 데이터 코인[DTA]을 포함시킬 수 있다. 드론이 배송하고 블록체인이 결제하는 스마트 시티를 상상해 볼 수 있다. 또 에너지 코인으로는 호주 정부의 재정적 지원을 받은 태양광 테마로 나온 파워렛저[POWR]를 들 수 있다.

시장이 안정되면 버려야 할 코인들

2014년 상위 10위 안에 들었던 암호화폐 중에 지금도 탑10에 머물러 있는 암호화폐는 많지 않다. 비트코인, 리플, 라이트코인이 유일하다. 2019년 말에는 2천 개 이상의 암호화폐 중 일부만이 진화하고 주로 사변적인 암호화폐는 사라질 것이라는 전망이 많다. 그동안에 우리는 이름도 못 들어본 개당 1천 원도 안 되는 이른바 동전 코인들이 단숨에 100%, 200% 급등하는 일도 보았다. '잡코인'이라는 이름으로 부르던 것들이다.

마이클 노보그라츠 갤럭시 디지털캐피털 대표는 '암호화폐 아버지'로 불린다. 그는 "앞으로 효용성이 낮은 암호화폐는 대거 정리되고 대형 코인만 생존하는 시대가 올 것이다. 각 암호화폐는 기술 효용성을 통해 여러 분야로 별도 영역을 형성해 발전할 것으로 보인다. 부동산, 보안, 유통 등 산업 분야별로 암호화폐가 등장할 것이다"라고 예견했다.

벤 버냉키 FRB 의장은 "암호화폐 시장에서 대부분의 사람은 실패할 것이다"라고 말했는데, 여기서 대부분의 사람이란 비트코인을 갖고 있지 않은 사람들을 말할 것이다. 지금의 BTC 마켓에서는 비트코인을 사서 다른 코인을 사는 구조라서 다른 코인의 거래량도 비트코인에 영향을 준다. 그런데 법정화폐 스테이블코인은 이 연동성을 끊어버린다. 요즘 거래소들이 상폐를 계속하고 있는데, 거래량이 없다는 것이 명분이다. 스테이블코인이 퍼진다는 것은 곧 잡알트가 망한다는 것이다. 아무도 거래하지 않는다면 망하는 것이다. 이제는 미래가치가 높고 시가총액이 높은 코인만 남을 것이다. 비트코인과의 연동성이 없어지는 순간 잡알트는 자연스럽게 없어지는 것이 수순이다.

우리나라에는 원화 마켓이 있기 때문에 BTC 마켓은 거래량이 많지 않다. 그런데 장기적으로는 BTC 마켓에 올라가 있지 않은 코인들은 거의 상폐된다고 보면 맞을 것이다. 원화 마켓에만 있고 BTC

마켓에는 없는 코인은 시가총액 순위를 매기는 코인마켓캡에 등재도 안 된다. 큰 거래소에서는 취급도 안 하는 코인이라면, 추후에 시장이 안정되고 상승 기류를 타면 다 버려야 할 코인들이다. 자연스럽게 상폐되어 시장에서 사라질 것이다.

ICO에서 상장까지는 됐는데 잡거래소만 돌아다니다 없어질 코인들도 있다. 메이저 거래소는 상장 심사를 하는데 그 기준을 통과하지 못했다면 작은 거래소에 상장이 됐어도 상승 가능성은 아무도 장담할 수 없다. 사람들은 ICO를 받는 순간 자신이 가진 코인이 세상에서 가장 좋은 코인이라고 생각한다. 자신이 오를 것이라고 생각하는 지점까지 반드시 오를 것이라 생각한다. 그래서 투자는 심리 게임이다. 비트코인이 아닌 이상 한 가지에 몰빵해서는 안 된다. 자신에게 부담되는 돈을 가지고 배팅을 하면 심리적으로 무너질 수밖에 없다. 심리적으로 이길 수 있는 금액만 투자하는 게 좋다.

암호화폐로 돈 벌었다는 분의 패턴을 보면, 에이다가 3원일 때 300만 원을 넣었는데 10개월 동안 상장을 못하더니 1,000배 갔다는 식이다. 300만 원이 30억 원이 된 것이다. 그런 분들을 보면 "얘기를 들어보니 사기 같은데 친구가 권유하니까 어쩔 수 없이 샀다"는 식이다. 부담 없는 돈으로 300만 원 매수했다가 금액이 100만 원으로 떨어지니까 '에이, 이걸로 무슨 돈을 벌어' 하면서 내버려뒀더니 30억이 되었다는 것이다.

그런데 정말 돈을 벌려고 매수에 나선 사람들은 조급함을 견디지 못한다. 지금까지 100억 규모를 벌었다는 사람들 중에 대출받아서 투자금을 넣었다는 사람은 못 봤다. 분명 알트코인이 수익률이 더 좋은 건 맞지만 그것도 시장이 좋을 때의 이야기다. 하락장에서는 가격이 내려간 비트코인을 갖고 있다가 본인이 매수하고 싶은 알트코인의 개수를 늘릴 수 있는 상승장이 왔는지 판단하면 된다.

카르다노의 창시자 찰스 호스킨슨은 알트코인의 90%는 망할 것이라고 공공연히 말한 바 있다. 알트코인은 일종의 스타트업이고 스타트업은 90%가 5년 안에 망하는데, 알트코인은 스타트업보다 더 위험하다는 것이다. 투자하려는 알트코인이 백서대로 얼마나 잘 이행하고 있는지 따져보는 수밖에 없고, 그것을 투명하게 공개하는지도 투자에 관건이 된다. 나의 마음을 대변하는 말이라 그의 말을 다시 옮겨보겠다. "만약 200배 수익을 얻었다면 그건 자신이 똑똑해서가 아니라 그저 운이 좋았던 것이니 요행을 믿고 배팅하지 말라."

4장

대기업 뉴스를 보면 미래가 보인다

CRYPTOCURRENCY

페이스북이 스테이블코인을 발행하면

●

암호화폐 시장을 움직이는 시가총액 1~10위 기업들을 살펴보면 플랫폼 기업이 많다. 이것은 블록체인 세상뿐 아니라 인터넷 세상에서도 마찬가지여서 플랫폼을 갖고 있는지 아닌지에 따라 영향력은 엄청나게 다르다. 중국은 BAT라고 칭하는 바이두, 알리바바, 텐센트 등 3대 IT기업이 플랫폼을 갖고 있다. 그리고 미국에는 FAANG이라고 칭하는 페이스북, 애플, 아마존, 넷플릭스, 구글 등 5대 글로벌 IT기업이 있다.

2018년 12월 〈블룸버그〉는 페이스북이 송금의 용도로 미국 달러에 연동되는 스테이블코인을 개발하고 있다고 보도했다. 암호화폐의 변동성 문제를 완화하기 위해 시작된 스테이블코인 열기에 소셜미디어 페이스북이 가세한다는 건 무슨 의미가 있는 것일까? 앞서 설명한 대로 스테이블코인은 암호화폐를 법정화폐와 연동해 가격 변동성을 완화하고 신뢰를 강화해 암호화폐의 일상 결제 도입을 촉진하기 위해 생겨난 것이다.

스테이블코인은 코인이 아니라 그냥 달러라고 생각해야 이해가 빠르다. 스테이블코인이 달러와 암호화폐를 연결하는 매개체로 널리 쓰이면 비트코인이라는 자산을 바로 결제할 수 있는 시스템이 된다. 만약 빗섬이 네이버, 아마존, 알리바바, 페이스북과 연동되어 있다면 모든 전자상거래 업체와 연결되어 스테이블코인으로 자산을 매각할 수 있다. 법정화폐와 다른 점이 있다면 수수료 없이 직접 교환이 가능하다는 것이다. 해외 결제에서도 자국 화폐를 해외 화폐로 또 한 번 환전하는 것 없이 바로 변환되고 그 지역 플랫폼에서 결제되는 것이다. 한국의 국민은 원화를 쓰지만, 디지털 시장에서 스테이블코인을 쓸 수 있다면 알고 쓰든 모르고 쓰든 원화가 아닌 달러를 자유롭게 쓰게 될 것이다. 해외직구를 할 때도 스테이블코인으로 달러 결제를 할 수 있게 되는 것이다. 그래서 스테이블코인은 '초강대국의 부활'이라는 의미를 담고 있다. 현물 시장에 비트코인을 그냥 도입해 버리면 달러를 쓰려는 인구가 줄어들면서 달러 지배권이 약해진다. 그러나 스테이블코인이 도입되면 상황은 역전된다.

그런데 페이스북은 스테이블코인이 아니라 자체 코인을 만들면 몇 배로 돈을 벌 수 있지 않을까. 왜 하필이면 스테이블코인일까. 2018년 4월 마크 저커버그는 개인정보 유출에 관한 논란으로 청문회에 출석했다. '좋아요' 한번 눌렀다가 페이스북 5천만 명의 성향 정보가 트럼프 캠프의 대선 전략에 참여한 케임브리지 애널리티카[CA]라는 업체에 불법 유출된 것이다. 같은 문제로 5월에는 유럽의회에도 출석했다. 같은 업체인 케임브리지 애널리티카가 페이스북의 데이터를 수집해 브렉시트 국민투표와 관련해 정치적인 목적으로 활용했다는 것이다. 영국의 채널4뉴스가 4개월간의 잠입취재 끝에 밝혀낸 것을 탐사보도 시리즈 '데이터, 민주주의, 더러운 술책[Data, Democracy and Dirty Tricks]'에서 영상을 공개하기도 했다. 페이스북은 충분히 정치적으로도 쓰일 수 있는 기업이라고 해석할 수 있다.

페이스북의 글로벌 시장, 인도

중국은 인구 파워가 있는 국가다. 스타벅스가 1999년 중국에 진출해 18년간 3,300개 지점을 만드는 동안, 중국의 커피 체인점 루이싱[Luckin]커피는 6개월 만에 500개를 만들었다. 스타벅스 매장 수를 따라잡을 때까지 멈출 생각이 없어 보인다. 스타벅스보다 20% 정도 저렴한 가격에 커피의 주문, 결제, 수령까지 모두 스마트폰 앱으로 이뤄지기 때문에 줄을 설 필요도 없다. 언제든지 마음만 먹으면 삼성전자의 매출을 뛰어넘을 수 있는 기업을 한 달에 한 개씩 만들어낼 수 있는 곳이 중국이다.

2014년에 뉴욕증권거래소에 상장한 알리바바의 기업공개[IPO] 규모는 243억 달러(24조 9천억 원)였다. 그런데 투자자들 사이에 마윈의 앤트파이낸셜을 합하면(기업공개 안 했음) 알리바바는 JP모건과 골드만삭스의 기업가치를 넘어설 수 있다는 이야기도 나온다. 바로 결제 플랫폼을 가지고 있기 때문이다. 알리바바는 사용자가 10억 명이고, 텐센트가 개발한 위챗WeChat은 13억 명이다. 바이두는 결제 플랫폼이 없다.

이에 비해 미국의 5대 IT기업 중에 페이스북이 중요한 이유는 사용자 인구 구성 때문이다. 시가총액은 나머지 기업이 더 높을지라도 페이스북의 사용자는 글로벌이다. 블록체인 세상이 열리는 초입에서 중국의 알리바바와 미국의 페이스북이 보이는 행보는 아주 중요하다. 역사적으로 전 세계 패권국가가 공통적으로 취했던 정책은 인종의 용광로 정책이다. 포용으로 모든 민족을 커버했다. 그런 면에서 알리바바는 사용 인구가 많지만 90% 중국인이기 때문에 전 세계에서 쓰이더라도 로컬 회사라고 할 수 있다. 페이스북은 10억 인구가 사용한다고 하는데, 미국의 인구는 3억 3천만 명이다. 나머지 페이스북 사용인구 6억 7천만 명이 다른 나라 사람이며 전 세계적으로 퍼져 있다. 알리바바는 위안화에 연동되더라도 자국 정책이지만, 페이스북에 스테이블코인이 들어가면 글로벌 정책이 된다. 반면 아마존은 해외배송도 있지만 직구 비율이 낮아 로컬이라고 할 수 있다.

페이스북 가입자가 가장 많은 나라는 인도다. IT 시장에서 인도는 상징과도 같은 곳이다. 페이스북은 신용화폐에 가치를 연동해 고정한 스테이블코인을 왓츠앱을 통해 보낼 수 있게 할 계획이며, 상품을 출시해 운영할 첫 번째 지역으로 인도를 염두에 두고 있다고 밝혔다. 페이스북은 지난 2014년 글로벌 메신저 왓츠앱을 인수했으며, 현재 인도에서 왓츠앱 이용자는 월간 2억 명이 넘는다. 인도는 전 세계 최대의 송금 시장이기도 하다. 세계은행의 자료에 따르면 다른 나라에서 일하는 인도인들이 고국으로 송금한 돈은 2017년 기준 무려 연간 696억 달러(78조 5천억 원)에 이르렀다.

암호화폐 전문가이자 모건크릭디지털에셋 창업자인 앤소니 폼플리아노는 페이스북이 발행하는 스테이블코인은 파급력이 엄청날 것이라고 예상했다. "페이스북이 지금 이야기가 나오는 대로 스테이블코인을 발행한다면 곧바로 모든 암호화폐 상품 가운데 가장 많이, 가장 널리 쓰이는 제품으로 자리매김할 것이다. 다만 인도 정부가 암호화폐를 포괄적으로 강력히 금지해 왔다는 점을 생각하면 페이스북이 과연 인도에서 어디까지 사업을 벌일 수 있을지 지켜보는 일도 매우 흥미진진할 것이다."

약해지는 달러를 되살려라

현재의 신용화폐 시스템에서 미국은 달러를 수출하는 나라다. 중국이 물자를 만들어오면 미국은 달러를 넘겨준다. 전 세계 달러 지배력이 60%를 넘어선 후부터 미국 달러가 약해지고 있다. 그 이유는 더 이상 달러를 써줄 사람이 없기 때문이다. 전 세계 인구의 40%는 은행계좌가 없거나 금융 플랫폼이 국가적으로 미흡한 지역의 사람이다. 지역적으로는 아프리카, 중동, 동남아시아가 많고 그중에서도 빈민들이 금융 혜택을 못 보기 때문에 기존 시스템에서의 금융 거래 대상이 되지 못하는 것이다. 더 이상의 달러 수요는 미국도 늘리고 싶어도 늘릴 수가 없다. 달러 지배력 60%란 전 세계에 은행 시스템이 구축된 곳은 이미 달러를 다 쓰고 있는 의미다.

달러를 써줄 인구 비중이 늘어나려면 신흥국이 경제발전을 하거나 인구가 늘어나면 되는데, 그것보다 달러를 찍어내는 속도가 더 빠르다 보니까 달러가 약해지고 있는 것이다. 미국이 포섭하고 있는, 달러 수요를 늘릴 수 있는 나라는 인도, 중국, 동남아, 아프리카 시장이다. 이들의 공통적인 문제는 금융 인프라가 없다는 것이다. 계좌를 개설하고 은행을 사용하는 사람이 있어야 환전도 하는데 그럴 수가 없다. 인도 인구의 절반이 통장이 없고 동남아시아 인구의 40%가 통장이 없다. 달러가 이동할 경로가 없는 것이다.

지금의 약달러 현상은 전 세계가 달러를 안 쓰려고 하는 문제라기보다 금융 시스템 자체가 달러를 받아들이기 힘든 사람까지 수용하지 못하기 때문인 것이다. 그 저변을 넓혀주기 위한 시스템으로서 나는 암호화폐를 주목하고 있는 것이다.

전자상거래 웹이 아무리 글로벌화되었어도 결제 문제가 있기 때문에 퍼지는 데는 한계가 있다. 페이스북이 스테이블코인을 만들어서 구동시킨다는 것은 암호화폐 시장에도 달러가 작동하는 시대가 온다는 뜻이다. 지금 미중 무역전쟁으로 미국과 중국이 대치하는 상태에서 가장 절실한 시장은 인도다. 5년 뒤에 인도 인구가 중국을 따라잡는다는 뉴스가 나왔다. 중국이 1가구 1자녀 정책을 오랫동안 펼친 결과 인도가 따라잡게 된 것이다. 인도 시장은 지금 미국이나 다른 서방 세계가 엄청나게 눈독을 들이는 시장이 되고 있다.

인구 구조로 점쳐보는 달러의 운명

우리나라 인구 구조가 삼각형에서 항아리형으로 바뀌는 데는 미처 30년이 걸리지 않았다. 행정안전부가 발간한 「2017 행정자치통계연보」에 따르면 현재 대한민국 평균 나이는 41세다. 유소년 인구가 줄어들고 고령 인구가 늘어가면서 생산가능인구는 감소하는 모양새다.

지금의 우리나라 인구구조는 가운데가 두툼하고 아래가 가느다랗게 되는 항아리 모양이다. 지금의 자본주의 시스템에서 통화 팽창은 곧 대출 증가다. 경제 규모가 커지는 만큼 빚은 늘어난다. 우리나라의 경제성장 초기에는 기업만 대출을 받을 수 있었다. 다음엔 은행원이나 공무원 같은 고정수입이 확실한 사람들이 대출을 받을 수 있었다. 그리고 나선 중소기업에 다녀도 월급을 고정적으로 받는 사람이라면 대출을 받을 수 있었다. 그렇게 받은 대출의 대부분은 부동산으로 들어갔다. 빚을 내는 대부분의 이유는 집을 사기 위해서였고, 단지 소비를 하기 위해 빚을 내는 사람은 거의 없었다. 그러다가 학자금 대출이 늘어난다. 대출을 받아내는 인구가 더 이상은 없는

[그림 4-1] 우리나라의 연도별 인구구조

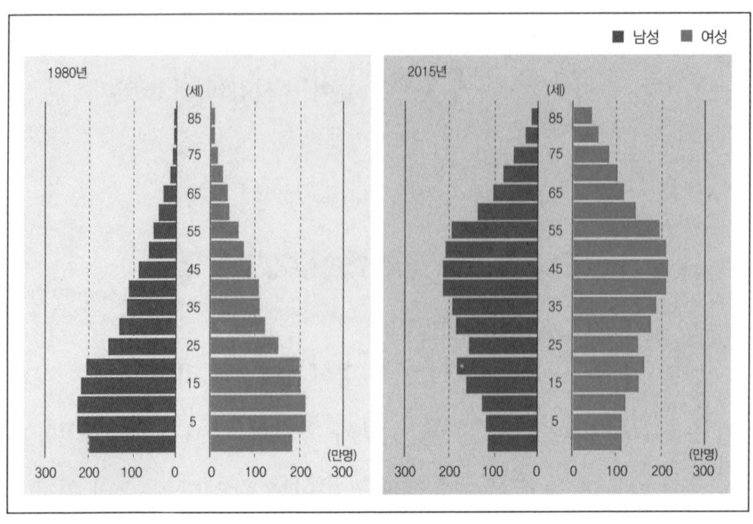

〈자료: 통계청〉

[그림 4-2] 미국의 인구구조

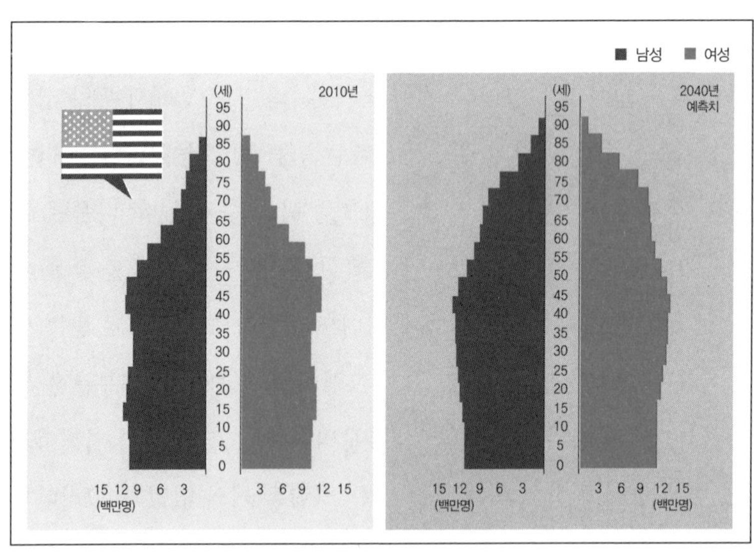

〈자료 : US센서스뷰로〉

경제성장 단계까지 온 것이다. 그때부터는 경기 부양도 어렵고 부동산도 오르지 않는다.

인구 피라미드로 보면 삼각형 모양의 인구구조일 때 대출이 합리적으로 일어나고 경기가 발전할 가능성이 있다. 선진국 중에 이 구도를 안정적으로 유지하고 있는 곳은 미국뿐이다. 미국인만으로 통계를 내면 항아리 모양일 수도 있지만 아래 양옆을 이민자들이 채워주기 때문에 전체 구조상 아래쪽이 두터운 종형 모양이 된다.

그런데 유럽, 미국 등 이민자 정책에 우호적이었던 나라들이 최근에는 이민자를 반대하는 이유는 무엇일까? 경제적으로 양적완화를 하고 돈의 유동성이 좋을 때, 또는 그 지역 경기가 좋을 때는 일자리 창출이 많고 노동자가 필요하게 되므로 이민자에 대해 적극적 수용정책을 편다. 그러나 각국의 경제 규모가 축소되고 경제하강기에 긴축이 필요할 때, 지금처럼 이민자를 적극적으로 수용하지 않는다.

우리는 과거에 뉴스나 언론을 통해 유럽이나 미국이 적극적으로 난민을 수용해 준다는 뉴스를 보고 '그들의 인권의식이 상당히 좋고 역시 선진국이구나' 생각했던 때가 있었다. 이는 단순히 그들의 경제 상황에 따라 취한 정책이지 선진국이고 국민의식이 높기 때문이 결코 아니다. 또한 우리가 학창 시절 배웠던 유럽의 급격한 노령화(물론 지금은 우리나라가 더 문제지만) 문제도 있다. 활발한 이민자 정책으로 고령화 문제를 막고 인구 감소를 막기 위해 선진국들이 이민자 정책을 펼친 것이다. 그들은 급격한 인구 감소를 이렇게 이민자 정책으로 풀어갈 수 있다.

국가는 대출을 통해 부가 전이된다. 정부 정책자, 대기업, 중소기업, 개인까지 대출을 받아서 집값을 충당하는 데 쓴다. 그런데 삼성전자도 액면분할하면 주가가 떨어진다. 개미투자자에게 전이하고 빠져나간다는 얘기다. 예를 들어 미국은 자기 나라에서 2달러씩 이자를 받고 달러를 찍어내다가 한국에 와서 4달러씩 이자 받고 돈을 풀어낸다. 그러다가 더 이상 대출을 받아내는 인구가 없으면 더 못사는 나라에 가서 6달러씩 이자 받고 달러를 푼다. 그러다가 이제는 더 이상 달러를 써줄 나라가 없어졌다. 그동안 달러를 쓰던 나라들이 전부 경기가 하강곡선을 그리니까 더 이상 달러를 쓸 나라가 없다. 이 상황을 돌파하기 위해 미국은 디지털 환경을 개선하려고 할 것이다. 모바일에서 스테이블코인을 매개체로 달러가 쓰이면 은행도 필요 없다. 그저 스마트폰만 있으면 페이스북, 아마존, 구글이라는 플랫폼을 통해 달러를 더 퍼뜨릴 수 있다.

/

은행과 카드회사의 개입이 없는 직접 거래

2018년 7월 마스터카드의 CEO 아제이 방가Ajay Banga는 이렇게 말했다. "익명성 또는 비국가 발행 암호화폐는 가격의 과도한 변동폭 때문에 쓰레기나 다름없다. 익명화된 화폐, 이것을 채굴하는 사람들, 과도한 가치 등락, 이런 특징들을 거래의 중간매체가 가져서는 안 된다". 그러나 마스터카드는 블록체인 기술을 지속적으로 개발해 왔으며 심지어 비슷한 시기에 암호화폐 거래 시스템 특허를 발원한 바 있다. 지금 세상을 지배하고 있는 카드회사의 행보가 지켜볼 만하다.

중국 화웨이는 2015년 총 1억 800만 대의 스마트폰을 출하해 삼성전자, 애플에 이어 세계에서 세 번째로 연간 스마트폰 출하량 1억 대를 돌파한 업체가 되었다. 화웨이라는 스마트폰 안에 만약 스테이블코인에 연동된 알리페이나 위챗페이를 넣어버린다면 중국은 은행 없이 금융업을 성공시킨 최초의 나라가 될 것이다. 은행의 개입이 없는 직접 거래이기 때문에 수수료도 거의 제로다.

기축 달러 패권을 가진 미국도 마찬가지다. 달러 수요를 늘리려면 기존의 시스템으로는 신흥국에서 은행 관련 인프라부터 만들어줘야 하지만, 은행보다 빠르게 보급되는 스마트폰이 있다 보니까 은행의 필요성을 못 느낀다. 기존의 금융 시스템 안에 있던 사람들은 암호화폐 핀테크를 보며 위기를 느낄 수밖에 없을 것이다. 그러나 협력에 관한 뉴스는 앞으로도 기대해 볼 만하다.

2018년 11월 데이비드 라튼이라는 사람이 개발한 소비자 결제 플랫폼에 관한 뉴스가 있었다. 국제 송금을 원하는 이주 노동자를 위한 결제 플랫폼인 이 프로젝트의 후원자 목록을 보면 리플, 마스터카드 등이 올라 있다. 만약 신용카드에 암호화폐가 함께 쓰인다면 법정화폐로 지불할지 암호화폐로 지불할지 선택권만 넣어주면 된다. 더키TKY나 시빅CVC 같은 신원증명 코인을 활용하면 결제도 빨라질 수 있다. 지금 시스템의 신원증명은 너무 느리기 때문에 이럴 때 신원증명 코인이 힘을 발휘할 것이다. 암호화폐로 결제할 때는 해외에서 환전도 필요 없다.

아마존이 회사 규모를 늘리는 까닭

아마존 제2본사가 뉴욕주 퀸스 롱아일랜드 시티, 북버지니아주 크리스털 시티로 확정됐다는 뉴스가 나왔다. 맨해튼과 워싱턴DC의 강 건너에 위치한 곳으로 제1본사 시애틀처럼 바다나 강을 끼고 있어서 물류 유통에 유리하며, 두 곳을 합하면 5만 명을 고용할 예정이라고 한다. 세계의 모든 경기지표가 꺾이는데 인터넷 플랫폼 기업들은 5G 통신 덕분에 타국까지도 충족시키는 플랫폼이 될 전망이다. 지금 아마존 플랫폼은 더 많은 해외 수요가 일어날 것이라 판단하고 고용을 늘리고 있는 것이다.

이 모든 것이 가능한 것은 결제 편의 때문이다. 디지털 자산 암호화폐가 전격 도입된다면 환전을 해서 쓰거나 카드로 결제하는 것보다 훨씬 더 편리하고 빠른 결제가 된다. 한국은 '현금 없는 사회'를 신용카드로 구현하고 있지만, 자영업자에게 카드사 수수료는 건물 임대료보다 무섭다. 현금 없는 사회를 위한 비용을 고스란히 서민들이 부담하고 있는 것이다. 반면에 동남아시아 등 신흥국은 은행 인프라가 부족한 덕분에 오히려 훨씬 더 혁명적인 금융 시스템을 누리게 될 것이다.

암호화폐 시장은 사실 이제 시작이다. 애플 시가총액은 1조 달러를 넘었는데 암호화폐 시장은 그것보다 작다. 온라인 쇼핑몰 오버스탁 CEO인 패트릭 번은 "월가에서 발행되는 모든 주식과 채권이 5년 안에 증권형 토큰으로 대체될 것"이라고 예언했다. 모든 자산이 토큰화된다면 애플, 아마존, 구글, 페이스북 등의 IT기업보다 블록체인 산업이 인류에 더 큰 영향을 끼칠 수 있다.

스타벅스는 금융회사다?

CNBC에서 암호화폐 분석가로 등장하곤 하는 브라이언 켈리 BK캐피탈매니지먼트 CEO는 "스타벅스 등의 암호화폐 시장 진출은 올해 비트코인 관련 뉴스 중 가장 큰 사건이다. 이번 백트 발표는 비트코인 ETF 승인에도 막대한 영향을 끼칠 것이다"라고 분석했다.

뉴욕증권거래소를 소유한 ICE(인터컨티넨털 익스체인지)의 백트 발표는 암호화폐 대중화를 위한 의지이기도 한데, 궁극적으로 백트는 결제 시장도 노리고 있다. 신용카드의 결제 수수료는 대금의 2~3%다. 오프라인이나 온라인 매장에서 연간 미국 소비자들이 신용카드 결제 수수료로 내는 돈은 25조 달러에 이른다.

ICE가 백트를 설립하면서 제휴를 맺은 기업으로 스타벅스와 마이크로소프트MS가 있다. 《포춘》은 이것을 "기술 기업과 리테일 기업의 조화"라고 표현했다. 마이크로소프트는 결제와 관련한 크라우드 컴퓨팅과 빅데이터 기술을 제공한다고 한다. 암호화폐를 다룬다는 백트의 제휴사 중에 스타벅스가 있다니 많은 사람들이 의아해했을 수도 있다. 그런데 미국 디지털 시장조사업체 이마케터에 따르면, 2018년 5월 기준 미국에서 가장 많이 쓰인 모바일 결제 애플리케이션은 스타벅스 앱이다. 2,340만 명이 스타벅스 앱에 내장된 선불카드를 충전하는 방식으로 적어도 6개월에 한 번씩은 커피를 산다. 미국 내 애플페이(2,200만 명), 구글페이(1,110만 명), 삼성페이(990만 명) 이용자를 거뜬히 뛰어넘는다. 스타벅스 내 전체 결제의 40%는 스타벅스 앱을 통해 이뤄진다.

시장조사업체 S&P글로벌마켓인텔리전스에 따르면, 2016년 기준으로 스타벅스가 선불카드와 모바일 앱으로 보유한 현금은 12억 달러(약 1조 4천억 원)에 이른다. 같은 기간 캘리포니아리퍼블릭뱅코프(10억 1천만 달러), 머천타일뱅크(6억 8천만 달러) 등 웬만한 미국 지방은행 현금 보유량을 뛰어넘는다. 미국에서는 보통 예금계좌에 일정액 이상이 없으면, 은행이 이자를 주는 게 아니라 오히려 계좌유지 명목으로 고객에게서 수수료를 떼어간다. 평소 통장에 돈이 별로 없는 사람이라면 수수료 없는 스타벅스가 은행 계좌보다 더 나을 수 있다.

미국 IT 전문 잡지 《와이어드》는 "스타벅스는 바리스타가 일종의 은행 영업점 창구직원과 같은 역할을 하며 지속적으로 은행 기능을 확대하고 있다"며 "선불카드 사용자들이 카드에 넣어둔 현금을 뽑아 쓸 수 있도록 예금인출 기능까지 추가할 수 있다"고 예상했다. 미국 하버드대가 발간하는 경영전문지 《하버드 비즈니스 리뷰HBR》는 구글, 알리바바와 함께 스타벅스가 은행의 새로운 경쟁자가 될 것이라고 전망했다.

암호화폐 기반으로 결제 서비스를 선보이는 스타트업보다는 오히려 백트가 전통 결제 시장의 틈바구니에서 주도권을 잡을 수 있을 것이라는 뜻이다. 백트의 오픈과 함께 암호화폐 업계가 그렇게 바라던 상용화 사례가 스타벅스에 등장하는 셈이다.

비트코인으로 커피를 산다?

2018년 8월 스타벅스는 홈페이지를 통해 "글로벌 거래소인 ICE와 스타벅스, 마이크로소프트, 보스턴컨설팅그룹이 손잡고 전 세계 소비자들이 디지털 자산으로 물건을 구매할 수 있도록 백트Bakkt를 설립한다"며 "초기에는 비트코인과 법정화폐의 교환과 매매에 집중하겠다. (보안과 결제를 위해) 별도로 보증기금을 만들겠다"고 설명했다.

암호화폐 분석가 브라이언 켈리는 "스타벅스는 디지털 지불의 선두주자이고 대표적인 소매업체다. 스타벅스 매장에서 비트코인 등 암호화폐를 달러와 같은 법정화폐로 교환해서 음료 대금을 지불하게 되면 암호화폐 시장은 주류 시장으로 나아갈 것"이라고 이야기한 바 있다.

이후 스타벅스는 백트와의 제휴를 통해 확보하려는 것은 비트코인이 아닌 기존 화폐라면서 소비자들은 비트코인으로 음료를 구매하는 것이 아니라 디지털 자산을 달러로 전환해서 스타벅스 안에서 사용할 수 있다고 반박성 의견을 밝히기도 했다. 어쨌거나 스타벅스 커피를 비트코인으로 사지는 못한다고 해도 스타벅스 매장에 비트코인을 달러로 바꿀 수 있는 단말기가 설치될 것이라는 뜻이다.

마리아 스미스 스타벅스 부사장의 말을 들어보면 스타벅스가 제 역할을 하는 부분은 디지털 자산을 달러로 변환하는 프로그램의 개발이다. 매장에서 직접 비트코인으로 결제하는 대신 백트를 통해서 결제하는 방식이다. 제프리 스프레처 ICE CEO는 "백트를 통해 규제기관[ICE]이 비규제 시장(암호화폐)에 투명성과 신뢰성을 제공함으로써 암호화폐도 신뢰를 얻게 될 것"이라고 말하기도 했다.

스타벅스는 로컬 기업이 아니라 전 세계에 매장이 있기 때문에 암호화폐의 쓰임을 넓히는 데는 결정적인 역할을 할 것이다. 암호화폐와 법정화폐를 교환해 주는 환전 서비스가 되는 셈이다. 프로그램 개발에 제대로 성공한다면 한국의 스타벅스 매장에서도 비트코인을 한화 현금으로 바꾸는 것이 가능해질지 모른다.

이미 혁신적인 핀테크 기업

스타벅스 앱은 오직 스타벅스 매장에서만 쓸 수 있다. 그런데도 소비자들은 열광한다. 연말에 스타벅스 다이어리를 받기 위해 마시고 싶지도 않은 한정 음료까지 사며 적립하는 풍경은 흔히 볼 수 있다. 스타벅스 앱 이용자들은 결제 기록에 따라 생일 이벤트, 무료 쿠폰, 할인 등의 보상을 받는다. 스타벅스는 소비자를 앱의 리워드(보상) 프로그램과 엮는 능력이 탁월하다. 빅데이터의 활용으로 맞춤형 상품 추천이나 신규 제품 개발도 가능하다.

앞서 말한 대로 미국 스타벅스가 선불충전금과 모바일 앱으로 보유한 현금은 1조 4천억 원이다. 〈한겨레신문〉이 스타벅스코리아 감사보고서의 회계상 선수금을 보고 추정한 바에 의하면 국내 스타벅스의 선불충전금과 e-기프트 규모만 해도 2017년 691억 원이다. 미국 입장에서는 스타벅스 매장의 현금 단말기가 달러 수요를 늘리는 기회를 만들어줄 것이고, 암호화폐를 더욱 가깝게 만들어줄 것이다.

사실 스타벅스가 보유한 선불충전금은 은행에 예치만 해도 이자가 어마어마하다. 사람들은 현재 시중금리를 2~3%로 생각하지만 은행의 예치금액이 커지면 이자율도 달라진다. 5%씩 받을 수도 있다. 은행에 견줄 만한 예치금을 스타벅스가 본격적으로 운용하면 자체 투자에 나서면서 자산운용업에 진출하는 것도 가능하다. 그런데 한 가지 의문이 생긴다. 스타벅스에 선불로 예치한 돈에 이자가 붙으면 지금으로서 그 이자는 스타벅스가 갖는다. 이 상황이 정당한 것일까. 스타벅스 음료나 상품을 주문하기 전까지는 아직 내 소유의 돈인데 이 돈에 대한 이자 지급은 받을 수 없다. 은행 예적금이 아니면서 고객에게 확정적인 이자를 준다고 하면 유사수신행위가 될 수 있기 때문이라고 한다. 게다가 이런 예치금은 업체가 망하면 돌려받지 못한다. 이런 부당한 상황을 해결해 줄 블록체인 아이디어도 나오면 좋겠다는 생각이 든다.

지갑 탑재 삼성 스마트폰과 5G 화웨이

삼성 갤럭시 S10의 사진이 트위터에 유출됐다. 2019년 1월 업계에는 암호화폐가 스마트폰에 전격 이용될 것이라는 기대감이 높아졌다. 공식적인 발언을 통해 알려진 사실은 아니었다. 다만 트위터에 유출된 사진에서 보이는 '삼성 블록체인 키스토어Samsung Blockchain KeyStore'라는 기능은 이미 가지고 있는 암호화폐 지갑을 넣을 수도 있고 새로운 지갑을 형성할 수도 있는 기능이다. 처음에는 이더리움만 지원하는 듯 보이지만, 정식 출시가 된다면 당연히 지원하는 암호화폐의 종목은 늘어날 것이다. 삼성SDS가 2017년 3월 출범한 EEA(엔터프라이즈 이더리움 얼라이언스)에 참여 의사를 밝혔고, 그 소식으로 인해 한국에 이더교가 부흥했던 것을 떠올려보면, 왜 비트코인이 아니라 이더리움이 먼저인지 알 수 있다. SK텔레콤, 한화시스템에 이어

2019년 1월 중순에는 이더리움 기업연합인 EEA에 LG CNS도 회원 등록을 마친 바 있다.

무엇보다 '삼성 블록체인 키스토어'는 삼성이 2018년 유럽에서 상표 신청을 한 이름과 같았기 때문에 이러한 비공식적인 트윗 내용이 주목을 받았다. 삼성이 됐든 애플이 됐든 화웨이가 됐든 스마트폰에 암호화폐 서비스가 들어간다면 당연히 투자자는 홀딩 모드다. PC와 달리 스마트폰은 메모리나 저장장치가 독립적으로 작동하는 환경이기 때문에 상대적으로 보안에 강점이 있고 휴대가 편하다. 블록체인 암호화폐 서비스에는 스마트폰이 훨씬 효율적이다.

/

5G와 블록체인 기술을 탑재한 신형 스마트폰

IT 전문 매체 〈샘모바일〉에 따르면 삼성전자는 유럽연합 지식재산권 사무소에 블록체인 암호화폐 관련 3건의 상표 신청서를 제출했다. '블록체인 키스토어' 외에도 '블록체인 키박스', '블록체인 코어'가 있다. 스페인 바르셀로나에서 열리는 모바일 월드 콩그레스 'MWC 2019'에서 삼성전자는 신형 스마트폰 갤럭시S10에 대한 라인업을 발표하고 삼성 블록체인 키스토어가 지원하는 암호화폐 4종을 발표했다.

우선 신형 갤럭시에는 암호화폐를 안전하게 보관하고 거래할 수 있는 전자지갑 형태인 콜드 월렛 기능이 들어간다. 콜드 월렛은 오프라인 상태로 암호화폐를 저장하는 형태이기 때문에 해킹으로부터 안전하다.

또 한 가지 중요한 것은 신형 갤럭시에 5G를 지원하는 고사양 모델이 추가된다는 것이다. 5G 통신은 제4차 산업혁명의 핵심 기술 중 하나다. 4G로는 용량이나 속도를 따라가지 못하기 때문이다. 5G 네트워크는 사물인터넷, 자율주행차를 가능하게 만드는 중요한 인프라다. 그런데 애플의 견제 속에서 오랜 시간 세계 시장 점유율 1위를 유지해 왔던 삼성이 최근에는 화웨이의 위협을 받고 있다. 프리미엄 시장은 애플이 가져가고 저가 시장은 화웨이가 가져가는 시장 환경 속에서 삼성은 어떤 선택을 할지도 관전 포인트다. 블록체인 산업 발전으로 인해 신흥국에서 은행 인프라 대신 모바일 환경이 채택되면 스마트폰 시장도 저가 시장이 점점 더 커질 것이 뻔하다.

한편 대만 타이베이에서 개최되는 세계 최대 IT 전시회 중 하나인 '컴퓨텍스 2018'에서도 5G와 블록체인이 새로운 테마로 추가되었다. PC에서 인터넷, 모바일 컴퓨팅을 거쳐 인공지능과 사물인터넷에 이르면 연결성이 더욱 중요해지는데, 그것을 실현시켜 주는 것이 5G와 블록체인 기술이 된다. 컴퓨텍스를 개최하는 타이트라[TAITRA] 회장은 "미래에는 5G 기지국이 수십 제곱킬로미터 안에 있는 수백만 개의 기기들을 하나로 연결할 수 있다"고 했는데, 이로써 스마트시티, 스마트홈 등이 비로소 가능해진다. 또 타이트라 회장은 블록체인에 대해서 "전체 산업을 혁신시킬 수 있는 막을 수 없는 물결"이라고 칭했다.

5G가 글로벌 경제에 미치는 영향

간편 결제 서비스 페이팔PayPal은 구매자와 판매자 중간에서 중계를 해주는 일종의 에스크로escrow 서비스다. 예를 들어 미국에서 부동산을 매매할 때 중립적인 입장에 있는 제3자(에스크로 회사)가 매도인, 매수인을 모두 보호하고 쌍방 대리인의 자격으로 관련 보증금, 서류 일체를 계약 조건이 종료될 때까지 보관한다. 부동산 거래에 관련 있는 금융업자, 변호사, 부동산 중개인 등 이해관계자 사이에서 일어나는 모든 업무를 공정하게 실행하고 매매 계약을 영구적으로 기록, 보존하는 역할도 한다.

전자상거래의 경우에는 소비자가 물건값을 공신력 있는 제3자에게 맡기면 물품 배송을 확인하고 나서 판매자 계좌로 보내준다. 이른바 '결제대금 예치'다. 만약 배송이 안 됐거나 반품할 경우에는 즉시 환불이 가능하기 때문에 인터넷 쇼핑몰 사기 피해를 막을 수 있다. 한국에서도 2012년 8월부터 인터넷 쇼핑몰을 개설할 때 에스크로 가입 증서가 없으면 통신판매업 등록이 불가능하도록 조치되었다. 무역 거래나 국가간 자금 거래도 에스크로 거래를 사용한다.

페이팔은 소비자가 지불한 돈을 보관하고 있다가 그 돈을 판매자에게 지불해 주는데, 문제는 결제 속도다. 체크카드를 등록시켜 페이팔 계정을 쓰는 경우에는 환불 절차가 최소 1주일, 길면 한 달도 걸린다고 한다. 무역 거래에서 많은 자금이 지속적으로 들어온다면 결제가 늦춰져도 상관없겠지만, 수출대금이 줄어들고 있다면 바로바로 교환되는 것이 유리하다. 즉시적인 결제 방법으로 진화하지 않으면 대금 회수가 쉽지 않다. 비즈니스에서 돈의 회전주기RPM는 상당히 중요한데, 이걸 줄여줄 수 있는 것이 지금은 암호화폐밖에 없다.

어느 국가이든 제조업을 하거나 금융업을 하는 것으로 경제 활동을 할 수밖에 없는데, 5G 시대가 되면 인공지능과 사물인터넷이 연결되면서 노동력도 그리 필요없는 세상이 된다. 기존에 100명이 10개를 만들었다면 5G 시대에는 1명이 10개를 만드는 세상이 올 것이다. 그러니 경제 성장이 포화 상태에 이른 국가가 금융산업을 할 수 있는 환경을 육성하는 건 당연한 일이 아닐까. 아마존, 알리바바 등이 거대 플랫폼을 장악하고 있는 글로벌 시대에 그들이 커지면 커질수록 전자상거래 업체는 다 사라질 위기에 처해 있다. 5G가 도입되면 그들이 확장할 수 있는 영역은 더욱 넓어질 것이다.

모든 국가들이 디지털 자산 시장을 주목하고 있다. IT기업이 미국에서도 커지고 중국에서도 커지면 그 교차점에서 전자상거래로 물건과 돈이 교환될 때 어떤 돈으로 결제되는 것이 유리할까? 그 교차점에서 활용되는 돈이 패권을 가져갈 것이다. 앞으로 암호화폐 시장은 격전지가 될 소지가 다분하다.

화웨이의 행보와 5G 시장의 선도

5G(fifth generation mobile communication)는 4G 시대의 LTE에 비해 데이터 용량이 최대 1천 배 크다. 최대 속도는 20기가비트(Gbps)에 달해, 4세대 통신인 LTE의 최대 속도(1Gbps)보다 20배가량 빠르다. 반응속도(크기가 작은 데이터가 오가는 데 걸리는 시간)는 LTE가 10밀리세컨드(ms)(1000분의 1초)인 데 반해 5G는 1밀리세컨드로 10배 차이가 난다. 이로써 우리는 1기가바이트(GB) 영화 한 편을 10초 안에 내려받는 시대가 된다. 지금의 4G에서 최대 데이터 다운로드 속도보다 70배 빠르다. 5G 기술은 사람이 많이 모인 장소에서도 끊김 없이 문자메시지나 데이터 전송이 잘 되고 UHD 영상 화질보다 4배급인 영상도 쉽게 즐길 수 있다.

가상현실(VR), 자율주행, 사물인터넷(IoT) 기술도 5세대 이동통신의 초연결성이 있어야 구현이 가능하다. 5G 환경에서는 가상현실 컨텐츠도 내려받지 않고 인터넷에서 바로 즐길 수 있게 해줄 것으로 보인다. 많은 양의 데이터를 중앙 서버와 끊김 없이 주고받아야 하기 때문이다.

2018년 말, 미국 CNN은 독일, 프랑스, 이탈리아 정부와 통신사가 화웨이 장비 사용을 배제하려고 한다는 기사를 냈다. 프랑스 최대 통신회사 오랑주, 독일 최대 통신회사 도이치텔레콤 등이 5G 네트워크에서 화웨이 장비를 배제할 수 있다고 시사했다는 것이다. 화웨이는 미국 언론이 확대 해석했다며 전면 반박했지만, 어쨌거나 디지털 자산 시장이 5G를 통해 침투할 확률이 높아지자 IT 시장에서도 중국을 견제하는 분위기가 생겨난 듯하다.

화웨이는 스마트폰 등 디지털 기기를 만드는 시장에서는 삼성, 애플에 이어 세계 3위이지만, 통신장비와 기술을 다루는 시장에서는 세계 1위를 차지하고 있다. 2014년부터 SK텔레콤, KT, LG유플러스 등도 화웨이 네트워크 장비를 쓰고 있을 정도다.

세계지식재산권기구WIPO에 따르면 특허 신청에서도 화웨이가 2년 연속 세계 1위다. 뒤를 이어 미국 퀄컴, 중국 ZTE, 삼성전자가 뒤따른다. 몇 년째 200조 원 안팎에서 매출이 정체된 삼성전자에 비해 성장률도 높다. 종업원의 3분의 1은 외국인이며, 알리바바, 바이두, 텐센트가 내수에 머물러 있는 데 비해 전체 매출의 50%는 해외에서 일어난다는 점이 중요 포인트다. 화웨이는 5G통신 시장에서 기술표준을 주도하려는 한국 입장에서는 치열한 경쟁 상대이며, 5G 시대에 세계 1위를 노리려고 할 것이다.

넥슨은 게임을 버리고 무엇을 선택할 것인가

2019년 1월 국내 최대 게임회사인 넥슨 창업자 김정주 NXC 대표가 회사를 통째로 내놨다는 뉴스가 나왔다. 인수 후보로는 중국 텐센트, 미국 디즈니 등이 거론되었고, 매각된다면 거래 대금은 최소 8조 원 이상으로 예상되었다. 투자은행 업계와 게임 업계에는 김정주 대표 부부, 와이즈키즈(김정주의 개인회사)가 넥슨의 지주회사인 NXC에 대해 보유한 지분 전량을 매물로 내놨다는 말이 돌았다. 넥슨은 2011년 일본 증권 시장에 상장했는데, 넥슨(일본 법인)의 시가총액은 13조 원이 넘으며 NXC가 보유한 지분 가치만 6조 원 이상이라고 전해진다.

김정주와 넥슨은 한국 게임 업계에서 선구적인 위치에 있기 때문에 그 파장은 클 것으로 보인다. 2013년 서울에서 열렸던 '소프트뱅크 벤처스 포럼 2013'에서 김정주는 게임업계의 편중 현상에 대한 아쉬움을 드러냈던 적이 있고, 손정의 일본 소프트뱅크 회장이 2016년 '클래시 오브 클랜' 등의 개발사 지분을 텐센트에 매각했던 행보에 영향을 받았다는 이야기도 들린다. 넥슨은 매출의 절반 이상을 차지하는 중국 시장에서 당국이 신작 게임의 라이선스 발급을 중단하는 바람에 성장이 정체되어 있는 상태다.

NXC 지분 매각이 성사된 후 막대한 자금으로 김정주 대표가 어떤 일을 벌일 것인지에 대해 초미의 관심이 쏠리고 있다.

/

넥슨은 왜 게임산업을 접는가

2014년 매출액 기준으로 전 세계 게임 시장에서 가장 많은 돈을 번 회사는 중국의 텐센트다. 연 매출 약 14조 원, 시가총액 178조 원의 거대 인터넷 기업 텐센트는 처음 상장할 당시에는 네이버(당시 NHN)와는 비교할 수 없는 작은 회사였지만 2008년 네이버와 비슷한 수준으로 성장한 뒤로 다음해부터 네이버를 넘어섰고, 구글, 아마존에 이어 세계 3위의 인터넷 기업으로 성장했다.

텐센트의 주요 서비스는 포털인 텅쉰망, 메신저 서비스 QQ, 모바일 메신저 위챗이 있다. 독보적인 세계 1위 게임회사인 텐센트는 메신저 서비스를 같이 하고 있기 때문에 온라인게임 계정이 따로 필요 없이 메신저 아이디로 로그인할 수 있다. 인터넷을 켜놓고 있을 때마다 대부분은 메신저가 함께 켜질 것이고, 새로운 게임이 나오면 메신저에 광고가 나타나서 자연스럽게 유저를 게임으로 유도할 수 있다. 영국 리서치 회사인 IHS마킷에 따르면 2016년 전 세계 e스포츠 시청자의 57%는 중국 시청자였다. 이것은 두 번째 큰 시장인 북미의 4배가 넘는 수치다.

넥슨의 '던전 앤 파이터'는 중국에서도 인기가 있었는데, 유튜브, 구글, 페이스북, 트위터 등의 SNS를 차단하고 있는 중국이 외국계 서비스 금지 정책과 함께 2018년 들어 게임 규제를 이어가자 넥슨의 매출이 절반으로 줄어들었다. 3월 이후 게임 라이선스가 전면 중단된 데 이어 8월 말부터는 청소년 시력 향상을 명분으로 온라인게임 총량제가 도입되었다. 미성년자의 게임 사용시간도 제한하기로 함에 따라 인기 모바일 게임에 실명제가 도입되기도 했다.

김정주 대표는 중국이 규제를 풀어 게임 라이선스 승인 업무를 재개하더라도 어차피 필요에 따라 다시 규제하면 매출은 다시 망가질 것이 뻔하다고 판단하고 회사가 가장 높은 가치를 인정받고 있을 때 매각에 나선 것으로 보인다. NXC의 유럽 내 투자회사인 NXMH는 명품 유모차인 스토케와 레고 거래 사이트인 블릭 링크를 인수한 바 있지만, 김정주 대표가 최근 관심이 가장 많은 분야는 아무래도 블록체인인 것으로 보인다. 김정주 대표는 우리나라 벤처 1세대로 새로운 산업이 떠오르면 본능적으로 관심을 갖고 뛰어드는 성향의 사람이다. NXC의 매각 대금이 어디로 흘러갈지에 관한 뉴스는 반드시 체크해야 할 사항이다.

코빗과 비트스탬프는 매각 대상이 아니다?

넥슨 창업자 김정주는 최근의 입장문에서 "현재에 안주하지 않고 보다 새롭고 도전적인 일에 뛰어든다는 각오라면서 넥슨을 세계에서 더욱 경쟁력 있는 회사로 만드는 데 뒷받침이 되는 여러 방안을 놓고 숙고 중"이라고 밝혔다. 넥슨의 지주회사 NXC는 2017년 국내 암호화폐 거래소 코빗을 인수한 데 이어 2018년 10월에는 유럽 내 자회사인 NXMH를 통해 유럽 암호화폐 거래소 비트스탬프를 인수했다. 비트스탬프는 유럽에서 유일하게 암호화폐 거래를 허가받은 회사다.

넥슨 매각을 둘러싸고 이번 매각에서 코빗과 비트스탬프는 제외되었다는 이야기가 돌고 있다. 김정주 대표가 내보낸 입장문에서 말한 '새롭고 도전적인 일'이란 어떤 것일까 생각해 보면 이런 이야기가 도는 것도 무리는 아니다. 넥슨이 지분을 가지고 있는 사업들을 보면 게임산업을 떠난 후에 유모차, 레고 등에 집중할 것 같지는 않다. 암호화폐 옹호론자 관점에서 보면 넥슨의 김정주가 말하는 신사업이란 블록체인 사업을 말하는 것이구나, 생각할 수 있다. 어느 날 코빗에 들어갔는데 인덱스 서비스를 하기 시작한다면 게임 부분을 매각한 자금을 일정 부분 투자하고 있구나 생각해도 좋을 것이다.

냉정하게 판단하기 위해 부정적인 시각으로 바라보면, 코빗과 비트스탬프는 가치가 없어서 사려는 곳이 없어서 못 파는 것 아닌가 생각할 수도 있다. 앞으로 공식적인 뉴스를 통해 확인이 필요하지만, 코빗이 최근에 상장을 많이 하기 시작했다는 점은 시사하는 바가 있다. 앞으로는 영업을 확장하겠다는 얘기가 된다. 더불어 넥슨은 일본 쪽에서 사업 확장이 많았는데 네이버와도 맞물려 있는 것이 많았다. 네이버 창업자 이해진도 암호화폐 관련 자회사를 세워 시장 공략에 나선다는 뉴스를 봤을 때는 전혀 관련성이 없어 보이지는 않는다.

한국 인터넷 기업의 암호화폐 투자

2019년 1월 암호화폐 거래소 빗섬의 지주사 비티씨홀딩컴퍼니가 설립한 벤처캐피털VC '비티씨인베스트먼트BTC Investment'를 중소벤처기업부(중기부)가 창업투자회사(창투사)로서 인가했다. 공식 창업투자회사로 등록되면 법인세, 소득세, 증권거래세 등의 혜택을 받을 수 있다. 비티씨인베스트먼트는 인공지능, 빅데이터, 분산시스템 서비스, 금융 서비스, 바이오 등 다양한 기술 분야에 폭넓게 투자할 계획이라고 밝혔다. 블록체인 관련 산업에 있는 기업 중 처음 허가가 난 사례라서 향후 다른 거래소에도 영향을 주지 않을까 생각해 본다.

2018년 네이버와 카카오도 블록체인 계열사를 잇따라 설립했다. 네이버는 일본 계열사 '라인'을 중심으로 블록체인 계열사들이 꾸려지고 있다. 독자적인 블록체인 플랫폼을 구축하고 거기서 구현될 디앱 서비스도 준비 중이라고 한다. 일본에서 암호화폐 거래소 사업을 추진하기 위해 '라인파이낸셜'을 설립하기도 했다. 블록체인 기술 연구와 관련 사업 투자를 위해서는 자회사 '언블락'을 세웠고, 디앱 구축을 위해서는 블록체인 프로젝트 아이콘ICON과 함께 조인트벤처 '언체인'도 세웠다.

카카오도 역시 블록체인 개발 투자 전문의 자회사 설립을 추진하고 있다. 카카오는 이미 간편결제 자회사 '카카오페이'를 통해 블록체인 기반의 공인인증 서비스를 운영하고 있는데, 국내 암호화폐 거래소인 업비트의 운영사인 두나무의 지분도 보유하고 있다. 카카오는 금융과 기술을 묶어 전통적인 금융 서비스와는 새로운 패러다임을 제시하는 카카오뱅크를 시작했다. 6개월여 만에 500만 계좌를 개설했고, 해외송금 건수도 7만6천 건에 달할 정도로 인기가 많다. 세상은 초고속 모바일 시대로 접어들었는데 금융은 여전히 폐쇄적이고 권위적인 인프라에 갇혀 있었고, 사람들은 오래 걸리는 시간, 복잡한 절차, 문턱이 높아 느끼는 불편함에 불만이 많았다. 그리고 이체, 송금, ATM 등 서비스 하나 이용할 때마다 내야 하는 수수료에 억울해했다. 카카오뱅크는 카카오톡과 연동해 상대방의 몇 가지 정보만 알면 돈을 보낼 수 있도록 편의성을 극대화했다.

카카오뱅크는 기존 은행보다 많이 편하고 빨라졌지만, 중앙집중화된 시스템의 근본적 단점은 그대로 안고 있는 상태다. 사물인터넷 금융 거래 환경에서 중앙집중적 핀테크 기술은 비용과 보안 때문에 안전하고 효율적인 금융 거래를 보장하기 어렵다. 핀테크 기업으로서 카카오뱅크는 블록체인 기술을 활용한 인프라 혁신을 시도할 것이라고 전망해 볼 수 있다.

이로 인해 앞으로 은행은 매장이 사라지고 온라인 업무만 보는 곳으로 모습이 바뀔 수도 있다. 현재는 대출 업무에서 서류심사 때문에 창구가 존재한다. 그러나 카카오처럼 모바일로 옮겨가면 창구가 필요없다. 중국에서 앤트파이낸셜이 급격하게 성장한 이유는 알리바바의 알리페이에서 쓰이는 신용정보만 가지고도 충분히 신용평가가 되기 때문이다. 카카오 모바일은행이 강해지면 신용등급을 매기는 것도 핸드폰 하나만 있으면 된다. 결제내역을 볼 수 있어서 빅데이터로 신용평가를 세분화하는 것이 가능해진다. 자연스럽게 은행 창구는 없어질지도 모른다.

우리는 빗섬, 업비트 모두 금융 라이선스를 받아낼지도 모른다는 희망을 갖지만, 기존 은행에서 암호화폐 거래 라이선스를 갖춰나갈 가능성이 높다. 신한은행이 블록체인 사업부가 가장 활발하고 가장 많이 접근해 있다. 카카오는 카카오뱅크, 카카오스탁을 갖고 있기 때문에 이체, 송금, 증권까지 영역을 확장한 상태에서 어떤 행보를 보일지 귀추가 주목된다. 현재의 암호화폐 거래소도 대형사 몇 곳만 남고 모두 생존하지 못하고 사라질 수도 있다.

우지한의 사임과 리 샤오라이의 투자 중단

2018년 11월 캘빈 아이어Calvin Ayre 비트코인캐시 SV 진영 최대 채굴풀 코인긱Coingeek 운영자가 트위터에서 "우지한, 로저 버 등 비트코인 ABC 진영 대표 주자들이 암호화폐 시장 조작과 관련이 있다"며 공개적으로 저격했다. 이들이 시세 조작 그 이상과 연관돼 있다는 내용의 문서를 공개하겠다고도 했다. 우지한은 암호화폐 채굴기 제조업체 비트메인Bitmain을 운영하고 있으며, 로저 버는 비트코인캐시 열혈 지지자로서 비트코인캐시 ABC 진영 최대 채굴풀 비트코인닷컴을 운영하고 있다.

비트코인캐시 커뮤니티는 '비트코인캐시 ABC'와 '비트코인캐시 SV'로 나뉜다. 이들은 네트워크 업그레이드를 앞두고 '스마트 계약 솔루션 포함 여부', '블록 크기 확대 여부' 등 기술적인 문제들을 두고 갈등했다. 비트코인캐시는 2017년 8월 비트코인의 거래 속도를 향상하기 위해 하드포크됐던 암호화폐다. 비트코인보다 블록 크기가 커졌기 때문에 더 많은 트랜잭션을 담을 수 있어 수수료가 적고 처리 속도가 빠르다. 비트코인캐시는 2019년 2월 4일 현재 코인마켓캡 기준 시가총액 5위다.

비트코인캐시의 업그레이드를 둘러싼 논쟁에는 전통적인 거래소를 통하지 않아도 암호화폐 교환이 가능한 '아토믹 스와프'를 지원하는 스마트 컨트랙트 기능도 포함되어 있다. 비트코인캐시 ABC는 아토믹 스와프를 포함한 스마트 컨트랙트 기능을 도입하자고 주장하는 반면, 비트코인캐시 SV는 '비트코인의 기존 정신을 계승하자'는 취지에서 블록 크기만 4배로 키우되 기존 비트코인 구조로 돌아가자는 주장을 했다.

지금까지 진행된 비트코인캐시의 업그레이드는 모두 소프트포크였다. 만약 개발자와 채굴자들이 업그레이드 내용과 사양에 관해 합의에 이르면 블록체인은 그대로 두고 소프트웨어만 업그레이드되는 소프트포크를 한다. 그런데 이번에는 업그레이드 내용에 합의하지 못하고 둘로 갈라져, 블록체인 자체가 둘로 나뉘는 하드포크를 하게 되었다. 갈등은 결국 비트코인캐시 네트워크의 후계자는 우지한와 로저 버의 비트코인캐시 ABC가 되는 것으로 마무리되었고, 비트코인SV^{BSV}라는 새로운 코인이 생겨났다. 비트코인캐시의 분열은 한때 비트코인캐시는 물론 비트코인까지 하락세를 불러오는 파장을 일으켰다.

우지한과 로저 버는 펌핑 악당?

2017년 이전까지 비트코인 시장에서 70% 이상은 위안화 거래였다. 중국은 거래 비율이 높았지만 비트코인이 미국의 통제 아래 들어가는 시장이 되자 규제에 들어가며 발을 빼기 시작한 것으로 보인다. 그러나 그 와중에 채굴회사인 비트메인은 비트코인 해시율(암호를 푸는 비율)을 50% 이상 유지할 수 있는 대기업이 되었고, 채산성 악화로 비트코인 채굴을 포기하는 중소 채굴장과는 다르게 공격적인 운영을 하고 있었다.

우지한은 "ICO는 거품이며 곧 사라질 일시적 유행이다. 주식이나 채권 같은 기존 자산이 토큰화 플랫폼으로 이동할 것"이라고 말하기도 했는데, 암호화폐 채굴 회사 비트메인의 CEO 자리를 사임한다고 한다. 중국 〈오데일리 플래닛 데일리〉가 공동 CEO 두 사람이 암호화폐 마이닝 장비 제조업체의 CEO 자리를 사임할 것이라고 보도했다. 비트메인은 기업공개IPO를 앞두고 우지한 창업주가 감사로 물러나는 결정을 내렸다. 현재 그는 여러 소송에 휘말려 있는데 그중 플로리다에 접수된 사건들은 우지한과 중국 정부가 지원하는 비트코인캐시BCH 네트워크를 업그레이드하는 동안 고의적인 사기와 시장 조작이 있었다고 고소된 것이다.

우지한의 사임 후 그의 행보는 '전통적인 자산의 토큰화' 발언과 관련해 계속해서 체크해 볼 만하다.

한편 한국 커뮤니티에서 우지한과 로저 버는 '펌핑 악당'이라고 불리기도 한다. 로저 버 비트코인닷컴 대표를 '2018 블록페스타'에서 만나 인터뷰한 적이 있다(유튜브 참조). 그는 2011년 라디오에서 비트코인 얘기를 처음 듣고 나서 33세였던 당시에 바로 투자를 시작했다고 한다. 비트코인이 1달러일 때 3만5천 개를 사두었는데, 현재 비트코인 부자 세계 순위 6위로 알려져 있다. 비트코인캐시와 관련해 적극적 활동을 하고 있고, 다양한 비트코인 관련 업계 투자로 최소 1조 원 이상의 자산을 보유한 것으로 추정된다.

직접 만나본 로저 버는 마케팅을 참 잘하는 사람으로 보였다. 캘리포니아 실리콘밸리에서 태어나고 자란 그는 어릴 적에는 본인이 얼마나 특별한 장소에서 자랐는지 몰랐지만, 흥미로운 사람, 새로운 기술을 많이 접했던 건 행운이었다고 말했다. 시장이 언제쯤 정상화, 활성화될지 묻는 질문에 그는 "비트코인캐시는 실물화폐로 쓰이기 위해 만들어진 것이기 때문에 트랜잭션을 계속해야 자연스럽게 올라갈 것"이라고 대답했다. 규제에 대해 물었을 때는 '규제'라는 단어를 들으면 본 적도 없는 사람들이 전 세계 사람들에게 "우리 말을 안 따르면 너희들은 감옥 갈 거야"라는 말로 협박하는 것처럼 들린다고 말하기도 했다.

리 샤오라이의 투자 중단

"오늘부터 나, 리 샤오라이李笑來는 개인적으로 어떤 프로젝트에도 투자하지 않겠다. 만약 리 샤오라이와 관련됐다는 프로젝트를 보면 무시하면 좋겠다." 중국 비트코인 갑부 리 샤오라이가 중국 SNS 웨이보를 통해 밝혔다는 내용이다. 그는 블록체인은 장기적으로 발전할 것으로 생각하지만 커리어의 방향을 전환하려 한다고 말했다. 그는 달러로 담배 불을 붙이는 사진으로 유명한 중국 내 거물 투자자다. 중국 벤처캐피털 비트펀드 창업주인 리 샤오라이는 영어 선생으로 이름을 날리던 2011년 자신이 세운 교육업체의 주식 상장 이후 지분을 모두 처분하고 6달러에 비트코인을 2,100개 매입했고 채굴사업에도 뛰어들어 큰돈을 벌었다.

그의 투자 중단 선언은 중국 정부의 계속된 ICO 규제와 수많은 스캠(사기)으로 인한 심경 변화인 것으로 풀이됐다. 개인적으로 전혀 알지도 못하는 상태에서 자신과 관련됐다는 프로젝트들이 수도 없었다는데, 실제로는 거의 99% 자신과 관련없다고 말해도 좋을 것이었다고 한다. 그런데 블록체인이든 IPO든 어떤 프로젝트에도 투자하지 않겠다던 리 샤오라이가 은퇴를 선언한 지 얼마 되지 않아 스테이블코인 프로젝트에 뛰어들어 또 다시 화제가 됐다. 그는 홍콩 블록체인 펀드인 그랜드쇼어스 테크놀로지Grandshores Technology 공동 대표를 맡았다. 세 가지 법정화폐에 연동된 스테이블코인을 출시하는

데, 엔화, 홍콩달러, 호주달러의 순으로 출시할 예정이라고 한다.

이들이 위안화 스테이블코인을 만들지 않는 이유는 민간인이 건드릴 수 없기 때문일 것이다. 중국 정부 입장에서도 스테이블코인 방식으로 위안화를 연동해서 암호화폐를 여는 수밖에 없다고 보는데, 기축통화로서 저변화가 넓어질 수 있는 매개체가 되는 것이라서 공산국가인 중국에서 그것을 민간이 건드릴 수는 없다.

그러나 홍콩, 호주는 공산국가가 아니기 때문에 자기네 돈을 쓸 수 있는 스테이블코인을 만드는 데 굳이 막을 필요가 없다. 엔화를 보증하는 스테이블코인은 엔화로 보면 된다. 홍콩달러를 보증하는 스테이블코인은 그냥 홍콩달러로 봐도 무방하다. 해당 국가에서 교환 가치가 있기 때문이다. 반면 이란 돈, 북한 돈을 스테이블코인으로 만드려는 투자자는 없을 것이다. 전 세계 은행에서 바꿀 수가 없기 때문이다. 디지털 환경에서 디지털 자산으로 바꿀 수 없으니 디지털 시장의 무역 거래가 성립되지 않는다. 디지털 환경에서도 이란, 북한 같은 나라는 무역 거래가 똑같이 막혀 있는 것이다.

스테이블코인은 암호화폐를 매수하기 위한 용도다. 비트코인을 사기 위해 스테이블코인이 만들어진 것이고, 이후에 암호화폐 저변이 넓어지면 비트코인은 자산화되어 독자 노선을 갈 것이다. ETF로 직접투자상품이 되거나 나스닥에 상장할 수도 있다. 그전까지는 스테이블코인이 비트코인의 상승을 밀어줄 촉매제 역할을 해줄 것이다. '스테이블코인의 거래량이 많아졌다는 뉴스는 꼭 체크해야 할 사항이다.

RE100, 재생 에너지로만 100% 사용하겠다

암호화폐도 주식 시장처럼 종목이 다양해지고 지수까지 등장했다. 암호화폐가 새로운 자산 시장을 열어준다고 했을 때 앞으로 어떤 걸 매수해야 가장 큰 수익이 날까? 주식 시장과 달리 암호화폐 시장은 24시간 시장이 열리며, 전 세계가 연결되어 있는 글로벌 시장이다. 우리는 주식을 살 때 요즘 핫한 것이 무엇인지 따진다. 바이오가 뜨면 바이오 관련주를 사고, 에너지가 뜨면 에너지 관련주를 사는 식이다. 2019년 이후로 이슈가 될 만한 분야를 뉴스와 함께 풀어보려고 한다.

"2030년까지 신재생 에너지 발전을 전체 전력의 20%까지 높일 계획입니다. 석탄화력 발전을 줄이고 탈원전 국가로 나아가려 합니다. 전기차 등 친환경자동차의 사용도 확대해 나갈 것입니다." 2017

년 6월 문재인 대통령은 제2차 아시아인프라투자은행 연차총회와 고리 1호기 원자력발전 영구정지 선포식에서 국가 에너지 정책 전환에 대해 공식 발언했다. 신규 원전 건설을 전면 백지화하고 친환경 에너지 산업을 적극적으로 육성해 4차 산업혁명 시대의 성장 동력으로 삼겠다는 말도 덧붙였다.

우리나라는 원전 밀집도가 가장 높은 나라로 미국의 20배, 러시아의 100배다. 25기의 원전은 4개의 단지에 집중되어 있는데, 전 세계 밀집 원전 단지 상위 10개 중 4개가 우리나라에 있다. 우리나라는 후쿠시마보다 22배 많은 사람들이 고리 원전 단지 주변에 살고 있으며, 전 세계에서 대형 원전 단지 30km 내에 이렇게 많은 사람들이 살고 있는 곳은 한국 외에는 존재하지 않는다.

후쿠시마 원전 사고와 경주 대지진 이후, 그동안 지진으로 인해 국가 존립을 위태롭게 하는 치명적인 피해가 발생할 위험에 대해 지적되어 왔다. 그러나 탈원전 선언 이후 조선일보, 중앙일보 등의 매체가 전기요금 상승, 대체에너지 부족 등을 이유로 연일 반대 의견을 내보냈다. 역대 정부들도 미뤄왔던 일이라며 원전 폐로에 비용과 시간이 들고 경험도 없다며 반박한 것이다.

그렇다면 원전 증설이 전 세계 트렌드에 맞는 건지 따져보고 우리가 암호화폐 종목을 선택할 때도 고려할지 생각해 보자.

친환경 에너지는 얼마나 쓰일 것인가

구글, 애플, 페이스북, BMW, GM, 코카콜라, 스타벅스, 이케아 등 154개 글로벌 기업들이 'RE Renewable Energy 100 이니셔티브'에 가입하며 공장, 사무실, 건물 등 자사 영업 활동에 필요한 모든 에너지를 100% 재생 에너지로 사용하겠다고 밝혔다. RE100 이니셔티브는 다국적 비영리단체인 기후그룹 The Climate Group 이 2014년 뉴욕시 기후주간 행사에서 제안한 활동으로, 기업 활동에 필요한 모든 에너지를 재생 에너지로만 사용하자는 취지로 시작된 것이다.

우리나라 기업은 한 군데도 RE100에 참여하지 못하고 있는 가운데 아시아 기업으로는 후지쯔가 RE100 골드 멤버로 가입했다. 국내 기업이 100% 재생 에너지 사용에 주저하고 있는 동안, 글로벌 제품 생산 기업은 부품생산 기업에 재생 에너지로 생산된 부품 납품을 요청하는 현상이 확대되고 있다.

2018년 12월, 벤츠, 폭스바겐 등 글로벌 자동차 메이저들이 잇따라 전기차용 배터리를 수십조 원대 규모로 국내 업체들에 대량 매입하겠다고 밝혔다. 기술 상용화 10년째인 전기자동차 시장이 본격적으로 수요가 늘면서 삼성SDI, LG화학, SK이노베이션 등 국내 빅3 배터리업체 수주잔액은 사상 최초로 100조 원대에 육박하는 것으로 알려졌다.

세계 최대 자동차판매업체 1위 폭스바겐은 2018년 3월 54조 원

(480억 달러) 규모의 배터리셀 구매 계약을 맺었고, 삼성SDI, LG화학, SK이노베이션 등 3사 모두 공급계약을 맺었다고 한다. 도요타, GM, 포드 등 글로벌 자동차 업체들 상당수가 전기자동차용 배터리셀 장기구매 계획을 추진하고 있어 국내 배터리 3사 수주잔액은 100조 원대를 넘어설 전망이라고 한다. 《포춘》에 의하면 폭스바겐은 2026년까지 내연차gas-powered car 생산을 완전히 중단한다고 선언하기도 했다. 세계 자동차 판매량 2위인 일본 도요타자동차도 2025년까지 모든 내연차의 생산을 중단하고 하이브리드카HV와 전기자동차EV 등 친환경 자동차만 생산하겠다고 선언한 바 있다.

그런데 문제는 전기차가 곧 친환경을 의미하는 것은 아닐 수도 있다는 것이다. 에너지 성능 평가에서 세계적 권위를 인정받는 MIT공대 트랜식연구소의 실험에 의하면, 테슬라의 전기차 모델S가 가솔린엔진차 미쓰비시 미라지보다 탄소 배출이 더 많았다. 주행거리를 늘리기 위해 대형 배터리를 장착하게 되면서 전기차가 탄소 배출이 대형 휘발유차에 비해서는 적지만 소형차보다는 많다는 실험 결과가 나온 것이다. 문제의 핵심은 전기차가 점점 커지고 여전히 코발트, 리튬 등 광물자원에 의존한 전기 배터리를 쓴다는 것이다.

삼성SDI는 폭스바겐 그룹이 진행한 MEB 프로젝트 배터리 공급사로 선정된 뒤 헝가리 괴드시에 건립한 공장을 조기 가동하고 전기차용 배터리를 생산하기 시작했다. MEB 프로젝트는 앞서 말한 대로 폭스바겐이 생산하는 모든 차를 전기차로 전환하겠다는 목표로 진행하는 프로젝트다. 삼성SDI는 고효율, 친환경 성능을 제공하는 저전압시스템[LVS] 배터리 생산이 가능해 배출가스 절감 효과를 줄 수 있다고 한다.

한편 2018년 10월 국회 농림축산식품해양수산위원회 국정감사에서는 RE100 글로벌 기업들로부터 국내 기업들이 재생 에너지 사용을 요구받고 있다는 사실이 발표됐다. BMW는 LG화학에 납품받을 전기차 배터리에 대해 재생 에너지 사용을 요구했다. LG화학은 폴란드 공장에서 재생 에너지 사용에 대한 해결방안을 모색하다가 끝내 BMW와의 거래가 무산되고 말았다. 반면 BMW로부터 LG화학과 똑같은 요구를 받은 삼성SDI는 헝가리 공장에서 사용하는 재생 에너지 덕분에 거래를 지속할 수 있었다.

국내에서의 재생 에너지 생산과 사용은 극히 미비한 수준이다. 그러나 이제 국내에서 친환경 에너지에 관심을 두고 정책 인프라를 마련해 주지 않으면 대기업들은 다른 선진국가로 공장을 이전할 수밖에 없고 내국인들은 일자리를 잃게 된다. 삼성전자는 동아시아 전자업계 최초로 재생 에너지 사용 목표를 발표했는데, 2020년까지 중국, 유럽, 미국에 위치한 모든 삼성 공장에서 사용되는 전력을 100% 재생 에너지로 전환하겠다고 발표한 것이다. 재생 에너지 사용 때문에 공장을 이전한다면 개발 인프라가 미흡한 개발도상국으로는 갈 수 없으니까 독일, 영국, 미국, 일본 등 선진화된 나라들로 이전할 수밖에 없을 것이다. 유럽에서 전기차 생산은 유럽연합[EU] 차원에서 청정에너지 연료에 대한 기금지원(Horizon 2020)을 통해 전략적으로 추진하는 분야이기도 하다. 실제로 삼성SDI에 이어 SK이

노베이션도 헝가리에 공장을 짓고 있다고 한다.

우리나라는 심각한 환경 문제로 몸살을 앓고 있는데, 지금은 기업들의 친환경 정책도 중요한 기업 윤리에 들어가야 할 전망이다. 애플은 전 세계에 있는 시설들이 100% 재생 가능 청정에너지에 의해 가동된다고 발표했다. 미국, 영국, 중국, 인도를 포함한 43개 국가에 있는 리테일 매장, 사무실, 데이터 센터, 공동으로 위치한 시설들이 모두 여기에 포함된다. 또 9개 협력업체들이 100% 청정에너지로 모든 애플 제품을 생산하기로 함으로써 총 23개의 협력업체가 100% 청정에너지로 애플 제품을 생산하게 된다.

이와 같은 움직임은 신재생 에너지 관련 기술을 가지고 있는 국가들에게 유리하게 작용하기 위한 움직임이다. 한국, 일본, 네덜란드, 독일, 영국, 미국, 중국 정도가 전부다. 다른 개발도상국은 기반이 없어서 끼지도 못한다. 기후협약은 단순히 지구의 온난화를 막기 위해 설립한 기구만은 아닐 것이다. 배기량을 낮춰서 오염물질(이산화탄소)을 배출하지 않으려면 신기술을 써야 한다. 그런 신기술은 특정 국가들만 갖고 있다는 것이 특징이다. 트럼프 대통령이 기후협약을 탈퇴한 것도 신재생 에너지 사업이 뜨면 석유 산업 기반이 타격을 받기 때문일 것이다. 경제 논리가 없으면 정치는 움직이지 않는다.

암호화폐 시장이 국가적으로 인허가되어 오픈되면 신재생 에너지 관련 코인은 엄청나게 오를 것이다. 이것은 주식 시장의 경우도 마찬가지여서 OCI 같은 태양광, 신재생 에너지 테마주가 상승할 수 있다. 암호화폐 에너지 관련주로는 파워렛저, 에너지마인 등이 상승

가능성이 있다. 변동 폭은 있겠지만 상승률은 상당할 것이다.

/

뉴스 똑바로 보기, GM의 한국 철수

세계 자동차 판매량 3위인 미국 GM(제너럴 모터스) 역시 대대적인 구조조정과 함께 전기차 생산에 주력할 계획을 밝힌 바 있다. '내연차 퇴출'의 시대가 다가오고 있는 가운데 세계 자동차 판매량 4위를 기록했던 현대기아차그룹은 아직까지 내연차 생산 중단에 관한 의견을 밝힌 적이 없지만, ESS에너지 저장장치 개발을 본격화하는 움직임을 보이고 있다. 전기차도 노후화되면 동력원으로 쓰이던 리튬이온 배터리를 처리하는 것이 문제가 되는데, 이것들을 모아 재가공하는 선순환 구조에 대해 연구하려는 것이다.

컨설팅회사 톰슨로이터의 「2016 자율주행차 혁신보고서」에 따르면 자율주행 특허가 가장 많은 회사는 구글, 테슬라 같은 IT 기업이 아닌 도요타와 GM이라고 한다. 한국에서 공장 폐쇄 등 일련의 사태를 겪은 GM은 사업 부실이 아니라 지금의 포드식 컨베이어 벨트 생산방식을 탈피하기 위해 한국을 나가는 것이라고 봐야 한다. 스마트카 시대로 빠르게 들어가기 위함이라고 보는 것이 맞을 것이다.

게다가 2대 주주로 있는 회사가 승차공유 서비스 리프트lyft다. 그들은 제휴를 통해 '무인 자율주행차 택시군단'을 만들 것을 계획하고 있다. 전 세계 자동차업체들은 '공유경제'라는 새로운 차량 이용

행태가 신차 판매에 부정적인 영향을 줄 것이라는 상황을 받아들여 적극적으로 동참하는 추세다. 상당수 글로벌 자동차업체들이 승차공유, 차량공유 서비스업체에 대해 투자하거나 인수를 추진했다. 우버도 메르세데스 벤츠의 모기업인 다임러와 파트너십을 맺었다. 자체적인 서비스 제공을 위해 자회사를 설립하는 경우도 있다. GM, 포드, 다임러, BMW, 폭스바겐, 도요타, 아우디, 재규어, 푸조 등 대부분의 업체가 해당된다.

한때 제조업이 융성하던 미국은 금융업 기반으로 사회가 재편된 후 금융위기를 겪자 기축통화인 달러만으로는 더 이상 힘을 유지하는 것이 어려운 상황이다. 패권국의 기반이 무너지는 것을 막기 위해 메이커스 운동을 펼치고 로봇산업을 육성하는 등 제조업을 다시 일으키기 위해 노력하고 있다. 스페인, 영국 등의 사례처럼 화폐 패권을 가졌어도 제조업 기반이 없으면 제국은 붕괴되기 마련이다. 미국 트럼프 대통령의 행보는 미국이 유럽 문제에 관여하지 않는 대신 유럽도 미국에 간섭하는 것을 거부한다는 먼로의 고립주의 노선의 부활로 읽히기도 한다.

5장

심리전에서 지지 않는 나만의 투자법

CRYPTOCURRENCY

비트코인 10년, 차트로 보는 전망

현재 암호화폐 시장은 새로운 자본 시장의 탄생 과정에 있다. 하락과 횡보를 반복했던 2018년은 개인투자자들에게는 어려운 시기였다. 2008년 1월 제네시스블록 50개가 처음 생성된 이후로 2019년 1월이면 비트코인 탄생 10주년이다. 투자자들은 암호화폐 종목을 주식처럼 받아들이기도 하지만, 그와 동시에 환율처럼 바라보기도 한다. 기축 달러에 각국 통화가 연동되는 것처럼 비트코인을 기축으로 알트코인이 움직이기 때문이다. 아직까지는 완전히 자리잡히지 않은 초기 시장에 속하기 때문에 지난 10년간의 비트코인 차트를 살펴보면 아주 신기한 정황을 밝혀낼 수 있다. 2017년 말 비트코인 시장의 비이상적인 팽창과 그로 인한 폭발적 성장세, 그리고 지금의 암흑기는 현재의 자본 시장 시스템과 모두 무관하지 않다.

[그림 5-1] 비트코인 10년 차트

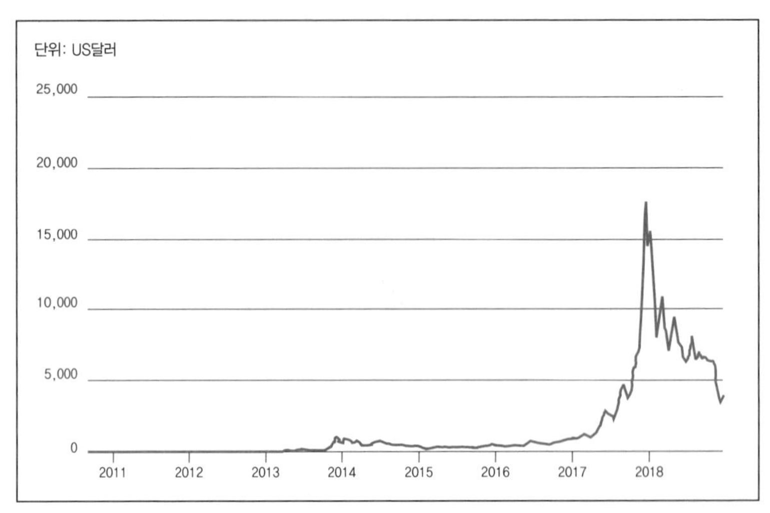

〈출처: 바이비트코인월드와이드〉

2009년까지 비트코인은 거래소에서 거래되지 않았으며, 2010년에 비트코인은 1달러를 넘지 못했다. 그해 가장 높은 가격은 0.39달러였다. 비트코인은 공식 가격이 없고 글로벌 거래소의 가격 정보에 근거해 여러 평균 가격을 산출한다. 어느 거래소에서는 평균과 약간 다른 가격으로 거래될 수 있다.

비트코인 시장은 2013년 말 첫 번째로 엄청난 상승기를 맞이한다. 살펴보면 2012년 반감기를 거쳐 2013년 이상과열 현상이 발생한 것이다. 2013년의 엄청난 상승기에 비트코인은 시가총액이 9배 이상 상승한다. 그러다 다음해 2014년에는 절반 이하로 폭락이 진행된다.

역사는 반복된다는 교훈을 적용해 보면 다음으로 살펴볼 구간은 2016년의 반감기부터다. 이후 2017년 말의 대상승이 있었고 2018년은 대하락장이 이어지면서 시가총액이 절반으로 줄어든다. 4년 주기로 반복되고 있는 것인데, 만약 이것이 적중한다면 2019년 시가총액은 4,500억 달러에서 멈추게 된다. 이것은 대외요소는 고려하지 않고 반감기만 가지고 풀어내는 수치다.

비트코인이 경제 상황을 앞서 반영한다?

현재의 비트코인 시장에 2018~2019년 세계 자본 시장을 연결해서 살펴보겠다. 2017년 말 2018년 초의 비트코인 상승기에는 일본의 양적완화로 투자금이 넘쳐났고, 미국의 양적완화로 인한 달러 공급도 수월했던 시기다. 그러나 2017년 말부터 금리 인상이 예고되었고, 그 직전 시기에 비트코인 시장에 엄청난 자금이 유입되어 마지막 유동성 파티를 즐기고 떠나간 상황이 되었다.

그런데 여기서 재미있는 현상이 나온다. 한마디로 비트코인 시장은 신흥국 또는 중진국의 자본 시장과 흡사한 형태를 보인다는 것이다. 비트코인 시장은 아직 현재의 글로벌 경제 시장보다는 작기 때문에 미래의 주식, 채권 등 국가간의 경제 상황을 선반영한다고 해도 과언이 아니다. 비트코인 역시 자본 시장이며 1기축, 2기축이 존재하는 시장 구조다. 달러가 기축으로 움직이면서 유로화, 엔화가 함께 기축으로 쓰이는 것처럼 비트코인이 1기축으로, 이더리움이 2기축으로 움직이는 모습이다.

달러 자본이 낮은 금리로 인해 유동성이 풍부해지면 그로 인해 암호화폐 시장에도 유동성이 확보되어 비트코인 매수세가 가중될 것이다. 그렇게 시장에서 비트코인 가격이 상승하면 알트코인의 가격은 상대적으로 싸진다. BTC 마켓에서 비트코인 혼자 가격이 오르면, 상대적으로 비트코인으로 살 수 있는 알트코인들의 가격은 낮아진다. 이로 인해 투자자들은 상대적으로 낮아진 알트코인에 대한 구매력이 높아지고 다시 가격 상승 효과를 불러온다. 이렇게 비트코인 가격이 상승해야 알트코인의 매수가 따라붙을 수 있는 조건이 충족된다.

이것은 비트코인으로 알트코인을 사서 알트코인의 가치를 높인 후 자금이 다시 빠져나가는 현상과 일치한다. 현 자본 시장과 비트코인 시장이 어느 정도 닮아 있다는 것은 부정할 수 없는 부분이다.

실제로 비트코인 시장이 그동안 현재 경제 시장을 선반영했다면 미래 상황도 짐작해 볼 수 있다. 2019년 신흥국 시장에는 '비트코인 대폭락'과 비견되는 끔찍한 일이 벌어질 수 있다. 유동성이 넘치던 기축 화폐들이 손실 없이 현금화하기 위해 버블을 만들고 빠져나가는 현상이 신흥국에 그대로 적중될 확률이 높다.

우리나라도 외제차가 급격하게 늘어난 시기를 보면 미국의 금리 인하로 인해 풍부해진 자금의 유동성 문제와 맥락이 다르지 않다.

기축 패권의 문제로 미국이 금리 인하를 하면 우리나라도 역시 금리 하락 압박을 받을 수밖에 없다. 미국이 금리 인하를 단행하면 국제 자본들은 더 높은 수익률을 향해 다른 나라로 몰려가고 자산 버블을 만들어낸다. 그러나 2018년 미국의 연이은 금리 인상 단행의 결과, 이 자본들은 다시 미국으로 빠져나가고, 이로 인해 신흥국 시장은 현금화하고 빠져나가는 유동성 자금으로 인해 결국은 자산 가치 하락을 맞이하게 된다.

이렇듯 2018년 비트코인 시장이 현재 경제 시스템을 선반영하는 결과를 닮아 있다면, 2019년 엄청난 격동기를 맞이할 수 있다는 분석이 가능하다. 과연 암호화폐 시장이 현재 자본주의 시장의 선반영이었을지는 두고봐야 할 문제이기는 하지만, 흥미진진하게 지켜보기에 충분하다.

차트가 4년 주기로 반복된다?

2010년 5월 18일 미국 플로리다 주 잭슨빌의 프로그래머 한예츠 라즐로가 비트코인 1만 개로 프랜차이즈 피자 두 판을 산 것이 비트코인이 화폐로 쓰인 첫 사례였다. 당시 가격은 1BTC가 1센트에도 미치지 못하는 0.4센트였다. 만약 지금 가격으로 환산한다면 (2019년 1월 15일 현재 1BTC를 410만 원으로 치면) 라즐로는 410억 원짜리 피자를 먹은 것이다.

이후에 비트코인이 다시 한 번 화제가 된 사건이 있었는데, 비트코인을 이용해 익명으로 물건을 사고팔 수 있도록 한 온라인 장터 '실크로드'로 인한 것이었다. 이곳에서 공공연하게 마약 등이 불법거래됐다며 FBI(미국 연방수사국)는 2013년 10월 운영자 로스 울브리히트를 체포했다. 이 사건으로 이곳에서 거래되고 있던 비트코인은 다시 주목을 받는다. 로스 울브리히트는 통상 마약형이 5년형인 것과 달리 구속 후 25년형을 선고받는다. 사이트를 개설한 곳은 플로리다인데도 재판은 뉴욕에서 이루어졌다. 월가가 있는 곳에서 금융법으로 재판한 결과 25년형이 나온 것이다. 그때에도 비트코인을 금융의 시선으로 본 것이다. 이후 맨해튼 연방법원에서는 마약 판매, 불법 수익사업 혐의, 해킹과 밀거래, 돈세탁 혐의 등으로 유죄가 인정되어 그는 종신형을 선고받았다. 마침 2013년은 비트코인 가격이 상승한 해였다.

비트코인의 채굴은 4년을 주기로 채굴량이 반으로 줄어들기 때문에 이론적으로는 채굴량이 줄어드는 만큼 희소성이 생겨 4년마다 가격이 오른다. 실제로 2012년에 두 배가 올랐고, 2016년에도 두 배가 올랐다. 그리고 두 배 이상의 가격 상승이 있었던 해가 있었는데, 두 번 다 채굴량이 줄어든 그 다음해였다. 2013년에는 10배, 2017년에는 27배가 올랐다. 이런 식의 계산으로 하면 2021년에 비트코인 가격은 33만 달러(3억 8천만 원 정도)까지 갈 것이라고 예상하는 전문가들이 있다. BTCC 공동창립자인 바비 리는 2018년 12월, "비트코인이 2021년 33만3천 달러에 도달할 것이며, 그전에 2019

[그림 5-2] 비트코인 2014년 차트 & 2018년 차트

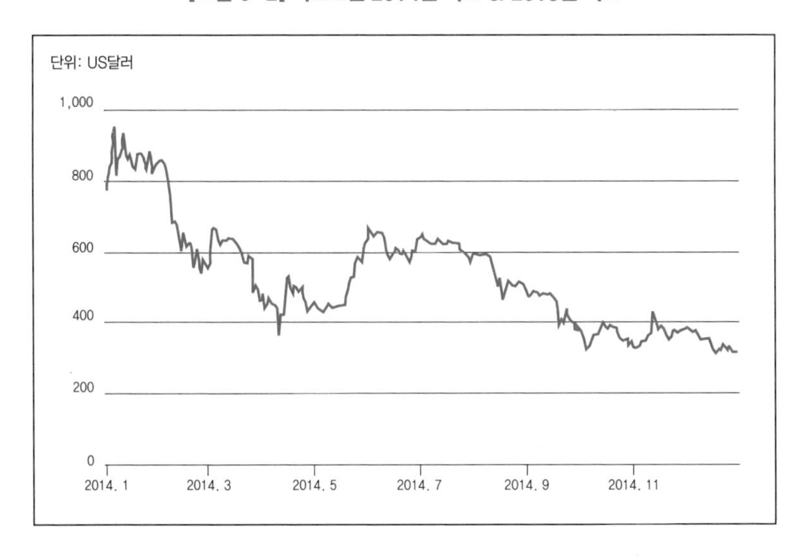

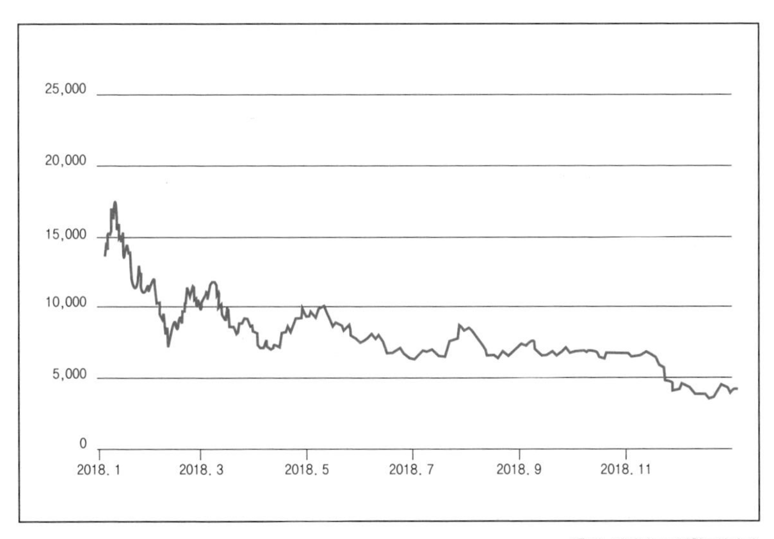

〈출처: 바이비트코인월드와이드〉

년 1월 2,500달러로 하락하고 이것이 바닥일 것"이라고 자신의 트위터에 게시하기도 했다.

2021년에 어느 정도 큰 폭으로 움직일지는 모르겠지만 2013년과 2017년을 감안해서 최소 20배 정도 오를 것이라고 생각하면, 2018년 말 400만 원에서 20배면 1억 2천만 원이다. 그러나 2020년까지 어느 정도 가격 상승이 있을 것을 감안한다면 2020년 가격의 20배가 되기 때문에 3억 8천만 원이 터무니없는 숫자는 아닌 것이다. 또 20배가 뛰어 3억 8천만 원으로 오르기 직전의 비트코인 가격은 1,900만 원이라는 예측치가 나온다.

2018년의 암호화폐 시장은 2014년과 닮아 있다. 2013년 1,147달러까지 갔던 가격이 300달러 정도로 내려간다. 2019년은 2015년과 닮아 있을 것이다. 투자자들은 비트코인이 바닥을 칠 때 코인 개수를 늘리는 기회로 삼아야 할 것이다. 수익을 내기 위해서는 상승장이 오면 여지없이 팔았다가 다시 저점에서 매수해야 한다.

2019년, 무슨 일이 일어날 것인가

차트를 보면 2014년 1월에 940달러에 거래되던 비트코인은 2015년 1월 177달러까지 하락했다. 그 하락 원인을 살펴보면, 당시 세계 1위 거래소이던 마운트곡스 사건이 있다. 언론들은 '드디어 비트코인 거품이 터졌는가?' 등의 제목으로 기사를 내며 2014년이 비트코인의 마지막 해라고 주장하는 의견을 내놓았다. 같은 패턴으로 4년 후 2017년 중국에서 ICO 전면 금지 등 규제에 나선 이후 2018년에는 한국이 암호화폐 거래를 규제하면서 비트코인 가격이 하락한다. 2017년 12월 중순 최고가 19,500달러 대비 2018년은 80%가량 하락으로 마무리됐다.

암호화폐 시장이 출렁일 때마다 사실은 변곡점이 될 만한 사건이 있었다. 4년을 주기로 생각하고 2019년을 예상해 보기 위해서는 2015년을 살펴보면 된다.

2015년 7월 재정위기로 그리스는 만기가 돌아온 국채를 갚지 못해 말 그대로 국가 부도 사태를 맞았다. 한 해에 버는 돈GDP보다 더 많은 국가부채와 가계부채를 지고 있었던 탓이다. 반대로 얘기하면 쓴 만큼 돈을 벌지 못해서 쌓여간 빚 때문이다. 그리스의 산업 구조는 관광과 농업이다. 많은 돈을 벌어다주는 제조업이나 금융업은 그리 발달하지 않았다. 인구는 한국의 4분의 1에 경제 규모는 6분의 1 수준이다. 후진국은 아니지만 선진국이라고 하기에도 모자르다. 유럽연합이 구조조정을 전제로 구제금융안을 제안했지만 그리스 국민들은 받아들이려 하지 않았고, 국민투표 결과는 구제금융안 수용 반대 61%였다. 이것은 그리스의 유로존 탈퇴를 의미하는 것이었다. 유럽연합은 그리스 국민들이 너무 가혹하다고 평가한 구제금융안을 조정해 주었고 다시 그리스는 이것을 받아들이기로 함으로써 사태는 일단락되었다.

2015년 비트코인 차트를 살펴보면, 그렉시트를 우려한 투자자들이 비트코인에 투자하면서 상승장이 된다. 그리스 채권이 망하고 국채 가격이 떨어질 전망이 보이니까 비트코인에 투자한 것이다.

2019년에는 브렉시트가 예정돼 있다. 게다가 영국은 그리스보다 경제 규모가 12배 정도 크고, 파운드화는 기축통화로 인정되는 화폐다. 브렉시트에서는 어떤 파장이 불지 짐작해 볼 수 있다.

유로화의 가치는 지금 폭락해 버릴 위험 앞에 있다. 유럽연합의 두 축 중 하나인 영국이 유럽연합을 나가기 직전이고, 프랑스는 노란조끼운동으로 마크롱 퇴진 요구까지 번지고 있다. 1장에서 얘기했듯이 노란조끼운동은 프랑스에서만 끝나는 것이 아니라 이탈리아, 벨기에, 네덜란드 등 주변국으로 번지고 있는 것이 더 큰 문제다.

유럽 전역에서 벌어지는 일련의 사태는 선순환이 되는 바람직한 빚의 증가가 아니라 서로 다른 경제 규모의 국가들이 하나로 통합되면서 내실을 다지지 못한 결과이다. 제조업 기반의 독일과는 달리 금융업으로 경제 활동을 유지하고 있는 영국은 다른 유럽 국가들이 빚을 늘렸을 때 이득 없이 지출만 많아지게 되어 불만이 많아졌을 것이다. 그리스가 진 빚을 왜 영국이 갚아야 하느냐, 라는 식의 불만이다. 유럽연합 회원국은 공동정부 운영을 위해 경제 규모에 따라 분담금을 내는데, 2014년 현재 영국의 분담금은 49억 유로(약 6조 4,500억 원)로 독일, 프랑스에 이어 세 번째로 많다. 반면 영국이 유럽연합으로부터 받는 예산 규모는 회원국 중 열두 번째로 상대적으로 적다. 영국이 분담금으로 사용해야 하는 130억 파운드(21조 원, 2015년 기준)를 유럽연합을 위해서가 아니라 영국민을 위해서 사용해야 한다는 생각인 것이다.

많은 경제 전문가들이 2019년 세계 경제가 미국 때문에 위험해질 것이라고 하는데, 유럽 때문에 위험해질 것이라고 보는 것이 더 타당하지 않을까 생각한다. 유럽발 경제위기가 올 가능성이 있다고 본다. 주식 투자자들의 경우에도 1월에 반짝 상승하는 장은 무시하고 3월 브렉시트를 지켜본 다음에 투자에 들어갈 것을 권하고 싶다. 2019년 유럽이 상당히 어려운 정치 · 경제적 상황에서 암호화폐 시장에서는 비트코인의 상승이 촉발될 수 있다.

파운드화는 브렉시트 이후로 평가절하될 것이다. 금융업 기반의 영국은 물자를 수입에 의존해야 하는데, 유럽연합을 탈퇴하면 관세가 붙으니까 물건값이 올라가는 인플레이션 현상이 올 것이다. 그걸 극복하기 위해서는 파운드화를 절하시키는 시도를 할 것이고, 투자자는 파운드화가 달러 대비 떨어진다면 안전자산으로 갈아타려고 할 것이다. 영국인들은 파운드화 절하로 인한 손해를 막기 위해 달러 대신 금, 비트코인 등의 자산으로 바꿔갈 것이다. 달러는 신용화폐로서 한계에 이르렀고 전 세계적으로 보유량을 덜어내려고 하고 있기 때문에 금, 엔화, 그리고 비트코인의 수요가 늘어나는 호재로 작용할 것이다.

2019년 3월 29일 브렉시트 발효일까지 하드 브렉시트파와 소프트 브렉시트파가 협상을 타결하지 못할 경우 영국은 유럽연합과 아무런 협정을 맺지 못하고 탈퇴의 수순을 밟는 노 딜 브렉시트가 현실화될 수 있다. 만약 유럽연합과 협상을 안 하는 노 딜 브렉시트로 간다면 각 나라마다 협상을 별도로 진행해야 한다. 그러면 수입국인 영국은 관세 협상에서 불리한 입장이 되기 때문에 더욱 위험하다.

투자자는 망해도 비트코인은 안 망한다

지금까지 제조업 기반의 독일은 유럽 국가들의 빚을 대신 갚아줘도 유럽연합의 무관세로 인한 이익이 더 컸기 때문에 유럽연합을 유지하고 있었다. 그러나 2019년부터 독일도 경제가 꺾인다는 지표들이 나오기 시작했다. 게다가 독일의 최대 은행 중 두 번째 규모의 증권거래소인 베르제 슈투트가르트Börse Stutuugart가 비트코인 거래소를 만들었다. 한국처럼 아무나 암호화폐 거래소를 하는 것이 아니라 금융 라이선스를 갖고 있는 사람이 암호화폐 거래소를 만든다는 건 여차하면 독일도 금융위기가 올지도 모른다는 전제 하에 또 다른 대안을 모색하고 있다는 얘기로 볼 수 있다.

만약 이란이 암호화폐 거래소를 열고 비트코인 가격이 미친 듯이 뛰어 20,000달러가 된다고 해도 전 세계 비트코인 가격은 여기에 따라가지 않는다. 그 이유는 자국 통화를 달러로 바꿀 수 없기 때문이다. 반면 유럽이나 한국, 일본, 중국은 비트코인이 오르면 전 세계 시세에 반영된다. 그 나라 거래소로 보낸 다음에 그 나라 화폐로 바꾼 다음에 달러로 바꿀 수 있기 때문이다.

유로화가 무너진다면 마르크는 다시 기축통화로 사용될 수 있다.

달러로 교환이 가능해진다. 독일에 암호화폐 거래소가 열린다면 비트코인에는 상승 요인이 된다. 그곳은 기관들이 비트코인을 사고 나서 화폐로 바꿀 수 있는 교환창구가 된다. 독일의 비트코인 거래는 실제로 시장에 영향을 주게 될 것이다.

비트코인 상승에는 몇 가지 요인이 더해져야 하는데, 큰 폭의 상승이 있으려면 우선 금리 인상이 더 이상 진행되지 않아야 하고, 백트 거래소가 오픈되어 기관투자자의 유입이 있어야 한다.

화폐의 교환가치를 알면 타이밍이 보인다

트럼프는 미국 우선주의를 내세우며 패권 유지를 위해 애쓰고 있지만, 사실 달러가 좋지 않은 상황이 된 지는 오래다. 사실 금본위제를 버리면서부터 달러는 서서히 하락세를 걸을 수밖에 없었다. 20여 년 전 한국은 외환위기를 겪으며 금을 모아 달러를 채워넣었지만, 2018년 터키는 외환위기를 겪으며 달러를 구매하지 않았다. 오히려 금을 판매하며 위기를 견뎌내고 있는 상황이다. 2017년 전 세계에서 가장 금을 많이 가지고 있는 국가 순위를 보면 터키는 10위로 러시아 다음으로 금을 많이 구매한 국가였다. 2018년에도 미국의 제재를 받는 국가들이나 트럼프의 미국 우선주의에 불안한 아시아 신흥국들은 한결같이 금 보유량을 늘리기도 했다. 러시아는 2018년 금 보유국 5위에 올라설 정도다.

거대자본을 가진 국제 투자자들은 경제를 거시적인 시각에서 바라보며 투자에 나선다. 개인투자자들 역시 기득권층의 시선으로 경제를 바라보면 투자 방향을 어느 쪽으로 잡아야 할지 알 수 있다. 가장 기본적인 것은 역시, 매수할 때는 가장 가격이 떨어진 것으로 선택하고 매도할 때는 가격이 가장 높아진 것을 선택해야 한다는 것이다. 다만 안전자산 중에서 선택한다. 얼핏 듣기에는 아주 평범하고 그저 당연한 말 같지만 실제 그렇게 하고 있는 사람은 많지 않다. 일반인들의 평범한 사고에서는 모든 것을 내가 평소에 쓰는 화폐, 우리나라로 치면 원화에 기준을 두고 모든 자산 가치를 생각하기 때문에 재산을 불리지 못한다. 그러나 신용화폐 제도는 역사적으로도 50년을 넘긴 적이 없다. 그에 비해 금은 수세기 동안 살아남은 가치 저장 수단이었다. 그러므로 금이든 달러든 엔화든 비트코인이든 모든 자산을 대등한 시선으로 놓고 바라보는 것이 돈 버는 습관이다. 한마디로 교환가치를 따져 투자하는 것이다.

금, 엔화, 그리고 비트코인

기축통화란 국제간의 결제나 금융 거래의 기본이 되는 화폐다. 고대 로마 시대의 금화를 거쳐 오스만 제국의 은화, 스페인의 은화, 네덜란드 길더, 영국의 파운드 스털링 등이 그동안 전 세계적인 기축통화로 쓰여왔다. 현재의 신용화폐 제도에서는 미국 달러를 중심으로 유로화, 엔화, 파운드화 등이 보조적인 기축화폐로 쓰인다. 미국 달러는 2008년 서브프라임 모기지 사태 이후로 기피 자산이 되고 있고, 브렉시트 여파로 유로화, 파운드화의 가치가 절하될 위기 앞에 있다.

2019년 많은 전문가들이 세계 경제위기를 예상하고 있는 현재에, 전통적 화폐 중에는 금과 엔화가 상승 가능성이 있다. 오르기 직전에 매수해서 최고점을 찾아 매도하는 것은 투자의 기본이다. 그런데 금으로 수요가 몰릴지 여부에는 의문점이 있다. 세계금협회WGC 자료로 보면 금을 가장 많이 보유하고 있는 국가는 미국으로 돼 있지만, 실질적으로는 그렇지 않다고 보는 견해가 많다. 홍콩 금 선물 시장 등에서 일하고 있는 사람의 의견을 종합해 보면 실질적으로는 중국이 압도적으로 많은 금을 보유하고 있는 것으로 보인다. 중국이 조용히 금 보유량을 늘리면서 이를 제대로 반영해서 공개하지 않는다는 것은 공공연한 사실이다. 금으로 투자가 몰릴지 의문이라는 것은, 금 수요가 늘면서 금 가격이 오르면 중국만 이득을 볼 것이기 때문이다. 그런 상황이라면 서방국가에서 금 가격 상승을 내버려둘지도 체크해 봐야 할 사항이다.

달러가 기축통화인데도 불구하고 각국의 중앙은행들이 금 확보를 하고 있는 것은 금이 안전자산으로 등하락 폭이 크지 않기 때문이다. 자산 관리는 결국엔 교환비율의 문제다. 금 한 덩어리를 갖고 있는데 이걸로 100달러를 얻을 수 있을지, 200달러를 얻을 수 있을지 정확히 알 수 없다. 금이 저가일 때를 기다려 사두었다가 200달러를 얻을 수 있는 기회를 보는 것이다. 미국 경기가 어려울 것이라는 전망이 확실하다고 판단됐다면, 달러보다 금을 보유하고 있다가 금이 하락했을 때(달러 가치가 높아졌을 때) 달러로 바꿔버리면 내가 가질 수 있는 달러의 양이 늘어나는 것이다. 그래서 일본, 중국, 터키, 러시아 등의 주요 각국이 달러를 덜어내면서 금의 보유량을 늘리고 있는 것이다.

경제적 혼란이 심한 나라에서는 비트코인을 선호한다. 예를 들어 수단의 젊은이들은 경조사 비용을 비트코인으로 지급한다고 한다. 또 브라질은 연방지방법원이 암호화폐 거래소의 은행 계좌를 즉시 복구하라는 가처분명령을 내렸는데, 은행이 암호화폐 거래소의 가상계좌를 다시 개설하지 않으면 벌금을 낼 상황이다. 비트코인을 선호하는 현상은 자국 화폐가 비트코인보다 교환가치가 훨씬 많이 떨어졌기 때문이다. 변동성 때문에 지적을 받는 비트코인보다 오히려 자국 화폐가 변동성이 더 높다. 베네수엘라에서 비트코인이 20,000달러가 넘어도 세계 시장에 반영되지 않는 것은 베네수엘라 볼리바르가 달러로 교환이 안 되기 때문이다. 모든 자산은 교환가치로 설명할 수 있다.

부자의 생각법으로 투자하라

돈을 적게 갖고 있는 사람은 '어떤 것이 오를까'를 생각하지만 돈을 많이 갖고 있는 사람은 지금 현재 어떤 자산이 가장 교환비율이 높을까 생각한다. 달러 약세가 얘기되자 부자들은 2018년부터 금을 사기 시작했다. 또 엔화가 오른다는 건 안전자산으로서 엔화를 바꾸기 시작했다는 것이다. 부자들이 비트코인을 안전자산으로 생각하기 시작했다면 그것으로도 바꿀 것이다.

암호화폐 시장에는 비트 마켓[BTC]과 원화 마켓이 있다. 암호화폐가 새로운 자산 시장이라 생소한 데다가 두 개의 시장이 존재하기 때문에 초보 투자자들은 많이 헷갈려한다. 보통은 비트 마켓으로 구매하는 것이나 원화 마켓으로 구매하는 것이나 똑같다고 생각하지만 실제론 그렇지 않다. 하지만 이것도 역시 교환가치를 생각하면 쉽게 접근할 수 있다. 예를 들어 원화로 직접 에이다[ADA]를 사는 게 교환비율이 좋을 것인가, 비트코인을 사서 그걸로 에이다를 사는 게 교환비율이 좋을 것인가 생각해 보는 것이 핵심이다. 비트코인을 금으로 보는 시선은 여기서도 도움이 된다. 경기가 불확실하면 부자들이 금을 찾는 것처럼 암호화폐 하락장에서는 비트코인을 갖고 있다가 원화 대비 에이다의 가격을 보는 식이다.

코인마켓캡에서 비트코인 지분율[BTC Dominance]이 50% 이상이라는 것은 비트코인으로 모든 알트코인을 살 수 있다는 의미가 된다. 이때는 비트코인으로 가지고 있다가 교환비율이 좋은 알트코인을 고르면 된다. 상승장 이후의 수익률을 노리는 것이다. 반대로 비트코인 지분율이 내려갈 것 같으면 원화로 바꿔버린다.

만약 비트코인이 100만 원이고 리플 10만 원이라면, 리플 10개를 구매할 수 있는 상황이다. 그러다가 비트코인이 1천만 원이 되고 리플은 200만 원이 됐다면, 그때는 리플을 살 수 있는 개수는 5개로 줄어든다. 이럴 때는 비트코인을 현금화해서 원화로 갖고 있어야 한다. 리플이 50만 원까지 떨어져서 비트코인으로 리플 20개를 살 수 있는 기회를 노리는 것이다. 이렇게 알트코인을 매집해서 상승장에서 수익 실현을 할 수 있다. 내 비트코인이 얼마의 교환비율로 원화로 바꿀 수 있는가 따지는 것이 아니다.

코인 1천 개를 가지고 10배 오르면 1억인데, 자꾸 단타로 사고팔고 해서 500개로 줄어들면 20배가 올라야만 1억을 만들 수 있다. "코인 수를 줄어들게 하지 말라", "코인 개수를 늘려라"라는 말은 그런 뜻이다.

가격 하락일 때는 비트코인을 모으는 게 좋겠지만, 상승장에는 어차피 모두가 이익을 얻는다. 그런데 그 이익이 2배가 될지 1.5배가 될지 1.7배가 될지는 달라진다. 단지 이걸 아무나 하기는 어렵다. 그러니까 비트코인을 사뒀다가 비트코인 지분율이 50~60%를 넘을 때를 노린다. 유망하다는 코인으로 제대로 전환하기만 하면 비트코인이 오르는 순간 만큼 알트코인이 따라 올라갈 때 제대로 승부를 걸 수 있다. 비트코인 대비 10개를 살 수 있었던 코인을 비트코인 대비 20개를 살 수 있는 순간이라면 이때 매도 처리를 해서 현금화하는 방식이다. 아직은 법정화폐가 최고의 가치를 가지고 있기 때문에 암호화폐를 가지고 있다가 법정화폐로 바꿔 가지고 있으면 된다. 미래에 혹시 법정화폐보다 암호화폐가 더 많이 쓰이는 시기가 온다면 그때는 비트코인 수를 늘리면 된다.

한국인 투자자들은 대부분 원화 마켓을 쓴다. 이점이 있어서라기보다 그냥 익숙해서일 것이다. 이때는 가치 구조의 피라미드 꼭대기에 원화가 있으니까 원화로 바꾸는 비율만 따지곤 한다. 그러나 원화로 에이다를 사면 100만 원이 드는 것을 비트코인으로 사면 120만 원어치를 살 수도 있다. 그 비율을 잘 따져서 비트코인으로 사는 게 유리할 때는 원화 마켓이 아니라 보유하고 있던 비트코인으로 에이다를 사야 한다.

비트코인 인덱스 매매법 완전정복

암호화폐 시장은 이제 주류로 가기 위한 길목에 서 있다. "ICO 파티는 끝났다", "ICO는 애초부터 잘못 설계됐다. 규제 탓만 하지 말고 펀딩 방식을 바꾸자" 등의 의견도 힘을 얻고 있다. 2017년 우리는 소위 '중국 코인'이라 부르는 비트코인캐시, 네오, 퀀텀, 이오스, 트론 등의 호재를 맛봤다. 그러나 앞으로 암호화폐는 증권법의 적용을 받으면서 금융 라이선스를 갖춘 거래소(또는 증권거래소나 은행)에서만 거래될 가능성도 있다. 그 외 백트, ETF 등 우리가 기다리는 소식 모두 미국 쪽 호재다. 테조스Tezos, 티제로tZERO, 파이PAI 등 미국 자본이 들어가 있는 코인들에 주목할 때다. 그 외에 앞으로 소위 말해 '잡코인'이라 불리던 것들은 거의 사라질 것이라는 게 나를 포함한 많은 전문가들의 전망이다.

이제 암호화폐 투자금의 70%는 비트코인과 메이저 코인 위주로 구성해야 한다. 하락장에서 손해가 많았다면 투기성 자본을 타고 싶은 마음이 생기는 것은 알겠지만, 이것이 습관이 되어 발목을 잡는 경우가 허다하다. 코인마켓캡 시가총액 100위 안에 들어가는 것이 아니라면 웬만하면 잊어버리는 것이 좋겠다. 잡코인만 잔뜩 갖고 있는 경우가 가장 안 좋은 상황이다. 잘 빠져나오기를 바란다.

2019년 최저점을 250만 원까지 예상하는 전문가들도 있다. 더 떨어진다는 말은 들리지만 이젠 그래도 비트코인이 사라질 것이라는 말은 거의 들리지 않는다. 이미 10년 이상이 넘은 자산 시장이기 때문에 이해관계가 얽혀 있어서 이제는 사라질 수 없다. 그리고 심리 저항선이 있기 때문에 이보다 더 떨어지긴 쉽지 않다.

암호화폐 시장은 아직까지 비트코인이 기축이 되어 움직이는 시장이다. 그래서 비트코인 ETF 승인이 난다거나 증권거래소 상장이 된다든가 하는 뉴스가 나오기 전까지는 인덱스 매매법이 유효하다. 유튜브 방송에서도 몇 번 언급한 적이 있는데, 내가 보유한 알트코인과 비트코인의 관계를 나만의 인덱스로 기록해서 어느 범위 안에서 코인이 움직이는지 알고 있다면 투자는 막연함을 벗어날 수 있다.

나만의 인덱스 만들기

내 강의를 들었던 분 중에 재정거래를 하던 중국분들이 있었는데,

여러 번 재정거래로 돈을 크게 벌었다. 2017년 12월에 빗섬 거래를 하지 말라는 얘기를 들었다는데, 2018년 1월에 시장이 안 좋다는 경고를 받고도 다시 투자에 들어갔다가 결국엔 물려버렸다. 상황이 좋지 않은 기미가 보일 때는 아예 시장을 떠나 있어야 하는데 사람이 그게 힘들다.

호황장이라서 좋을 때는 다들 수익도 좋다. ICO에 참여해서 100원에 샀는데 상장하고 1,000원을 가버리면 혹시 좋은 투자처가 아니었다 하더라도 누가 욕먹을 일도 없다. 김치 프리미엄이라는 게 있어서 적절할 때 빠져나와 돈을 벌었다면 불만도 없다. 하지만 사실 이런 것들은 얼마나 시장이 안 좋았는지를 증명하는 것이다. 돈이 없는데도 거래가 이뤄진 셈이니까 말이다. 2017년 말의 상황처럼 다시 우리나라에 김치 프리미엄이 낀다면 다들 몰려와서 재정거래를 하려고 난리가 날 것이다. 나만 안 물리면 된다고 생각하기 때문이다. 하지만 상황을 빨리 활용하고 치고 빠지지 못해서 결국엔 다 물린다. 이걸 알고 겪느냐 모르고 겪느냐는 다르다.

전 세계 1~10위 안에 있는 거래소에서 비트코인은 모두 1위다. 1~100위 거래소를 살펴봐도 모두 비트코인이 있다. 비트코인은 그만큼 살 수 있는 플랫폼이 많다.

비트코인이 상승하지 못하면 이더리움이 올라가는 데에는 한계가 있다. 비트코인이 오르면 이더리움은 조금 더 오른다. 호재가 있다고 할 때 만약 비트코인이 430만 원에서 480만 원으로 상승하면 이더리움은 17만~19만 원을 뚫겠구나 판단할 수 있다. 메이저 코인이라면 가격 변동을 기록해 놓으면서 감각을 익혀놓아야 한다. 이 인덱스를 머릿속에 기억해야 한다. 최근 것을 계속 업데이트하면서 기록해 놓는 것이 방법이다. 나만의 인덱스를 만드는 작업이다.

하락장에서도 수익을 낸다

계산하기 쉽게 비트코인이 1,000만 원이라고 해보자. 내가 가장 관심 있는 코인을 20개 골라서 20위까지 적어본다. '비트코인 가격(1000만) 나누기 알트코인의 가격'을 각각 적는다. 예를 들어 이더리움이 50만 원이라고 치면 '1000만/50만'은 20이다. 비트코인이 이더리움의 20배 가격 차이가 나는 것이다. 인덱스를 만들기 시작하고 항상 19~21배에서 움직이던 이더리움이 비트코인과 가격이 벌어지는 순간이 왔다면 타이밍이다. 비트코인이 2,000만 원까지 갔는데 이더리움이 아직 50만 원에 머물러 있다고 한다면 40배 차이가 벌어진 것이다. 다른 알트코인들은 비트코인의 가격을 어느 정도 따라갔는데 이더리움만 못 따라가고 있다는 뜻이고, 적극 매수 타이밍이 된다. 보통 때 20배 차이를 보이던 코인이 40배까지 갔으니 상승 여력이 엄청나게 잠재해 있는 것이다. 이더리움 가격이 40배에서 다시 20배까지 따라갈 수 있는 타이밍이라는 얘기다. 이더리움이 100만 원까지 상승할 것이라는 예측이 가능하다.

그런데 암호화폐 시장의 구조를 이해하지 못하는 사람들은 이때 이더리움을 갖고 있어도 "야, 다 오르는데 왜 이더리움만 안 오르는 거야. 그냥 손절하자. 오르는 코인 사자"고 덤벼든다. 그리고 이미 상승 고점에 있는 코인으로 갈아탄 다음에 내려갈 길밖에 없으니 주루룩 떨어진 상태에서 빼도 박도 못하고 물려버린다.

포인트는 내가 관심 있는 20개 코인 중에 하락률이 가장 낮은 것만 매수해서 계속 코인을 갈아타면서 개수를 늘리는 것이다. 그것이 바로 나의 자산을 늘리는 방법이다.

2017~2018년에 나와 CKT팀이 실제로 비트코인과 알트코인의 인덱스를 적용했던 사례를 소개하겠다. 비트코인이 550만 원일 때 무조건 매수에 나서기로 했다. 이때 비트코인캐시가 395,000원일 때 매수 사인을 냈다. 80만 원에 이를 때 매도 처리를 했는데, 이것이 미친 듯이 상승했고 우리가 100만 원에 비트코인캐시를 재매수하고 난 뒤에는 240만 원까지 갔다. 이때 비트코인과의 관계는 어땠을까. 바로 디커플링decoupling(탈동조화)이다. 비트코인이 마구 상승할 때 비트코인캐시는 따라가는데, 이때 비트코인의 가격이 떨어지면 그 떨어진 폭만큼 비트코인캐시가 수렴한다. 상승장에서 비트코인캐시가 마구 폭등할 때는 비트코인이 떨어지겠구나 생각하면 된다. 당시 비트코인이 1,000만 원까지 오를 때 비트코인캐시는 더 폭등했고 그때 비트코인은 680만 원까지 떨어졌다. 우리 팀의 가장 손빠른 여성 멤버가 비트코인캐시 200만 원인 상황에서 더 오르는 걸 기다리지 않고 예약매도를 걸어서 팔았고 680만 원까지 떨어진 비트코인을 갈아탔다. 그후 비트코인은 2,700만원까지 오른다.

비트코인캐시와의 디커플링 관계를 알면 어렵지 않게 매수매도 타이밍을 잡을 수 있다. 680만 원에서 비트코인을 구매한 그녀는 2,700만 원 근방에서 매도한 후에 다시 그것으로 알트코인으로 갈아탔다.

매수보다 매도가 중요하다

암호화폐 투자를 오래 전부터 시작한 사람들 중에는 2017년 말 2018년 초 비트코인이 1,300만 원을 넘어 2,700만원까지 갔을 때 돈을 벌고 나간 사람이 꽤 있다. 사람들이 돈 벌고 나면 강의를 더 이상 들으러 오지 않기 때문에 티가 난다. ICO에서 1,000배의 수익률을 올린 사람이 꼭 아니더라도 초기 투자자 중에는 2017년 말 2018년 초의 폭등장에서 수익 실현을 하고 자기 자산을 불려서 나간 사람이 얼마든지 있다.

문제는 2017년 말에 투자를 처음 시작한 사람들이다. 9월에만 투자를 시작하고 공부를 했어도 괜찮은데, 12월쯤 투자를 시작한 사람들은 매도 타이밍을 제대로 못 찾은 사람이 많다. 그들도 분명히 10배 정도의 수익 실현을 할 기회가 있었는데, 그전에 투자했던 사람들이 대부분 100배의 수익을 올렸기 때문에 '나는 아직 때가 되지 않았어'라고 생각했을 것이다.

횡보와 하락을 거듭한 끝에 80%가량 빠져나간 2019년 1월 현재 아쉬워하면서 '아, 그때 비트코인 1,500만 원일 때 팔어야 했는데'라고 해도 소용없다. 투자는 언제나 살 때보다 팔 때가 중요하다. 매도 시점을 찾고 수익 실현을 하는 게 가장 중요하다.

투자는 심리전이다

암호화폐 같은 신흥 시장에서 돈을 벌었다는 사람들을 보면 소액을 투자한 사람이 많다. 친구가 하도 얘기를 해서 300만 원만 ICO에 넣었는데 잊어버리고 있다가 보니까 30억이 되었다는 사람들도 분명 있다. 심리적으로 흔들리지 않을 만큼만 투자했기 때문에 가능한 일이다. 30만 원, 300만 원 투자했다면 대체로 흔들리지 않는다. 물론 그 돈도 투자 실패로 사라져버리면 아까운 건 마찬가지겠지만, '에잇, 여행 한 번 갔다 왔다고 치고 다시 벌면 되지'라고 생각하고 잊어버리기에 어렵지 않다. 그런데 만약 1억씩 대출을 받아서 부동산도 아니고 암호화폐에 넣었다가 눈앞에서 80%의 금액이 사라져 버렸다면 패닉에 빠지는 건 당연지사다. 남은 거라도 건지자고 돈을 뺄 수도 없고 그대로 내버려두자니 대출이자 내기가 버겁다면, 난감한 상황이 아닐 수 없다.

그렇기 때문에 블록체인, 암호화폐에 대해 그 구조를 이해하려는 노력을 게을리 하지 말아야 한다. 알고 물리는 것과 모르고 당하는 것은 천지 차이다. 아니면 안전하게 비트코인에 자금을 묻어두고 폭등장을 기다리는 것도 좋다. 더 큰 수익률을 얻기 위해 알트코인으로 일부 갈아타겠다면 시장 흐름과 글로벌 경제 동향을 항상 관심 있게 지켜보고, 뉴스를 볼 때 기자가 쓴 글의 뉘앙스대로만 받아들이지 말고 그 뒤에 숨어 있는 이면을 보는 연습을 해야 한다. 이해관계가 어떻게 얽혀 있는지 살펴보고 기득권층의 의중을 알아차리는 것이 중요하다. 우리는 블록체인이 만들어가려는 세상이 어떤 것인지 상상할 수 있어야 한다. 인공지능과 빅데이터가 1%의 부자만 잘 사는 세상을 0.1%의 부자만 잘 사는 세상으로 만들어줄지도 모른다고 생각하기 때문에 우리는 불안에 떨고 있다. 우리는 4차 산업혁명을 그저 '기술혁신'으로만 받아들이고 있는지도 모른다. 그러나 블록체인 기술과 암호화폐 비전들을 살펴보면 그게 전부는 아니다. 4차 산업은 '혁신'이 아니라 '혁명'이 맞다. 그렇기 때문에 더욱더 개발진과 운영자들의 도덕성은 확보가 돼야 한다.

2018년 이후 암호화폐 시장에는 미국 자본이 많이 들어와 있다. 테조스, 티제로, 파이 등의 암호화폐처럼 일단 대형 거래소에 상장했고 자금 규모가 큰 코인이라면 주목할 만하다. 지금 들고 있는 코인에 100배, 1000배를 노리고 단기 투자로 들어갔다가 물린 것이 있다면, 시장이 안정되고 나면 버려야 할 코인들이 무엇인지 냉정하게 따지기 바란다. 이것저것 공부하는 게 귀찮다면 인덱스 상품이 나오길 기다렸다가 간접투자로 돌아서는 게 현명할 것이다.

/

BTC 마켓과 원화 마켓

투자자라면 누구나 상승장을 기다린다. 법정화폐와 연동되려는 시도가 있고 암호화폐가 증권화되려 하고 있지만, 아직까지 시장은 BTC(비트코인) 마켓이다. 현금을 빼낼 출구가 없고 그저 코인만 이동할 뿐이다. 2018년에는 가상계좌가 다 막힌 상태였으니 상승하지 못한 것도 무리는 아니다. 가상계좌가 막힌 한국과 함께 일본도 법정화폐 유입이 가능하지만 일본 내에서 경제 활동을 하고 있는 거주자가 아닌 이상 외국인이 계좌를 만들지는 못한다.

상승장이 오면 비트코인이 가장 먼저 상승한다는 건 100% 확실하다. 비트코인 가격이 올라가면 리플이든 기프토이든 알트코인을 살 수 있는 개수가 늘어난다. 비트코인을 들고 있는 사람 입장에서는 알트코인들이 싸진 것이다. 이러면 쉽게 매수에 들어갈 수 있고, 알트코인은 따라서 상승한다.

2018년에 한국 시장이 막힌 상태에서 유일하게 법정화폐가 들어갈 수 있는 곳은 미국, 일본이지만, 일일이 신고를 해야 하고 현금화할 때도 세금을 많이 떼기 때문에 상승장으로 가기가 쉽지 않았다. 아직 BTC 마켓으로 거래되고 있기 때문에 하락장에서도 써먹을 수 있는 인덱스 매매법은 꼭 익혀두기 바란다.

지금의 신용화폐에서는 달러가 기축으로 돼 있기 때문에 엔화, 위안화는 아무리 높아져도 한계가 있다. 이더리움을 비롯해 알트코인도 마찬가지다. 이더리움의 기술적 가치는 높게 평가할 수 있지만, 화폐가치로 봤을 때는 비트코인의 하부구조로 돼 있기 때문에 한계는 분명히 있다. 이걸 살펴보려면 매일매일 비트코인과 이더리움의 가격 변화를 적어두고 살펴봐야 한다.

만약 비트코인캐시[BCH]에 관심이 있다면 비트코인과 비트코인캐시의 비율을 인덱스로 만들어본다. 1BTC가 100만 원인데 1BCH가 0.2BTC 가격인 20만 원 즈음이라면 대체로 비트코인캐시는 비트코인의 5분의 1 비율로 가격이 움직이는구나 판단할 수 있다. 그런데 비트코인캐시가 125,000원으로 비트코인의 8분의 1로 멀어졌다면 매수했다가 다시 5분의 1 비율을 회복했을 때 팔면 된다.

자산을 늘리는 장기투자법

내가 골라놓은 코인 20개 중에서 비트코인이 상승할 때 분명 따라가는 코인이 있을 것이다. 이런 코인들은 비트코인이 하락하면 같이 떨어져버린다. 만약 비트코인이 어떤 알트코인의 20배 가격이었는데, 8배까지 가격이 올랐다고 해도 시장이 안정되면 다시 20배로 떨어지는 것이다.

비트코인 800만 원일 때 1차 매수를 했다고 하자. 1300만 원까지 갔다고 하면 그동안 하락장에서 충분히 겪어봤기 때문에 어느 정도에서 익절을 하려고 할 것이다. 그러나 장기투자를 위해서는 최종 금액의 20%는 다 팔지 말고 무조건 남겨두는 것이 장기투자 방법이다. 어차피 수익 실현은 된 상태에서 장기로 묻어두는 것이다.

비트코인 1,000만 원일 때 에이다ADA가 5만 원이라고 치자. 200배의 가격이다. 비트코인이 2,000만 원까지 먼저 가는 동안 에이다가 움직이지 않았다면(400배 가격) 에이다가 10만 원까지 가는 걸 기대할 것이다(200배 가격으로 따라갈 테니까). 그 가격 사이 어느 구간에서 수익 실현을 하고 다른 코인으로 갈아탈 때 2만 원만큼은 에이다를 남겨두는 것이다. 이것이 장기투자 분량이다. 하락률 낮은 코인으로 갈아탈 때마다 그렇게 장투 분량을 남겨두는 것이다. 그 다음 하락률이 높은 타이밍이 왔을 때 추매를 할지 다른 코인으로 갈아탈지 결정하면 된다. 만약 호재가 있다든가 하면 더욱더 장기투자 물량은 필요하다. 20%가 아닌 40%의 물량을 남겨둘 수도 있다.

예를 들어 내가 가지고 있는 네오NEO 물량 중에는 19만 원에 매수한 것도 있지만, 7000원에 매수한 것도 있다.

그리고 일정 비율은 현금으로 보유하고 있는 것도 필요하다. 원화 마켓에서 바로 알트코인을 사는 것이 더 유리한 상황도 있기 때문이다.

비트코인 큰손들의 미래 전망

2018년 암호화폐 시장이 아무리 폭락했어도 블록체인 기술에 대한 관심은 날로 뜨거워지고 있다. 핀테크 분석업체 오토노머스넥스트에 따르면 ICO(새로운 코인을 공개하는 크라우드펀딩)만 해도 2017년에는 58개였지만, 2018년에는 상반기 집계만 해도 225개가 넘었다.

비트코인재단 회장이자 암호화폐 투자회사 블록체인 캐피탈의 공동창업자 브록 피어스Brock Pierce는 이더리움 ICO 때 가장 많은 돈을 투자한 사람 중 한 명이기도 하다. 그의 말을 들어보면 장기적으로 암호화폐 시장의 전망은 걱정할 것이 못 된다. "미래는 불확실하고 변동성이 크다. 세상을 바꾸는 새로운 시스템을 이해해야 한다. 비트코인이 아니라 그 어떤 자산에도 자신이 이해하지 못하는 자산에는 투자하면 안 된다. 나는 장기적으로 긍정적으로 전망한다. 5년이면 인터넷이 모두 블록체인으로 업그레이드될 것으로 믿는다."

2018년 암호화폐 가격이 하락으로 곤두박질친 것은 각국의 전방위적인 규제 때문이었다. 중국은 암호화폐 거래소를 폐쇄했고 관련 광고도 못하게 하고 있으며, ICO도 전면 금지시켰다. 인도도 규제 방향을 시사했으며 미국은 모든 코인을 증권이라고 간주해 증권법으로 바라볼 모양새를 취하고 있다.

한편 해킹, 스캠, 비도덕성 등 일련의 사건들 때문에 암호화폐 시장에 먹구름이 드리우기도 했다. 미국 상품선물거래위원회CFTC는 테더가 달러를 보유하지 않고 테더를 발행해 가격 상승을 유도했다고 의심해 비트파이넥스(홍콩의 암호화폐 거래소)와 함께 조사에 착수했다. 테더는 달러와 1대 1로 교환할 수 있으며 코인 규모는 23억 개인데, 이중 19억 개가 암호화폐 가격이 치솟던 2017년 말 집중 발행됐다고 해서 의심받고 있는 것이다.

그러나 이런 일련의 사건들에 대해 대부분의 전문가들은 한 번은 겪고 지나갈 일이라고 여기는 분위기다. 전 헤지펀드 매니저이자 비트코인 억만장자인 마이클 노보그라츠는 〈블룸버그〉와의 인터뷰에서 "미국 법무부가 비트코인 가격 조작 혐의에 대한 조사를 시작한 것이 암호화폐 시장의 장기적 건강에 기여할 것"이라고 낙관적인 견해를 밝혔다.

비트코인 비관론자들의 말

월가의 베테랑 시장 분석가인 톰 리Thomas Lee는 유튜브를 통해 "2019년 비트코인은 가장 높은 수익이 가능한 코인이 될 것이다. 최근 6,000달러에서 강력한 지지를 보이고 있다. 현 가격대는 평균 채굴 원가 수준에 불과하며 머지않아 가파른 가격 상승이 예견된다"고 말했다. 약세장이라도 채굴하려는 해시파워는 꾸준히 올라가고 있기 때문에 결국 비트코인은 오름세가 된다는 것이다. 그에 따르면 JP모건이나 골드만삭스 같은 투자은행들은 블록체인을 공부하면서 그 가치를 알아가고 있다.

톰 리의 전 직장 상사인 제이미 다이먼 JP모건체이스 회장은 "비트코인은 사기"라고 말하며, 네덜란드의 튤립 버블에 비유하기도 했다. 그러나 비트코인 옹호론자들은 튤립은 시간이 지나면 시들어서 물리적으로 사라지지만 비트코인은 없어지지 않는다고 설명한다. 개인 키를 아는 사람이 소유자가 되므로 개인 지갑에 옮겨놓으면 도난당할 염려도 없다. 게다가 브록 피어스 비트코인재단 회장에 의하면, JP모건은 현재 세계에서 가장 많은 돈을 블록체인 기술에 투자하는 은행 중 하나다.

미국의 국제정세 분석가 조지 프리드먼George Friedman은 "블록체인은 유용하지만 언젠가 구식이 될 것이다. 과연 러시아, 중국, 미국 정보부가 블록체인을 해독하지 못할 것인지 의심스럽다"고 했다.

투자의 대가로 불리는 워런 버핏 버크셔헤서웨이 회장도 2018년 6월에 암호화폐는 실체가 없다며 경계해야 한다고 주장했다. 그는 "비트코인 매수는 투자가 아니라 투기적인 게임과 도박에 지나지 않는다. 비트코인은 마치 쥐약을 제곱한 것처럼 치명적으로 위험하다"고 말했다. 그런데 워런 버핏은 기술주 투자를 한 번도 한 적이 없는 사람이며 블록체인 기술을 이해하는지는 알 수 없다는 것이 비트코인 강세론자들의 반박이다.

2018년 3월 마리오 드라기 유럽중앙은행[ECB] 총재는 유럽의회 연설에서 "비트코인은 아주 위험한 자산이다. 상당한 변동성을 나타내고 있고 그 가격은 완전히 투기적이다. ECB는 가상화폐가 유럽 은행에 가져올 수 있는 위험에 대해 들여다보고 있다"고 말했다.

누리엘 루비니[Nouriel Roubini] 뉴욕대학교 경제학 교수는 암호화폐 평론가로도 활동하는데, 트위터를 통해 "현재 암호화폐 시장 거래의 99%는 쓰레기 코인[shitcoin]을 쓰레기 코인으로 교환하는 것이다. 2018년 쓰레기 코인의 가치는 평균적으로 90% 이상 하락했다. 암호화폐 시장은 황소장이 아니라 무너지고 있다. 비트코인은 70%, 주요 암호화폐는 80%, 그 외 나머지 코인들은 95% 하락했다"고 말했다.

2018년 가격 하락이 지속됐던 원인 중 하나는 비트코인 선물 거래에서 선물 투자자들의 배팅이 가격 하락(숏 포지션)에 몰렸던 탓도 있다. 연초부터 비트코인이 하락할 것으로 배팅한 비관론자들은 청산 시점에 선물을 매도하면서 투자한 금액만큼의 차익을 얻기도 했다(10억 달러 투자했으면 10억 달러 원금을 지키면서 10억 달러를 더 버는 식).

비트코인 강세론자들의 말

애플 공동 창업자인 스티브 워즈니악Steve Wozniak은 LA에서 열린 '크립토 인베스트 서밋'에 참석해 "비트코인은 디지털 금과 같아서 어느 누구도 비트코인을 의도적으로 통제할 수 없다. PC 컴퓨팅 초창기에도 사람들은 신기술에 대해 비웃었고, 일부 사람들만이 무한한 가능성의 세계를 캐치해 냈다"고 언급했다. 그는 "비트코인이 전 세계 단일 통화가 될 것"이라고 전망한 적도 있다.

상당수 전문가들은 비트코인과 블록체인 기술이 아직 10년밖에 안 된 초기 단계이고 아직 대다수의 사람들이 사용하는 건 아니지만 잠재력을 가지고 향후 빠른 발전 속도와 시장 채택을 보여줄 것이라고 생각하고 있다. 전 세계 1천만 명 이상 사용자를 보유하고 있는 암호화폐 결제와 거래 플랫폼 이토로eToro의 간부는 지난 2018년 10월 "6~12개월 내에 영국 프리미어리그에서 비트코인을 사용한 선수 이적을 볼 수 있을 것"이라고 알렸다. 이토로는 레스터, 토튼햄을 포함해 프리미어리그EPL 7개팀과 파트너십을 체결했다.

중국 최초의 암호화폐 거래소 BTCC 창립자인 바비 리는 트위터를 통해 "2020년 비트코인 가격은 6만 달러 이상, 총 유통액 1조 달러 이상에 달할 것"이라고 전망했다. 세계적인 보안 소프트웨어 개발자 존 맥아피John McAfee는 비트코인이 2020년까지 50만 달러 이상의 가격까지 오를 것이라고 예언했다.

암호화폐 전문매체 〈이더리움월드뉴스〉에서 암호화폐 분석가 맥스 카이저Max Keiser는 "비트코인의 장기 추세는 온전하며 상승세를 지속할 것이다. 비트코인은 블랙홀과 같은 화폐로 모든 법정화폐를 삼켜버릴 것이고 가격은 10만 달러 이상으로 상승할 것"이라고 주장했다. 트위터에서는 이렇게 말하기도 했다. "2008년 글로벌 경제의 사망을 막기 위해 중앙은행이 퍼부은 10년간의 막대한 현금 투입은 효과가 없었다. 다우지수는 10,000포인트가 되고 비트코인은 사상 최고치를 만들 것이다. 주식 시장의 침체가 비트코인 가격을 사상 최고치로 끌어올릴 수 있다."

미국 국가자격증협회도 암호화폐를 커리큘럼에 넣을 전망이다. 국제공인재무분석사CFA 미국협회가 2019년 시험부터 커리큘럼에 암호화폐를 추가한다고 한다.

미국의 전통 투자은행이 암호화폐를 부정적으로 바라보는 이유는 전통 은행들의 금융상품을 위협하고 있기 때문이다. 그러나 지금은 제한적으로 비트코인 거래 서비스를 하면서 간을 보듯이 시장에 발을 담그고 있는 것으로 보인다. 저명한 벤처캐피털 투자자이자 코인베이스 최고기술책임자CTO 발라지 스리니바산은 "암호화폐는 주류 기술의 대열에 합류했다"고 밝혔다. 2018년 암호화폐들이 73%에 달하는 조정을 거친 것과는 별개라는 것이다. 세계 최대 자산관리 기업 피델리티는 암호화폐의 필요성을 면밀히 조사한 결과 암호화폐 수탁 서비스를 결정했고, 디지털 결제 서비스 기업 스퀘어는 오프라인 암호화폐 지갑관리를 위한 오픈소스 시스템을 공개했다.

시장은 공포를 먹고 산다

거품으로 인한 상승장에서 사람들은 투기적으로 변해간다. 2018년은 거품을 빼는 기간이었으며, 이것은 기초체력을 다지며 펀더멘털을 만들어가는 과정이었다고 생각한다. 단단히 시장 기반을 다질 수 있다면 투자자에게도 좋을 것이다.

비트코인이 결국엔 장기적으로 10만 달러(1억 원)를 넘을 것이라고 전망하는 사람들은 꽤 있다. 나 또한 거기에 속한다. 그러나 비트코인이 10만 달러 가격대를 유지하는 자산이 되려면 넘어야 할 산이 많이 있다. 우리가 이미 겪었듯이 암호화폐 시장은 단번에 상승하지 않을 것이며 등락과 하락을 반복하다가 최고점이 점점 높아지는 방식으로 가치를 높여갈 것이다. 최저점이 200만~300만 원 가격대라고 예상되는 자산이 갑자기 없어지지는 않을 것이다. 암호화폐 투자를 하는 사람이 아니라도 블록체인에 관해서는 이제 일반인들도 꼭 알아야 할 상식이 되어갈 것이다. 예전에 '컴맹', '넷맹'이라는 말이 있었던 것처럼 2020년을 기점으로 블록체인은 우리 생활 깊숙이 들어와 있을지도 모르겠다는 생각이 점점 강해지고 있다. 아주 가까운 시일 안에 '인터넷'이란 말은 이제 구시대의 기술이 될 수도 있다.

암호화폐 투자자의 경우 자신이 손실 중일 때는 오히려 시장을 믿는 경향이 있다. 내가 갖고 있는 코인은 사실은 가치가 높은 코인이라고 믿고 싶은 것이다. 그러다 보니까 상승장에 패닉바잉에 빠지거나 하락장에 패닉셀에 빠지기도 한다. 심리적으로 무너져버리는 투자가 되지 않으려면 결국엔 암호화폐 구조를 이해하고 나의 상황에 맞는 나만의 투자원칙을 세우는 수밖에 없다. 부동산 투자를 할 때는 건물을 쪼개서 10분의 1만 투자할 수 없지만, 암호화폐는 쪼개서 투자하는 것이 가능하기 때문에 우리는 좀 더 유연해질 수 있다. 따라서 친구가 추천하는 게 있다 해도 무조건 따라갈 것이 아니라 나만의 원칙에 맞게 감당할 수 있을 만큼만 투자하는 것이 현명하다.

국내외 암호화폐 업계가 '세계 각국의 규제기관이 기관투자자의 암호화폐 투자를 허용할 경우 2019년 반등할 것'이라는 기대를 하고 있다. 만일 기관투자자가 신규로 진입하면 거래량이 엄청난 폭으로 늘어날 수밖에 없다. 거래 규모가 급이 다르기 때문이다. 특히 암호화폐 거래소는 개인투자자보다는 기관투자자에 보다 높은 수수료를 얻을 수 있어 새로운 수익원이 된다. 발행 예정인 빗섬토큰BXA를 비롯해 여러 거래소에서 자체 코인을 발행하기도 했는데, 거래량에 따라 투자자에게 지급해 주기도 하고 수수료 지불이나 거래소 내 금융 서비스에 쓰일 수도 있다.

미국 월가의 전설로 불리는 마이클 노보그라츠는 "기관투자자들이 암호화폐 시장에 본격적으로 뛰어들 것"이라고 예상했다. 백트,

비트코인 ETF 등의 호재를 투자자들은 기다리고 있지만 이런 일들은 불가능은 아닐지라도 상당히 늦춰지고 있다. 무엇보다 미국이 셧다운 상태에서 업무가 정지되어 버렸기 때문이다.

암호화폐 전문 매체 〈코인텔레그래프〉는 2018년 다양한 전문가들의 전망에 대해 누구의 예측이 맞고 누구의 예측이 어긋났는지 정리했다. 이 보도에서 2018년에 실제 실현된 예측만 골라서 살펴보면 다음과 같다.

암호화폐 헤지펀드 블록타워 공동창업자 애리 폴Ari Paul은 비트코인과 비트코인캐시의 하트포크를 예측했다. 실제로 해시 전쟁과 엄청난 분열이 있었다. 비트코인캐시는 현재 비트코인캐시 ABC와 비트코인캐시 SV로 나뉘어 있다.

토드 고든Todd Gordon 트레이딩애널리시스닷컴 창립자는 “비트코인 가격이 4,000달러선까지 하락한 후 2019년 10,000달러까지 상승할 것”이라고 전망했다.

‘ETF 대부’로 통하는 월가 대형 금융사 캔터 피츠제럴드의 레지 브라운은 비트코인 ETF가 빠른 시간 내에 승인받지 못할 것이라고 주장했다. ‘크립토 맘Crypto Mom’이라 불리는 미국 증권거래위원회SEC 소속 헤스터 피어스Hester Peirce 위원은 디지털에셋투자포럼에서 “비트코인 ETF가 언제 승인될지 연연하지 말라”고 말했다.

크리스 콘캐넌Chris Concannon 시카고옵션거래소CBOE 대표는 “ICO 시장이 곧 큰 혼란을 겪을 것이다. 증권거래위원회가 주도하는 규제 변화에 기인한 것이다. 투자자들은 미등록 증권으로 여겨지는 ICO

토큰들이 휴짓조각이 될 수 있다는 걸 명심해야 한다"고 말했다. 암호화폐 종목이 증권이라고 판명되었다면 그건 곧 증권을 거래하는 라이선스를 가지지 못한 거래소에서는 모두 상폐돼야 한다는 것을 의미한다.

비트코인이 상승하면 누가 이익을 얻는가

재테크 관점에서 생각할 때는 '누가 이익을 얻는가' 관점에서 생각해 보면 흐름이 보인다. 따라서 기득권이라면 어떻게 생각할까, 고민해 보면 답을 얻을 수 있다. 그런 의미에서 2017년 비트코인 상승장으로 이익을 본 단체는 어디일까 소개했던 글이 있어서 옮겨본다.

우선 윙클보스Tyler and Cameron Winklevoss 쌍둥이 형제가 꼽혔다. 이들 형제는 영화 '소셜 네트워크'의 흥행으로 전 세계에 유명해졌다. 소송 이후 비록 페이스북 인수에는 성공하지 못했지만, 보상금을 받아 2013년에 윙클보스캐피탈을 통해 비트코인을 사들였다. 지금은 그 가치가 21배인 2억 3,100만 달러로 추산된다.

다음은 디지털커런시그룹Digital Currency Group 창업자인 벤처투자가 배리 실버트Barry Silbert다. 그는 2014년에 1,680만 달러어치를 매입했다. 지금은 투자가치가 약 16배로 올라 약 2억 6,880만 달러다.

스카이프에 투자해 억만장자가 된 팀 드레이퍼Tim Draper도 빠질 수 없다. 초기부터 암호화폐를 옹호해 온 실리콘밸리의 벤처캐피탈리스트다. 2014년부터 비트코인에 투자해 지금은 취득가 기준 1,900만 달러어치를 모았고, 평가액은 1억 7,100만 달러로 알려졌다.

비트코인 불법거래(돈세탁)로 체포돼 교도소를 다녀온 비트코인 거래소 '비트스턴트'의 CEO 찰리 슈렘Charlie Shrem은 정확하게 밝혀지지는 않았지만 수백만 달러어치를 보유한 것으로 알려졌다.

암호화폐 비트페이Bitpay의 공동창업자인 토니 갤리피Tony Gallippi는 약 2천만 달러어치 비트코인을 들고 있는 것으로 알려졌다.

은둔생활을 시작해 사람들은 그의 실명도 모르는 상태인 비트코인 개발자 사토시 나카모토Satoshi Nakamoto는 2013년에는 약 100만 달러가량의 비트코인을 보유한 것으로 알려졌는데, 현재 가치는 이론적으로 약 63억 달러에 이른 것으로 추정된다.

마지막으로 '엉클샘Uncle Sam', 즉 미국 연방정부다. 직접투자자는 아니지만 연방수사국FBI 등을 통해 압류한 비트코인이 한때 14만4천 개였다. 공매를 통해 4,800만 달러의 현금으로 바꿨지만, 지금 보유하고 있다면 어떨까 하는 생각도 든다.

《머니》는 "비트코인 가격 상승으로 인한 자본이득에 대해 세금을 부과할 계획이라서 향후 미국 연방정부는 비트코인의 잠재적 보유자"라고 묘사했다.

이처럼 거의 대부분의 이익을 본 집단은 미국과 연결되어 있는 단체나 개인이다. 이들이 과연 매각을 진행했는지 알 수는 없지만, 이들이 속해 있는 기관이나 단체는 거의 미국이다. 미국 기업들의 ETF 승인 요청은 결국은 미국이 비트코인 시장에 지배력을 더욱 강화하고, 대형자금을 이끌어낼 수 있는 발판이 될 것이다. 시간은 걸릴지라도 ETF 승인을 낙관적으로 보는 시선들이 많은 것은 그런 이유이다.

우리는 비트코인 선물시장 등재 직전 5개월간 5배 이상의 비트코인 가격상승을 보았다. 2019년에는 비트코인 ETF, 백트 거래소 오픈, 브렉시트로 인한 파운드화 절하 등이 시장에 강한 영향을 줄 것이다.

비트코인은 파괴되고 재창조된다

비트코인 낙관론자와 비관론자의 나이대를 비교해 보면 특징적인 것을 발견할 수 있다.

"비트코인은 투기나 게임"이라고 했던 워런 버핏은 1930년생으로 80대이며, "비트코인은 사기"라고 했던 제이미 다이먼 JP모건체이스 회장은 1956년생으로 60대다. "비트코인은 악마 같은 존재"라고 했던 폴 크루그먼 뉴욕시립대 교수는 1953년생으로 역시 60대인데, 2018년에 들어서는 "금은 죽었다. 비트코인은 금보다 유용성이 크고, 앞으로 가치 있는 것이 될 가능성이 크다"고 말했다.

반면 비트코인 강세론자인 마이클 노보그라츠는 1964년생으로 50대, 브록 피어스 비트코인재단 회장은 1980년대생으로 30대다. 라이트코인 창시자 찰리 리와 BTCC 창업자 바비 리 형제는 40대

초반이다.

워런 버핏은 비트코인과 암호화폐가 상용화, 대중화될 때까지 살아 있지 못할 수도 있는 나이이며, 30대인 브록 피어스는 암호화폐가 상용화된 현금 없는 사회에서 삶을 보내야 하는 나이다. 이 대목이 나만 흥미로울까? 지금 20, 30대의 나이인 사람이라면 투자 목적이 아니어도 암호화폐와 블록체인에 대해 흥미를 가지고 공부해 가야 하지 않을까?

〈블룸버그〉에 따르면 신흥 자산 시장인 암호화폐 시장(추적 가능한 암호화폐 1,300여 종 기준)은 6,284억 달러의 규모다. 채굴되어 유통 중인 양을 기준으로 금 시장과 비교하면 7분의 1 규모도 되지 않는다. 아직은 갈 길이 멀다. 2020~2021년의 전망이 중요한 것은 초연결성을 가능하게 해주는 5G가 2020년을 상용화 목표로 하는 모바일 국제 표준이기 때문이다. 5G의 공식 기술 명칭이 IMT-2020(Internatonal Mobile Telecommunication-2020)인 것도 그 때문이다.

나의 의견으로 차트를 해석하면 2019년에는 전 고점이었던 2,000만 원선까지 회복할 것이라는 생각이다. 거래소 사람들의 전망은 좀 다르다. 백트 거래소에서 현물 거래를 하기 시작하면 상승장이 올 것이라는 의견이다. 거래소 생태계를 아는 사람들은 그동안 거래소에 허수 거래(가격 올려주기)가 있었다는 사실을 알기 때문일 것이다. 지금은 네이버에서 검색어 1위로 '코인 등급 순위'를 띄워주면서 사람들을 암호화폐 거래소로 몰려들게 하던 것과는 다른 상황이다.

암호화폐 시장은 이제 스스로 왜 존재해야 하는지 증명해야 할 때가 되었다. 대중들에게 또는 주류 사회에도 그들이 만들어가려고 하는 세상을 확실히 보여줄 필요가 있다. 만약 부산에 살던 20대의 청년이 서울에서 직장을 다니기 위해 월세를 얻었다고 상상해 보자. 그동안 써왔던 SK멤버십 포인트, 홈플러스 포인트, 해피포인트, 예스24 포인트, 스타벅스 포인트 등을 모두 모아서 디지털 화폐로 만든 코인을 가지고 월세 보증금을 낼 수 있다면 어떨까? 또 이건 어떤가? 금 투자를 해서 보관하려면 커다란 금고를 사야 하지만, 금 대신 디지털 금인 비트코인 투자를 할 때는 보관을 위해 한 손 안에 들어오는 작은 월렛이면 된다. 어느 순간부터는 금보다 비트코인을 훨씬 선호하는 시간이 올 것 같지 않은가?

에필로그

시대 공감, 시대 유감

이 책은 어쩌면 아웃사이더의 책일 수도 있습니다. 책을 보면서 비트코인 투자를 반드시 해야 한다는 암시적인 사인을 받을 수도 있습니다. 그러나 이 책은 단순히 비트코인 시장을 보기 위해서라기보다 우리가 사는 세상 전체를 관통하는 시각으로 봐야 합니다.

우리나라에서는 아직도 암호화폐 시장이 국가적 인정이나 허가를 받지 못하고 있습니다. 그러나 일본과 미국은 제도화가 많이 진행되고 있고, 여러 국가들이 받아들이는 모습을 보이고 있습니다. 삼성, 애플, 중국 스마트폰 회사들의 움직임을 본다면 이제 암호화폐는 부정할 수 없는 흐름입니다. 너무 빠른 변화 속에서 사회는 스트레스를 받기도 하며, 기존 사업자들은 엄청난 대가를 치러야 할 시점에 직면해 있는지도 모릅니다. 그로 인해 우리나라에서는 코인 경제를 이해하지 못했거나 이해했어도 받아들일 준비가 되어 있지 않아, 정착하는 데는 시간이 더디게 걸릴 수도 있습니다.

저는 비트코인(새로운 화폐 또는 디지털 자산)으로 시대의 흐름을 바라보려는 노력을 하고 있습니다. 한때 우리나라에 '불혹의 꽃중년', '아프니까 청춘이다' 같은 말이 유행했던 적이 있습니다. 과거 강연장에서 많이 쓰이던 이런 표현들이 이제는 희대의 망언이 되어 있습니다. 오히려 '언제까지 아파야 하는데?'라는 반문을 낳았습니다.

뭐가 잘못된 것일까요? 한번 상황을 볼 필요가 있습니다. 과거 '아프니까 청춘이다'가 명언이 될 수 있었던 이유는 희망을 내포하고 있었기 때문입니다. 지금은 잘못된 관행으로 사회적 파장을 불러일으키고 있는 '열정 페이'라는 것도 청춘이라는 단어 안에 희망이라는 요소가 담겨 있을 때 가능했던 것입니다. 지금의 열정 페이에는 과다한 노동만 남아 있을 뿐입니다. 희망이란 없습니다.

이것은 저 혼자만의 생각일까요? 미용실 보조라는 직업이 열정 페이 이슈가 되었던 것을 아실 겁니다. 지금의 모습은 어떨까요? 미용실 보조를 쓰지 않고 미용사가 모든 일을 다 직접 하면서 보조가 하던 일까지 대처하고 있습니다. 그야말로 보조 일자리는 사라지고 있습니다. 이처럼 제도를 개선해도 일자리 감소로 이어집니다. 열정 페이를 받으며 일하고 아프니까 청춘이라 생각하며 살았던 우리의 선배들은 과연 잘못된 시대의 흐름을 안고 살았던 걸까요? 아닙니다. 그때는 청춘이 아파도 열정 페이를 받아도 힘을 낼 수 있었던 '시대 공감'이 있었습니다. 다만 지금은 그것이 '시대 유감'이 되어 있는 것일 뿐입니다. 바로 '시대'가 같은 상황에도 다른 감성을 느끼도록 변화시킨 것입니다.

'마흔의 불혹'이라는 말도 이젠 쓰지 않습니다. 40대가 더 이상 중년이 아닌 청년이기 때문입니다. 어떤 것이 시대 공감이고 어떤 것이 시대 유감인지 우리는 그때그때 판단해야 합니다. 과연 지금의 신용화폐 제도와 자산 시스템은 시대 공감일까요? 아니면 시대 유감일까요? 우리는 변화와 선택의 기로에 서 있습니다.

경제적인 측면에서도 한번 바라보겠습니다. 한국, 중국, 일본을 살펴보도록 하겠습니다. 일본은 프라자 합의 이후 경제 침체기를 겪었고 현재도 완전한 회복은 하지 못했습니다. 일본이 침체기를 겪는 동안 우리는 성장을 거듭했고 제2의 일본으로 떠올랐던 적도 있습니다. 그러나 우리 역시 금융위기를 겪으면서 결국 일본과 비슷한 길을 가고 있습니다. 한국이 경제 저성장 기조로 들어섰을 때, 중국은 'G2'라고 부를 만큼 대국이 되어 갔습니다. 다만 지금은 미국의 제재로 인해 어려운 시간을 감내해야만 합니다.

동아시아 3국의 경제 성장기에서 우리가 반드시 알아야 할 것은 바로 '돈의 변화'입니다. 일본은 경제 침체기 이후 아직도 1세대 화폐인 종이돈에서 벗어나지 못하고 있습니다. 디지털 시대에 걸맞는 지불 결제가 더디게 성장함으로써 일본 경제는 발목을 잡혔습니다. 온라인 속에서 경제 규모를 키우는 디지털 화폐 전환이 늦은 만큼 소비가 늘지 못해, 저성장이 오래 가면서 디플레이션 상황이 지속되고 있습니다. 인터넷 기반 사업은 결국 디지털 화폐 또는 카드 결제 시스템이 있어야 가능합니다. 소비와 돈의 유통시간이 단축돼야 시장에 유동성을 공급할 수 있습니다. 이것이 바로 일본이 현재 코인 시장에 엄청난 공을 들이는 이유 중 가장 큰 것입니다. 바로 2세대 지불 결제 수단인 카드로 진화하지 못해 인터넷 시대에 걸맞는 소비 시스템을 갖추지 못했던 것입니다.

한국 시장에서 인터넷 기업이 성공하고 IT 강국의 면모를 갖추게 된 것은 바로 디지털 환경에서의 금융 서비스가 적극적으로 이뤄졌기 때문입니다. 오프라인 사업이 인터넷 사업으로 전이될 수 있었던 이유도 인터넷 환경에서 결제 편리가 가능했기 때문입니다.

마지막으로 중국을 보겠습니다. 동아시아 3국 중에서 중국은 가장 늦게 성장했고 지금도 발전중입니다. 말할 것도 없이 결제 시스템은 가장 진화한 핀테크입니다. 알리페이, 위챗페이가 지금의 IT산업 환경에 가장 걸맞는 지불 결제 시스템으로서 더욱 빠른 돈의 회전을 바탕으로 성장하고 있습니다.

이처럼 시대적, 환경적 변화에 맞게 '돈'은 변화돼야 합니다. 그 시대에 가장 걸맞는 경제 형태로 자유롭게 시장을 유영하는 물고기처럼 유연성, 유동성, 유통성을 갖추어야 합니다. IT산업은 5G와 스마트폰으로 인해 더욱더 강화되고 결속을 이룰 것입니다. 우리에게 선택의 시간은 이미 온 것 같습니다. 돈의 시대적 흐름과 가치, 그리고 돈에 관한 철학에 대해 생각해 보고 어떤 것이 과연 시대 공감이 되고 시대 유감이 될지 토론해 보는 시간을 가지면 좋겠습니다.

CKT팀 리더 신의두뇌

1장

https://news.joins.com/article/22263872
EBS 다큐프라임 '강대국의 비밀' 6부작
http://www.newdaily.co.kr/site/data/html/2018/09/06/2018090600185.html
http://news.chosun.com/site/data/html_dir/2018/10/24/2018102402737.html
http://www.joseilbo.com/news/htmls/2018/09/20180924361316.html
https://www.bbc.com/korean/45351496
http://news.khan.co.kr/kh_news/khan_art_view.html?art_id=201402062029385
BBC 다큐멘터리 '돈의 힘' 6부작, 차이메리카 미디어(Chimerica Media) 제작, 영국, 2008
http://www.hani.co.kr/arti/international/international_general/857448.html
http://news.mk.co.kr/newsRead.php?year=2018&no=338082
http://www.zdnet.co.kr/view/?no=20180320014712
http://news.g-enews.com/view.php?ud=201804030725207301d6eb469fd3_1&md=20180403103142_J
https://www.nytimes.com/2013/04/28/us/politics/immigrants-find-it-cheaper-to-send-money-home.html?ref=world
http://www.hani.co.kr/arti/economy/finance/803902.html
https://news.joins.com/article/20489679
http://www.hani.co.kr/arti/international/globaleconomy/852094.html
http://www.hankookilbo.com/News/Read/201807111387737297
http://www.hani.co.kr/arti/international/international_general/862690.html
http://biz.chosun.com/site/data/html_dir/2018/08/17/2018081700033.html
http://www.newsian.co.kr/news/articleView.html?idxno=31889
http://news.chosun.com/site/data/html_dir/2018/08/03/2018080300417.html
http://www.hani.co.kr/arti/economy/finance/860820.html
https://news.joins.com/article/22920935
https://news.joins.com/article/22754663
https://www.coinpress.co.kr/2018/10/10/10678/
http://magazine.hankyung.com/business/apps/news?popup=0&nid=01&c1=1&nkey=2016101001089000271&mode=sub_view
http://www.hankookilbo.com/News/Read/201808071808047932
http://www.etoday.co.kr/news/section/newsview.php?idxno=1707162

http://weekly.donga.com/List/3/all/11/1123081/1
http://data.imf.org/?sk=E6A5F467-C14B-4AA8-9F6D-5A09EC4E62A4
https://tokenpost.kr/article-5524
http://www.dt.co.kr/contents.html?article_no=2015070202101858759001
http://www.etoday.co.kr/news/section/newsview.php?idxno=1145581
http://www.shanghaibang.com/shanghai/news.php?code=&mode=view&num=51328&page=1&wr=
http://news.heraldcorp.com/view.php?ud=20190122000131
http://www.munhwa.com/news/view.html?no=2018120601070209314001
http://www.jmbc.tv/17583
http://www.vop.co.kr/A00001294769.html
https://www.youtube.com/watch?v=K6lb9IxJw6k
https://www.bbc.com/korean/news-41383159
http://www.newsis.com/view/?id=NISX20181029_0000457093&cID=10101&pID=10100
http://www.newsis.com/ar_detail/view.html/?ar_id=NISX20160618_0014160435&cID=10401&pID=10400
https://tokenpost.kr/article-5157
http://www.zdnet.co.kr/view/?no=20180322105115
http://www.zdnet.co.kr/view/?no=20180430084638
https://www.ajunews.com/view/20180102162042091
https://news.joins.com/article/22431859
http://www.asiae.co.kr/news/view.htm?idxno=2018062108350352654

2장

https://decenter.sedaily.com/NewsView/1VE4GRKQJA
https://decenter.sedaily.com/NewsView/1VE5DH7APT
https://news.joins.com/article/22339231
http://www.dailytoken.kr/news/articleView.html?idxno=506
http://www.coinreaders.com/2469
https://brunch.co.kr/@cryptoico/1
https://www.coindeskkorea.com/%EC%A6%9D%EA%B6%8C%ED%98%95-%ED%86%A0%ED%81%B0-%EA%B1%B0%EB%9E%98%EC%86%8C-%ED%8B%B0%EC%A0%9C%EB%A1%9C%EA%B0%80-%EB%AC%B8%EC%9D%84-%EC%97%B4%EC%97%88%EB%8B%A4/
http://www.hani.co.kr/arti/economy/economy_general/874948.html
https://blockinpress.com/archives/12536
https://cobak.co.kr/community/3/post/20599
https://www.bloomberg.com/company/announcements/bloomberg_galaxy_

launch_cryptocurrency_index/
http://www.thebchain.co.kr/news/articleView.html?idxno=463
http://www.fnnews.com/news/200702071623102491
https://m.news.naver.com/read.nhn?mode=LSD&mid=sec&sid1=101&oid=011&aid=0003195122
https://news.joins.com/article/22538173
http://www.etoday.co.kr/news/section/newsview.php?idxno=1684162
http://www.topdaily.kr/news/articleView.html?idxno=55864#098P
https://decenter.sedaily.com/NewsView/1RWVIOGIXX/GZ05
https://news.joins.com/article/22615600
https://news.joins.com/article/22703252
http://news.donga.com/List/3/08/20181106/92745857/1
https://decenter.sedaily.com/NewsView/1S4P4N2W08/GZ03
http://shindonga.donga.com/3/all/13/1231059/1
https://tokenpost.kr/article-5033
https://news.joins.com/article/23263496
https://www.blockmedia.co.kr/archives/54355
https://decenter.sedaily.com/NewsView/1S7AEVWJM1
http://www.dailytoken.kr/news/articleView.html?idxno=11099
https://news.joins.com/article/23011997

3장

「암호자산과 중앙은행」, 한국은행, 2018. 7
https://decenter.sedaily.com/NewsView/1VE6AWHIZD/GZ05
http://www.edaily.co.kr/news/read?newsId=01489126619407360&mediaCodeNo=257
https://www.blockmedia.co.kr/archives/53354
https://news.joins.com/article/22671420
https://www.coindeskkorea.com/claytontakeaway/
http://bizn.donga.com/it/3/0112/20181101/92681821/2
https://news.joins.com/article/22352121
https://chainnews.kr/fsa/
https://tokenpost.kr/article-5210
https://news.joins.com/article/22263872
https://news.joins.com/article/23059650
https://news.joins.com/article/23011997
http://coinreaders.com/2146
https://news.joins.com/article/22982005
https://news.joins.com/article/22766844

http://m.coinreaders.com/a.html?uid=2049
https://tokenpost.kr/article-4915
https://blockdaily.com/2018/11/23/3720/
https://news.joins.com/article/22867789
https://news.joins.com/article/22867789
https://brunch.co.kr/@delight412/184
https://news.joins.com/article/22557034
http://www.dailytoken.kr/news/articleView.html?idxno=399
https://news.joins.com/article/22763468
http://www.zdnet.co.kr/view/?no=20141014143320&re=R_20160808135109
https://cobak.co.kr/community/3/post/5846
http://www.thebchain.co.kr/news/articleView.html?idxno=463
https://thenews.asia/ko/news/3181

4장

https://www.coindeskkorea.com/facebookstablecoin/
https://platum.kr/archives/104932
https://www.huffingtonpost.kr/2014/09/06/story_n_5775778.html
http://biz.chosun.com/site/data/html_dir/2017/03/16/2017031602504.html
http://www.e4ds.com/sub_view.asp?ch=4&t=1&idx=3096
https://blockinpress.com/archives/7365
https://www.the4thwave.co.kr/index.php/2018/11/05/alt110531/
https://decenter.sedaily.com/NewsView/1S38RRV6TE/GZ02
http://coinreaders.com/1867
http://www.kukinews.com/news/article.html?no=618293
https://news.joins.com/article/22862863
http://www.hani.co.kr/arti/PRINT/873672.html
https://www.blockmedia.co.kr/archives/63105
https://news.joins.com/article/23401538
http://www.segye.com/newsView/20190205000604?OutUrl=Zum
http://news.mk.co.kr/newsRead.php?year=2018&no=782890
https://www.blockmedia.co.kr/archives/36538
http://it.chosun.com/site/data/html_dir/2018/12/17/2018121702760.html
http://news.hankyung.com/article/2016112281411
https://news.joins.com/article/23261274
https://news.joins.com/article/23270134
http://www.hankookilbo.com/News/Read/201812211689371237
http://bitweb.co.kr/news/view.php?idx=2222
https://www.blockmedia.co.kr/archives/36177

https://decenter.sedaily.com/NewsView/1RUKCY045X/GZ04
http://www.edaily.co.kr/news/read?newsId=01712166619405720&mediaCodeNo=257
http://www.dailytoken.kr/news/articleView.html?idxno=11368
http://news1.kr/articles/?3479626
http://www.thebchain.co.kr/news/articleView.html?idxno=2526
https://www.coindeskkorea.com/onemonthbchfork/
http://www.edaily.co.kr/news/read?newsId=01420246619368656&mediaCodeNo=
https://decenter.sedaily.com/NewsView/1S8CHECID0/GZ04
https://www.huffingtonpost.kr/Arthur-jung/story_b_17204350.html
http://www.pitchone.co.kr/11397/
http://www.pitchone.co.kr/11382/
http://www.hani.co.kr/arti/economy/economy_general/825723.html
https://clarivate.co.kr/news/2016/01/09/
https://www.huffingtonpost.kr/2016/01/05/story_n_8914112.html
http://www.ekn.kr/news/article.html?no=417883
http://www.dailycar.co.kr/content/news.html?type=view&autoId=32299
http://www.hellot.net/new_hellot/magazine/magazine_read.html?code=203&sub=003&idx=43979
https://www.youtube.com/watch?v=RInWAQO6dRU

5장

https://www.buybitcoinworldwide.com/ko/price/
https://blockinpress.com/archives/2227
https://www.ajunews.com/view/20180829155133682
https://www.gold.org/goldhub/data/monthly-central-bank-statistics
https://news.joins.com/article/22920935
https://blockinpress.com/archives/10134
https://cobak.co.kr/community/3/post/93940
http://www.coinreaders.com/2608
https://news.joins.com/article/22348449
https://www.the4thwave.co.kr/index.php/2018/05/25/btc05251/
https://www.blockmedia.co.kr/archives/51978
http://www.coinreaders.com/3218
http://www.coinreaders.com/2445
http://news.mt.co.kr/mtview.php?no=2018011810230070052

비트코인 1억 간다 2

2021년 1월 15일 초판 1쇄 펴냄
2021년 1월 20일 초판 2쇄 펴냄

지은이 신의두뇌
펴낸곳 솔트앤씨드
펴낸이 최소영
디자인 이인희
등록일 2014년 4월 7일 등록번호 제2014-000115호
전 화 070-8119-1192
팩 스 02-374-1191
이메일 saltnseed@naver.com
블로그 http://blog.naver.com/saltnseed
ISBN 979-11-88947-05-8 03320

• 이 책은 『비트코인 1억 간다 2019』의 재출간 도서입니다.

• 이 도서의 국립중앙도서관 출판예정도서목록(CIP)은 서지정보유통지원시스템 홈페이지(http://seoji.nl.go.kr)와
국가자료종합목록 구축시스템(http://kolis-net.nl.go.kr)에서 이용하실 수 있습니다. (CIP제어번호 : CIP2020051919)

몸과 마음의 조화 솔트앤씨드

솔트는 정제된 정보를, 씨드는 곧 다가올 미래를 상징합니다.
솔트앤씨드는 독자와 함께 항상 깨어서 세상을 바라보겠습니다